JN436103

아산재단 연구총서 제384집

시민사회와 국제개발협력:

한국 개발NGO의 현황과 과제

손혁상

집문당

머리말

빈곤문제를 비롯한 국제개발에 참여하는 개발NGO의 역할과 책무성에 대한 전문학술서를 긴 호흡을 가지고 쓰고자 하는 구상은 꽤 오래전으로 거슬러 올라간다. 2001년 참여연대 국제연대위원회의 주요 활동의 일환으로 한국정부의 대외원조 감시를 위한 연구조사를 하게 되었는데 당시 우리글로 쓰여진 국제개발에 참여하는 시민사회 활동에 관한 본격적인 연구저작물이 전무하였다. 그 후 필자의 관심은 정부감시와 비판적 정책제언을 넘어서 국제개발에서 시민사회단체가 가지는 역할과 역량, 사업방식 등으로 확장되면서 이 분야에 대한 시론적 연구라 하더라도 동료연구자와 학생들을 위한 전문연구서의 필요성을 절감하였다. 필자가 재직하고 있는 경희대 공공대학원에서 국제개발협력 관련 과목을 가르치면서 국제개발에서 시민사회의 역할과 과제에 대한 교재를 원서나 번역서 중에서만 선택해야 해서 이 분야를 공부하는 학생들을 위해서라도 다시 한 번 책을 쓰고자 하는 동기부여가 있었다. 또한 인도네시아 쓰나미와 아이티 지진 등의 국제적 재난지역에서 시민사회단체의 구호활동이 활발해지고 최근 젊은 세대에서 빈곤국의 가난 극복에 기여하고자 하는 열망도 더욱 고조되고 있기에 연구자와 실천가 모두가 참고할 수 있는 책을 쓰고자 하는 마음이 더욱 간절했는데 아산사회복지재단에서 중진학자를 위한 저술지원을 받게 되어 미뤄왔던 작업을 시작하였다.

거의 2년 반의 집필과정을 마치고 뒤돌아보면 아쉬움도 많이 남는다. 집필기획 초기에 서구의 개발NGO 발전모델과 다른 한국적 발전경로를 모색하고 미래를 위한 대안적 모델을 제시하고자 하는 큰 욕심이 있었지만 실제로 연구를 진행하면서 새로운 모델을 제시하지 못했다. 서구의 발전과정을 순차적으로 답습하지 않고 압축적으로 성장통을 겪고 있는 한국개발NGO의 특수성을 발견하면서 우리만의 고유 발전모델에 집착하기보다는 글로벌 차원에서 보편적인 시민사회의 역할과 기능 속에서 한국적 고유성이 무엇인지를 찾아내는 데 주력하였다. 더불어 국제개발에서 시민사회와 연결된 모든 주제를 다루지는 못한 점을 밝힌다. 이 책에서 다루지 못한 개발NGO의 리더십과 1세대 리더십의 이양, 빈곤의 근본적인 원인 해결에 다가서려는 사회변혁적인 애드보커시 전략, 모금 방식, 국제 네트워크 등의 주제는 가능한 빠른 시점에 증보판이나 제2권에서 다루려 한다.

이 책이 완성되기까지 많은 분들이 영감과 도움을 주었다. 2011년 대학본부에서의 보직을 그만둘 때 조인원 경희대 총장님이 필자에게 학자로서 책을 쓰는 의미를 전해주면서 교수 본연의 연구와 교육으로 돌아가면 책을 쓸 것을 강력하게 조언해 주었는데 필자에게 큰 자극이 되었다. 그리고 은사님의 학문에 대한 열정과 연구자로서의 자세는 책을 집필하는 지난 3년간 포기하지 않고 끝내도록 이끈 보이지 않는 힘이었다. 경희대 석좌교수이자 펜실베니아대학 명예교수로 계시는 이정식 선생님은 80대 중반의 연세에도 연구자가 어떻게 살아야 하는지를 몸소 보여주고 계신다. 그 경외로운 학문적 열정에 제자로서 조금이나마 응답하고 싶었다. 또 책에 관한 구상을 시작할 때 경희대 정외과 유현석 교수는 본인의 저술 경험과 아산사회복지재단

학술지원을 소개해 주었다.

책을 써가는 과정에서 한국 개발NGO 커뮤니티에 있는 동료들은 지적 자극을 주었을 뿐만 아니라 새로운 시각도 제공하였다. 많은 젊은 활동가들을 만나면서 그들이 개발협력분야에서 시민사회가 가지는 독특한 역할과 과제에 관해 목말라 하고 있는 바를 몸소 느끼면서 이 책의 완성도를 높이는 계기가 되었다. 2013년 10월 네팔 히말라야 오지인 훔라 지역의 굿네이버스 현장을 방문하면서 고성훈 본부장과 나눈 대화는 균형 잡힌 시각으로 우리의 현실과 도전을 파악할 수 있는 소중한 시간이었다. 또한 개발평가를 위해 캐나다 오타와에서 보낸 3주간과 2014년 봄에 르완다를 방문하여 이상훈 지부장과 끊임없이 계속 이어진 다양한 개발문제에 관한 대화와 토론은 필자에게 이 책의 중요성과 책임감을 다시금 가지게 하였다. 한국국제협력단(KOICA), KCOC 등에서 개최한 강의에서 만난 활동가의 진지한 태도와 도전은 이 책을 완성하게 하는 물줄기와도 같게 다가왔다. 또한 CSO개발효과성을 위한 오픈 포럼의 아시아 대표로서 활동할 때 국제NGO 활동가들도 필자에게 신선하고 유익한 정보와 자료를 알려주었다.

이 책을 탈고하면서 더없는 고마움을 느끼는 사람들은 누구보다도 경희대 국제개발협력연구센터의 연구원들과 공공대학원 학생들이다. 지금 KOICA 인도네시아 사무소에서 일하고 있는 김소위 부소장, 네팔 KOICA 의료보험사업을 마치고 지금은 지구촌나눔운동에서 일하고 있는 육미라 간사, 출산으로 예쁜 딸아이와 함께 지내고 있는 서진희 전 연구원, KOICA 직원으로 일하는 여원영 전 연구원, 구세군에서 모금을 담당하고 있는 안영진 팀장 등은 이 책의 제안서 작성부터 기초자료 조사까지 많은 도움을 주었다. 센터의 열악한 연구환경에도 불구하고 묵묵히 연구에 전념해준 연구원들이 고맙기만 하다. 공공대학원을 졸업하고 사회학 박사과정을 밟고 있는 박종남, 센터의 복원용 연구원도 역량, 평가, 책무성 주제에 관한 기초자료 작성을 위해 고생하였다. 센터의 박보기 객원연구원도 개발협력 파트너십 주제에 관한 공동연구를 진행하면서 연구의 깊이를 더하는 데 큰 기여를 하였다. 책의 탈고과정에 문장 하나하나 같이 읽어 준 센터의 김은순 행정팀장에게도 큰 고마움을 전하고 싶다. 강의시간에 나에게 던져지는 학생들의 날카로운 질문과 진지한 고민 또한 글을 쓰는 동안 내내 내 마음속에 있었다. 완성되지 않은 원고를 읽고 충분하지 않은 기간에도 풍성하고 귀중한 자문을 해주신 한재광 ODA Watch 사무총장, 이상훈 지부장, 고성훈 본부장, 후마니타스칼리지 박영선 교수께도 더 없는 고마움을 느낀다. 마지막으로 이 책을 쓰는 동안 소천하신 아버님과 병환과 싸우고 계신 어머님께 이 책을 헌정하고 싶다. 학자로서의 삶을 사는 것을 가능하게 해주시고 항상 인생에서 나침판 같은 중심을 잡아주신 아버님과 어머님이 아니었다면 지금의 나는 없었을 것이다.

| 차 례 |

| 표 차례 |

| 그림 차례 |

| 박스 차례 |

약 어

AAA	Accra Agenda for Action
ACBF	African Capacity Building Foundation
ACFID	Australian Council for International Development
ACORD	Agency for Cooperation and Research in Development
ADB	Asian Development Bank
ADG	Australian Development Gateway
ALNAP	Active Learning Network for Accountability and Performance
ATTAC	Association for a Taxation of financial Transactions in Assistance to the Citizens
AusAID	Australian Agency for International Development
BBB	Better Business Bureau
BHN	Basic Human Needs
BOND	British Overseas NGOs for Development
CARE	Cooperative for American Relief Everywhere
CBO	Community-based Organization
CC	Charity Commission for England and Wales
CCC	Cooperation Committee for Cambodia
CCF	Christian Children's Fund

CCIC	Canadian Council for International Cooperation
CODESRIA	Council for the Development of Social Science Research in Africa
CDRA	Community Development Resource Association
CIDA	Canadian International Development Agency
CIFOR	Center for International Forestry Research
CNGO	Committee on Non-governmental Organization
CPDE	CSO Platform for Development Effectiveness
CSO	Civil Society Organization
CSR	Corporate Social Responsibility
CSV	Creating Shared Value
DAC	Development Assistance Committee
DANIDA	Danish International Development Agency
DFID	Development for International Development
DG	Development Gateway
DONGO	Donor-organized NGO
EC	European Commission
ECDPM	European Centre for Development Policy Management
ECOSOC	Economic and Social Council
ENRECA	Enhancement of Research Capacity in Developing Countries
EU	European Union
FAO	Food and Agriculture Organization
FBOs	Faith-based Organizations
FVA	Foreign Voluntary Agency
GCAP	Global Call to Action against Poverty

GCS	Goodwill Cooperation Service
GDA	Global Development Alliance
GIZ	Gesellschaft für Internationale Zusammenarbeit
GPEDC	Global Partnership for Effective Development Cooperation
GRI	Global Reporting Initiative
IBFAN	International Baby Foods Action Network
IDEA	Innovation and Development Alliance
IDRC	International Development Research Centre
IANGOs	International advocacy NGOs
INGO	International Non-governmental Organization
InterAction	American Council for Voluntary International Action
INTRAC	International NGO Training and Research Centre
IPCC	International Panel on Climate Change
IPOs	Indigenous Peoples Organizations
ISG	Civil Society International Steering Group
JICA	Japan International Cooperation Agency
KCOC	Korea NGO Council for Overseas Development Cooperation
KEPA	KEHITYSYHTEISTYON PALVELUKESKUS (The Finnish Service Centre for Development Cooperation)
KODE	Kimmage Open & Distance Education
KoFID	Korea Civil Society Forum on International Development
KOICA	Korea International Cooperation Agency
MDGs	Millenium Development Goals

NED	National Endowment for Democracy
NGO-IDEAs	NGO Impact on Development, Empowerment and Actions
NOVIB	Netherlands Organization for International Development Cooperation
NPM	New Public Management
NPO	Non-profit Organization
ODA	Official Development Aid
OECD	Organization for Economic Cooperation and Development
PATC	Project Advise and Training Centre, Denmark
PCM	Project Cycle Management
PPA	Public-private Alliance
PPP	Public-private Partnership
PVO	Private Voluntary Organization
REFLECT	Regenerated Freirean Literacy through Empowering Community Techniques
RBAs	Rights-based Approachs
SDC	Swiss Agency for Development and Cooperation
Sida	Swedish International Development Cooperation Agency
SNV	Stichting Nederlandse Vrijwilligers
SPF	Sida Partnership Forum
UN	United Nations
UNCED	United Nations Conference on Environment and Development
UNDP	United Nations Development Programme

UNFPA	United Nations Population Fund
UNICEF	United Nations Children's Fund
USAID	United States Agency for International Development
VENRO	Verband Entwicklungspolitik deutscher Nichtregierungsorganisationen e.V.
WBCSD	World Business Council for Sustainable Development
WFP	World Food Programme
WWF	World Wide Fund for Nature
WWI	World Watch Institute

제1장

문제제기

제1장 문제제기

국제개발협력 분야에서 개발NGO[1]의 중요성과 역할을 둘러싼 논쟁은 2015년 9월 UN총회에서 Post 2015 SDGs 결의를 앞두고도 지속되고 있다. 개발NGO는 국제개발에서 국가의 역할을 보완하는 전통적 역할을 넘어 2000년대 후반부터는 '독립적 개발주체'로 국제사회에서 인정받고 있다. 최근 발생한 국제 금융위기 및 이에 따른 각 정부의 재정축소 또는 재정절벽(fiscal cliff) 현상은 공적개발원조(official development aid, 이하 ODA) 이외의 민간 개발재원 확보와 다양한 개발주체의 참여 중요성을 높였다. 또한 2000년대 중반 이후 '개발효과성' 개발협력 담론이 형성됨에 따라 시민사회가 집중해왔던 인권, 여성, 민주주의 등의 이슈가 강조되면서, 규범선도자로서 시민사회의 위상이 더욱 커졌다. 한국도 국가차원에서 개발NGO와의 파트너십을 강조하면서 이에 대한 지원을 획기적으로 확대할 것으로 보이

1) 시민사회단체를 지칭하는 용어는 CSO, NGO, NPO 등 여러 가지가 있으나, 불가피한 경우(예: 'CSO 개발효과성을 위한 이스탄불 원칙')나 문맥상 필요한 경우를 제외하고 이 책에서는 NGO로 통일하여 사용하며, 상황에 따라 시민사회, 시민사회단체라는 용어를 사용한다.

며, 이는 향후 개발NGO와의 파트너십을 통하여 보다 효율적이고 전문적인 개발협력사업 추진이 이루어져야 함을 시사한다.

확대되는 개발NGO의 역할 및 중요성에도 불구하고, 이 분야의 연구는 미진한 편이다. 기존 문헌은 NGO관련 개론적 연구나 국제관계분야에서의 국제NGO 등에 대한 논의가 대부분이다.[2] 한국적 맥락에서의 개발NGO에 대한 연구 자료는 국제개발협력민간협의회(Korea NGO Council for Overseas Development Cooperation, 이하 KCOC)가 2003년부터 2년마다 출간하는 회원단체의 현황 자료, 사회복지공동모금회의 해외지원사업 세미나 자료(2010), 한국 개발NGO의 교육분야 지원현황에 대한 조사, 소수의 학위논문 등 한국 개발NGO의 실태 및 현황을 파악한 정도이다.[3] 현재 활용 가능한 한국 개발NGO에 대한 통계자료 역시 한국국제협력단(Korea International Cooperation Agency, 이하 KOICA) 시민사회협력사업 참여단체 또는 KCOC에 등록되어 있는 회원단체 수준이며, 총체적인 분석을 하기에는 어려움이 있다. 또 학술적인 접근은 차치하더라도 국제사회에서 중요하게 고려되는 시민사회의 책무성, 역량, 평가 등에 대한 이슈도 심도 있게 논의되고 있지 않다.

한국은 기존 선진국과는 달리 1970~1980년대 '발전국가' 모델을

2) 박재영, 『국제관계와 NGO』(서울: 법문사, 2003)가 국제 NGO에 대해서 전반적이면서 체계적으로 다루고 있고, 그 외에 김동춘 외, 『NGO란 무엇인가』(서울: 아르케, 2000); 조효제 편역, 『NGO의 시대』(서울: 창작과비평사, 2000); 조희연 외, 『NGO 가이드』(서울: 한겨레신문사, 2001)가 부분적으로 국제 NGO에 대한 내용을 다루고 있다. 그리고 개발NGO와 관련해서는 라미경, "국제관계에 있어서 개발NGO의 역할에 관한 연구: CARE와 OXFAM 사례를 중심으로"(충남대학교 정치외교학과 박사학위논문, 2001)가 있다.

3) 손혁상 외, 『한국 개발NGO 역량현황 기초조사 및 역량강화 방안 연구』(성남: KOICA, 2011b), p. 4.

통하여 경제성장을 이루었으며, 2010년에는 경제협력개발기구 개발원조위원회(이하 OECD DAC) 가입을 통하여 공여국으로 자리매김하였다. 한국은 경제발전과 함께 정치체제 면에서도 권위주의에서 민주주의로 전환한 보기 드문 사례이다. 시민사회의 발전도 이러한 과정과 함께 이루어졌으며, 한국 개발NGO의 분석을 위해서는 이러한 독특한 경험이 고려되어야 할 것이다.

이러한 맥락에서 본 연구는 서구 개발NGO의 발전 경험을 기반으로 한국 개발NGO의 역사, 역량, 정부와의 협력, 책무성, 모니터링 및 평가 현황 등을 분석하고, 한국의 경험을 바탕으로 우리 개발NGO의 고유한 특성이 살아 있는 발전 방향을 제안하는 것을 목적으로 한다.[4] 물론 이 책에서는 개발NGO와 관련된 모든 주제를 망라해 다루지는 않는다. 이 책의 부제가 "한국 개발NGO의 현황과 과제"인 것처럼 역량, 파트너십, 책무성, 모니터링 및 평가 등의 주제는 한국 개발NGO의 현 주소를 가장 정확하게 파악하기 위한 분석대상인 동시에 한국 개발협력 시민사회가 풀어가야 할 핵심 과제이기 때문이다. 따라서 이 책에서는 서구이론 및 사례와의 비교분석을 통해 개발NGO분야에 본격적인 학술연구를 시도하고, 국내 개발NGO 현황 분석을 통해 우리의 현실을 적실하게 반영할 수 있는 이론적 토대를 제공하고자 한다. 이를 통해 규모 및 내용 면에서 성장하고 있는 한국 개발NGO에 대한 기존 연구와의 간극을 메우고자 한다.

본 연구의 제2장에서는 개발NGO의 발전과정과 현황을 다룬다. 우선 국제 개발NGO의 발전 경로와 현황을 살펴보고 한국의 개발NGO 역사와 현황을 다룰 것이다. 국제 개발NGO는 지난 1, 2차

---

4) 여기서 다루지 않은 주제들은 후속 연구에서 다룰 예정이다.

세계대전 이후 주로 인도주의적 구호와 개발사업 등 직접사업수행을 통해 국제개발협력의 중요한 행위자로 참여해왔다. 1990년대 이후부터는 기존의 직접사업 이외에도 정책연구, 로비, 애드보커시(advocacy), 캠페인 등의 활동을 전개하여 정책적 개입을 하고 있다. 한국의 경우, 1950년대 전후 복구를 위하여 해외원조단체 및 선교사가 설립한 단체들과 1970년대 국제교류를 목적으로 설립된 단체들을 개발NGO의 시작으로 본다. 1980년대부터는 추후 한국 개발NGO의 주류가 되는 종교기반조직(Faith-based Organizations, FBOs) 성격의 단체들이 설립되었다. 1990대에는 르완다 내전의 긴급구호요원 파견을 시작으로 한국 개발NGO의 본격적인 활동이 시작되었으며, 2000년대에는 급속한 양적 팽창이 일어났다. 여기서 우리 개발NGO의 발전 역사가 서구의 경로에 수렴되고 있는지, 아니면 우리의 고유한 발전 경로가 있었는지를 논의한다.

OECD DAC 회원국의 개발NGO들은 직접사업수행뿐만 아니라 다양한 국제기구, 정부 원조기관, 국제 NGO, 현지 개발도상국의 NGO 등과 파트너십을 이루어 현지 상황과 조건을 고려하며 보다 효과적으로 사업을 진행하고 있다. 이는 개발도상국의 NGO에게 재정지원, 기술협력 제공을 통하여 그들이 스스로 자신들의 필요를 해결하는 역량을 키울 수 있도록 돕는 과정이다. 이러한 과정은 결국 개발도상국의 지속가능하고 민주적인 발전을 담보해낼 수 있는 시민사회의 역량을 강화하는 방식으로 진행되는 것이다. 그러나 한국 개발NGO는 교육, 의료보건, 경제개발, 지역개발 등의 사업을 개발도상국에서 보다 직접 수행하는 경우가 많다. 빈곤감소 및 개발목표 달성에 대해 제도적·구조적인 애드보커시 접근 방식보다는 직접적인 서비스제공과 커뮤니티개발 방식을 택하고 있다. 이는 한국 개발

NGO의 독특한 특성 중 하나이다.

현재 한국 개발NGO의 규모 및 현황에 대한 정확한 데이터와 분석 자료는 찾기 어렵다. 활용되는 통계자료는 대부분 개발NGO들의 협의체인 KCOC에서 작성된 것인데, 이는 KCOC의 회원단체를 중심으로 일부 개발NGO들이 분석대상이 된다는 점에서 한계가 있다. 단체들의 해외사업 규모 등은 KCOC의 통계자료와 KOICA의 시민사회협력사업 자료를 통하여 파악할 수 있는 수준이다. 그러나 KOICA의 지원을 받지 않고 외교부 등 중앙정부부처 혹은 지방자치단체의 지원을 받아 사업을 수행하는 경우도 있으며, 단체 개별적으로 수행하는 국제개발협력 사업도 있다는 점에서 통계상의 한계점이 있지만 이들 자료를 토대로 우리의 현황을 분석한다.

본 연구의 제3장은 개발NGO의 역량분석에 대한 논의이다. 이 장에서는 NGO역량에 대한 이론적 틀과 국제적 현황, 그리고 한국 개발NGO의 역량을 분석할 것이다. 개발NGO의 역량과 관련하여 해외 학자나 연구기관 등은 가장 기본적인 역량의 구성요소에 접근하는 방식으로 연구를 진행해왔는데, 특히 공통적으로 조직의 비전과 미션을 강조하고 있다. 한편, 국제 개발NGO들은 개인과 조직의 역량개발을 위해 교육, 정보 및 지식교류, 사업 활성화 지원, 컨설팅 등의 분야에서 다양한 프로그램을 시행하고 있다.

현재 한국 개발NGO 역량강화를 위한 프로그램은 KOICA, KCOC, 한국NPO공동회의 등을 통해서 실행되고 있다. 그러나 전문강사진의 부족, 해당 교육의 필요성에 대한 낮은 인식, 아직 체계화되지 않은 프로그램 등은 향후 보완되어야 할 점이다. 기존 한국 개발NGO 역량에 대한 연구도 실태 및 현황을 파악한 정도가 대부분이지만, 이들의 시론적 연구 성과를 종합하고 기존의 역량강화 프로그램을 분석하여 한국 개발NGO 역량 현황을 살펴보고, 문제점 개선 및 발전 방안을 모색한다.

제4장에서는 정부와 개발NGO 간의 파트너십을 분석할 것이다. 1980년대 국제사회는 정부와 시민사회와의 협력 사업이 국민들의 ODA에 대한 지지를 증가시키는 데 기여하며, 정부정책에 긍정적인 영향을 줄 뿐만 아니라 더 나은 거버넌스와 민주주의의 기본을 수립하는 데 큰 역할을 할 수 있다는 점을 이해하였다.[5] 이러한 맥락에서 OECD DAC 회원국들은 오래전부터 시민사회협력 프로그램을 진행하고 있으며, 개발NGO 자체사업 지원, 정부사업 위탁, 수원국NGO 지원 등 다양한 방식으로 재원을 제공하고 있다.

한국 정부와 개발NGO의 협력은 1995년 KOICA의 'NGO지원사업'(현 '민간단체지원사업')을 시작으로 지금까지 그 규모와 수적인 면에서 확대되어 왔다. 1995년 5억 원 미만의 규모로 출발한 민간단체지원 사업은 2014년 현재 사업발굴지원, 현지CSO지원 사업을 포함하는 시민사회협력사업으로 확대되었고 지원규모도 170여억 원으로 증가하였다. 이 장에서는 이러한 지원규모의 확대가 요구하는 한국 개발NGO와 정부와 파트너십의 질적 변화의 방향을 검토한다.

본 연구의 제5장은 개발NGO의 책무성에 관한 논의를 다루고 있다. 과거에 비해 개발NGO의 역할이 확대되고 그 중요성이 높아짐에 따라 이들에 대한 책무성 또한 크게 요구되고 있다. 이에 따라 각국 정부 및 국제 시민사회에서는 NGO의 책무성에 관심을 갖고 관련 체계를 구축해나가고 있다. 가장 대표적인 사례로는 호주 원조개발청 AusAID(Australian Agency for International Development)에서 개

5) Ian Smillie and Henny Helmich, *Stakeholders: Government-NGO Partnerships for International Development*(London: Earthscan Publications Ltd., 1999), p. 8.

발협력에 참여하는 NGO들에 대한 인증제도(NGO Accreditation)를 들 수 있다. 이 제도는 호주 개발NGO협의체인 ACFID(Australian Council for International Development)와 호주정부가 함께 만든 것으로, 역량 있는 NGO와 그렇지 않은 곳을 선별할 수 있는 행정적 제도로 활용되고 있다. 동시에 ACFID에서도 자체적으로 NGO들이 지켜야 할 행동강령(Code of Conduct)을 만들고 책임 있는 활동의 중요성을 강조한다. 이렇게 시민사회 측에서도 자신들의 책무성 문제를 중요시하고 적극 대응하고 있다. 전 세계 110개국 882개 단체의 연합체인 CIVICUS를 비롯하여 캄보디아의 NGO협의체인 CCC(Cooperation Committee for Cambodia) 등은 회원단체 간의 네트워크를 활용하여 책무성을 갖추고자 한다. 이 외에도 영국의 One World Trust, 미국의 Charity Navigator 등의 단체들이 개발NGO 책무성을 위한 적극적인 활동을 하고 있다.

그러나 아직까지 국내에서는 개발NGO의 책무성에 대한 논의는 부족하며, 관계자들 사이에서조차 이에 대한 인식 형성이 잘 이루어져 있지 않다. 따라서 책무성 평가를 위한 엄밀한 틀 또한 구축되어 있지 않은 실정이다. 2007년 KCOC가 각계 전문가의 참여를 통하여 '국제개발협력NGO 행동규범(Code of Conduct)'을 작성하고, 이 행동규범과 연계한 책무성 자가진단서도 개발하는 등의 활동을 하고 있지만, 책무성을 보다 강화하기 위한 교육 시행, 제도적 장치 마련 등 더 많은 연구와 노력이 필요하다. 본 연구는 국제적인 책무성 평가 틀과 지표를 토대로 한국 개발NGO의 책무성에 관한 현 상황을 살펴보고, 책무성을 제고하기 위한 발전 방안을 모색한다.

제6장은 개발NGO의 사업평가 및 모니터링에 관한 논의를 다룬다. 국제개발협력 사업에서 평가와 모니터링은 효과적이고 효율적인

사업 수행을 위하여 간과할 수 없는 중요한 단계이다. 그러나 이 단계는 우리 개발NGO 내부에서 가장 잘 이루어지지 않는 부분으로, OECD DAC 수준에서도 체계화된 평가 시스템 구축이 요구되고 있다. 해외 분석은 NGO-IDEAs(NGO Impact on Development, Empowerment and Actions), 옥스팜(Oxfam) 등의 평가프레임을 대상으로 할 것이다. 한국은 KOICA 시민사회협력사업의 경우, 민관협력실과 주재국 KOICA 사무소가 사업평가를 실시한다. 그러나 NGO사업에 대한 평가프레임워크가 부재하고 전문적 평가 경험도 부족한 현실이다. 또한 선별적으로 이루어지는 평가에서도 평가결과 피드백을 통한 학습효과가 크지 못할 뿐만 아니라 산출물(output) 평가에 그치고 있어 성과(outcome) 평가를 본격적으로 시행하지 못하고 있다. 또한 NGO 개발사업의 평가결과가 이후 시행되는 사업의 효과성을 높이기 위한 평가지식 공유로 연결되지 않고 있다. 따라서 평가 본연의 목적 중 하나인 '학습(learning)'에 기여하지 못하는 실정이다. 본 연구는 이러한 점을 고려하여 국제 개발NGO와 국내 개발NGO의 사례를 비교 검토하여 향후 한국 개발NGO에의 함의를 찾는다.

이 연구는 서구이론 및 현황에 대한 비판적 분석에 초점을 두고 이를 통해 한국 개발NGO의 현황과 과제를 조망하는 학술 입문서의 성격을 띠고 있다. 따라서 마지막 7장은 독자적인 한국 개발NGO의 발전 모형 수립을 위한 논의의 물꼬를 튼다는 의미에서 한국의 개발NGO가 기존 서구의 발전경로로 수렴할 것인지, 아니면 독자적인 노선으로 나아갈 것인지에 대한 '질문'에서 출발한다. 우리 개발NGO는 지금까지의 경로의존성에서 탈피하여, 개발의 보편적 가치를 담지하면서 새로운 발전경로를 모색해야 하는 과제를 안고 있다. 한국 개발NGO가 코르텐(David C. Korten)의 '4세대론'이 분류하는 남반구의 자발적인 사회운동을 촉진시키는 국제연대에 초점을 두는 4세대로 발전할 것인가, 또는 서구 개발NGO의 일반적 역할인 사회서비스 제공자, 개발사업 실행자, 사회변화 촉진자, 그리고 다른 개발주체들과의 파트너십 등의 역할을 모두 포괄할 것인가, 그렇지 않으면 한국만의 특수한 경로로 발전해 나갈 것인가라는 질문에 대한 답을 우리 개발NGO가 공유하는 '개발'의 의미, 현재의 문제점과 미래 가능성에 관한 논의를 중심으로 찾아보고자 한다. 여기서 우리 고유의 경로는 지금까지 서구 개발NGO가 얻었던 역사적 경험과 교훈을 도외시하는 것을 의미하는 것이 아니라, 서구의 경험과 교훈을 우리 고유의 가능성과 창조적으로 결합하여 개발도상국 주민의 빈곤감소와 삶의 질을 향상시키는 데 기여하는 우리 개발NGO의 길을 찾는 것이다.

제2장

개발NGO의 발전과정과 현황

제2장 개발NGO의 발전과정과 현황

1. 개발NGO의 역할

NGO[1]는 지난 20년 동안 세계의 공공정책 형성에 상당한 영향을 주었다. NGO는 지뢰금지, 부채탕감, 환경보호와 같은 이슈를 옹호하는 국제 캠페인을 진행하였으며, 성공적으로 전 세계의 지지자들을 결집시켰다. 예를 들어 2008년 지구촌빈곤퇴치시민네트워크(Global Call to Action against Poverty, 이하 GCAP)는 최빈곤국가를 대상으로 부채탕감과 원조증진을 위한 애드보커시 활동을 전개하면서, 전 세계 도시에서 개최한 'Stand up against Poverty(가난에 대항하여 일어서기)' 행사에 1억 1,600만 명의 시민을 불러 모았다.

1) NGO라는 용어가 공식적으로 등장한 것은 1946년 유엔 헌장(UN Charter)의 제10장 제71조이다. 이 조항에 따르면 유엔 경제사회이사회(Economic and Social Council, 이하 ECOSOC)는 권한 내에 있는 사항들과 관계가 있는 NGO와 협의를 위해 적절한 협약을 체결할 수 있다. NGO의 참여적 지위가 유엔 헌장에 명시되어 있다는 데 의의가 있으며, NGO는 유엔과의 협약을 통해 국내외 무대에서 국제관계와 관련된 어젠다에 참여하는 행위자로 인식된다.

개발NGO는 국제개발 관련 공공정책 형성뿐만 아니라 다양한 역할을 수행하고 있다. 개발NGO에 관한 많은 연구서를 저술한 영국의 개발인류학자인 루이스(Lewis)는 2007년 발간한 저서 *The Management of the Non-Governmental Development Organization*에서 개발NGO의 역할을 세 가지로 구분하였다. 첫째는 실행자이다. 개발NGO는 자원을 동원하여 개발현장에서 도움이 필요하고 소외된 이들에게 필요한 물품과 서비스를 지원하는 서비스제공(service delivery) 역할을 한다는 것이다. 둘째는 촉진자(catalyst) 역할이다. 이는 개발NGO들이 개발과 관련한 변화를 촉진하기 위한 사상을 고취하고 사회변화를 이끌어 내는 역할을 한다는 것이다. 마지막 역할은 파트너이다. 루이스는 개발NGO들이 정부, 공여기관 및 기업과 개발 사업을 공동으로 수행하는 가운데 특정 역할을 담당하는 파트너 역할을 수행한다고 주장하였다.[2)]

세계은행(World Bank)도 NGO가 세계적으로 사회분야의 명백한 행위자로 등장하였다고 인식한다. 또한 각 NGO의 발생 역사와 환경이 다양하기 때문에 시민사회의 정의는 각기 다른 개념적 패러다임, 역사적 근원, 그리고 그 국가의 상황에 따라 상당히 다양하게 규명될 수 있다고 보고 있다. 세계은행은 NGO가 특히 정부의 역할이 미치지 못하는 분쟁 후 국가(post-conflict country)에서 정부의 활동을 보충함으로써 개발프로그램의 이행과 사회 서비스의 전달을 위해 중요한 역할을 수행해왔다고 평가한다. 세계은행은 NGO의 활동과 역

---

2) David Lewis, *The Management of the Non-Governmental Development Organization* (London: Routledge, 2007), pp. 88-95; David Lewis and Nazneen Kanji, *Non-Governmental Organizations and Development*(London: Routledge, 2009), pp. 12-13.

〈표 2-1〉 세계은행의 개발NGO 활동영역

순 번	활동 영역
1	구호・복지기관
2	개발문제에 대해 새로운 접근방식을 모색하는 '기술혁신단체'
3	정부의 공적 원조를 집행하는 '사업집행단체'
4	제3세계의 개발을 돕는 선진국의 '공공개발단체'
5	자국의 개발을 위해 활동하는 개발도상국의 '풀뿌리개발단체'
6	개발에 대한 교육과 로비활동을 하는 '옹호단체'

할을 가장 명확하게 보여준 사례로 NGO들이 2004년 남부아시아에서 쓰나미 재난 복구에 참여한 것을 들고 있다.

세계은행은 개발NGO를 활동영역에 따라 〈표 2-1〉과 같이 여섯 가지로 구분하였다.[3)]

2008년 OECD DAC의 제3차 원조효과성 고위급회의(High Level Forum on Aid Effectiveness, HLF-3)의 아크라행동강령(Accra Agenda for Action, AAA)에서 국제사회는 NGO를 '독립적 개발주체'로 인식하며, 정부와 민간기구에 보충 역할을 하는 단체라고 정의하였다.[4)] 아크라행동강령은 NGO가 개발활동에서 역할을 최대화할 수 있도록 보장하기 위해 세 가지 사항, 첫째, NGO의 관점에서 파리선언에서 합의한 원조효과성을 어떻게 적용하고 있는지 반영하기 위해 NGO를 초청할 것, 둘째, NGO의 개발효과성 증진을 위해 다수 이해관계자가 가지는 절차에 관여하기 위한 NGO의 제안서를 환영할 것, 셋째, 개발에 대한 공헌을 극대화할 수 있는 우호적 환경 제공을 위해 NGO

3) 김혁래 외, 『세계화와 한국NGO의 발전방안』(서울: 경제정의실천시민연합, 1997), pp. 102-103.
4) OECD, "The Paris Declaration on Aid Effectiveness and the Accra Agenda for Action"(Paris: OECD, 2008), pp. 19-20.

〈표 2-2〉 CCIC의 NGO 역할

순 번	특 징
1	가난하고 소외된 사람들과 연대하여 협력
2	개발도상국에서 민주적 거버넌스를 위한 시민들의 권리 주장 및 성취
3	성 평등, 특히 가난하고 소외된 여성들의 권리 향상
4	개발도상국과의 정책대화에 있어 시민이 목소리를 낼 수 있는 공간 확대
5	가난한 사람들이 거주하고 일하는 곳의 현실에 기반을 둔 혁신 촉진
6	사회변화와 관련된 다양한 영역의 역량 구축
7	네트워킹하고 학습하며 NGO를 관련 정책 변화의 지렛대로 활용
8	선진국의 재정적・인적 자원을 동원하여 지렛대로 활용
9	지구시민의식의 표현과 세계사회 정의를 위한 교류 증진

와 협력할 것을 명시하였다. 개발효과성을 달성하기 위해서는 NGO의 역할이 필수적인 만큼 국제개발협력에 관한 고위급 회의에서는 NGO와 파트너십 형성을 강화하고 지원하기 위한 환경을 조성할 것과 이를 위한 노력을 강조하고 있다.

캐나다의 개발NGO 협의체인 CCIC(Canadian Council for International Cooperation)는 NGO의 역할을 〈표 2-2〉와 같이 아홉 가지로 분류하여 설명하고 있다.[5)]

세계은행, OECD DAC, CCIC가 제시한 개발NGO의 역할은 크게 사업수행 역할과 교육 및 애드보커시 역할로 구분할 수 있다.[6)] 대부분의 NGO는 집행역할을 수행하고 있으며, 특히 공적 이익과 관련된 활동을 중심으로 서비스를 제공한다. 또한 NGO는 후원자로부터 재정을 지원받아 예산집행을 하고, 이에 따른 사업을 이행한다.

5) Brian Tomlinson, "Determinants of Civil Society Aid Effectiveness: a CCIC Discussion Paper"(Ottawa: CCIC, 2006), pp. 2-3.

6) Leon Gordenker and Thomas G. Weiss, "Pluralising global governance: analytical approaches and dimensions," *Third World Quarterly* 16-3(1995), pp. 36-40.

사업영역에는 긴급구호, 인도적 지원, 사회·경제적 인프라 구축뿐만 아니라 지역경제의 일자리 창출, 지역사회 개발 등 기술적인 원조도 포함된다. 또한 개발NGO는 정부기관의 공적 원조를 집행하는 '하청업자(subcontractor)' 역할을 맡기도 하는데, 이처럼 재원을 조달한 후원자가 조직한 NGO를 DONGO(Donor-organized NGO)라고 부른다. 자발적으로 모금한 자금으로 조직된 NGO와 비교하여 정부의 하청인으로서의 NGO는 사업이 종료되면 쉽게 해체되거나 비정부적(Non-governmental)이라는 NGO의 주요 특성을 잃게 되면서 공적인 이익보다는 정부의 종속적 기관으로 기능할 것이라는 우려를 표명하는 입장도 있다.

교육 및 애드보커시 활동을 하는 NGO는 기관의 후원자와 정책결정자를 대상으로 개발과 구호 관련 교육과 로비활동을 벌이는 것을 주목적으로 한다.[7] 전문적인 정보를 수집하고 연구하여 로비활동 또는 시민을 대상으로 한 캠페인을 통해 정부, 국제기구의 정책형성 과정과 집행활동에 참여하여 영향력을 확대하는 역할이다. 때로는 유엔과 같은 국제기구가 주창하는 사업이나 목표에 결정적이거나 선도적인 역할을 하기도 한다. 애드보커시 NGO의 예로는 국경없는 의사회(Medecins Sans Frontieres), 그린피스(Greenpeace), 국제적십자연맹(International Committee of the Red Cross) 등이 있다.

끝으로 코르텐(Korten)은 1990년 그의 저서 *Getting to the 21st Century*를 통해 개발NGO '4세대론'을 제시하며 세대별 역할을 설명하였다. 그는 1세대 개발NGO는 구호와 복지 성격이 있으며 행위자(doer) 역할을 한다고 밝혔다. 2세대에서 개발NGO는 지역개발 활동

7) 김혁래 외(1997), p. 69.

을 위한 동원자(mobilizer) 역할을 하며, 3세대에서는 지속가능한 시스템개발을 위한 촉진자(catalyst) 역할을 한다고 주장하였다. 코르텐은 마지막 4세대에서 개발NGO는 주민운동(people's movement)을 하는 활동가(activist)이자 교육자 역할을 한다고 설명하였다.[8] 물론 이러한 세대 구분이 역사적 발전 경로를 모두 설명하는 것은 아니라는 점을 코르텐도 강조하였다. 개별단체들은 세대의 특징을 동시에 추진할 수도 있고, 특정 세대의 역할에 초점을 맞춘 활동을 전개하기도 한다.

2. 서구 개발NGO의 발전과정과 현황

1) 1950년대 이전: 자선과 구호, 개발NGO의 출발기

개발NGO의 역사와 기원은 학자의 관점에 따라 다양하게 구분된다. 캐롤(T. F. Carroll)은 '모든 NGO는 시간이 지남에 따라 변화하는 지역적 · 역사적 환경에서 파생된 맥락의 매트릭스 내에서 작동한다'는 의견을 개진한 바 있다.[9] 이와 같은 견해에 따르면, 개발NGO의 역사는 시대적 · 정치적 · 경제적 흐름에 대한 역사관이나 시각차에 따라 다른 관점으로 바라볼 수 있으며, 이를 올바르게 바라보기 위해서는 장소와 시대를 아우르는 역사적 흐름에 대한 이해가 수반되어야 한다. 개발NGO의 역사적 기원을 바라보는 시각은 NGO라는 용어

8) David C. Korten, *Getting to the 21st Century*(Bloomfield: Kumarian Press, 1990), p. 117.

9) Lewis(2007), p. 49.

가 사용되기 이전인 18세기 초부터 NGO가 국제적 행위자로서 참여를 인정받기 시작한 20세기 중반에 이르기까지 다양하다. NGO의 시초로 여겨지는 지역적 개발과 관련된 자발적인 활동은 이미 오랜 역사를 가지고 있다. 20세기 이전에도 세계 전반에 서로 다른 형태의 자발적인 조직들이 존재했지만, 이들이 NGO로서 인식된 것은 비교적 근래이다.

대다수의 학자들은 개발NGO의 토대가 주로 19세기 초 북반구의 긴급구호나 빈민구제를 위한 구호·복지기관의 출현으로부터 시작하였다고 주장하였다. 19세기 말에는 적십자사, 카리타스(Caritas) 등이 서구사회의 기독교 자선 윤리를 토대로 설립되었으며, 이런 기관을 중심으로 후진국에 파송된 선교사들이 소규모 구제활동으로 시작하여 학교와 병원을 설립하며 개발활동을 하였다.[10] 코르텐의 4세대론에 따르면 이 시기는 주로 구호와 빈곤계층의 1차적인 필요를 위해 일했던 1세대 NGO의 시작이기도 하다.

한편, 루이스는 개발과 관련된 활동이 그보다 이전인 18세기 노예무역의 폐지와 평화운동 단체의 생성과 함께 시작하였다고 주장한다. 국제적 문제와 관련한 NGO의 역할 변화를 1775~1918년의 '출현(emergence)' 단계부터 1992년 '권한부여(empowerment)' 단계에 이르기까지 역사적 흐름에 따라 일곱 단계로 나누어 설명하는 카노비츠(S. Charnovitz)에 따르면, 이 시기는 NGO '출현'의 단계이다.[11] 이 시기의 대표적인 NGO로는 1823년 설립된 노예폐지협회(Anti-Slavery Society)를 들 수 있다.

---

10) 김혜경, "OECD 회원국 개발 NGO의 활동유형과 과제," 『동서연구』 제9권(2)호 (1997), p. 105.

11) Lewis(2007), pp. 31-49.

20세기로 넘어 온 1910년에는 국제협회(International Associations)[12]의 제1회 세계대회(World Congress)가 열렸다. 이 대회에는 교통, 지적재산권, 마약 통제, 공중위생, 농업, 자연보호와 같은 다양한 이슈와 관련된 137개의 국가대표가 참가하였다. 또한 1920~1930년대에 국제연맹(League of Nations)을 통해 NGO의 참여 수준은 계속 확대되었다. 카노비츠는 이 시기를 두 번째 단계인 '참여(engagement)'로 구분하였는데, 이 시기에 NGO는 국제적 어젠다에서 이슈를 가져오는 외부자에서 국제적 문제의 토대 위에 정부와 함께 일하는 내부자로의 역할 이동을 시작하였다. 카노비츠의 분류에 따른 세 번째 단계는 '비참여(disengagement)' 단계이다. 1935년 이후 국제연맹 내에서 NGO의 활동이 관례화되었지만, 2차 세계대전에서부터 전후에 이르기까지 전쟁을 초래한 국가들은 NGO의 참여를 억제하는 시기이기도 하였다.

하지만 2차 대전 이후 유엔은 헌장 71조를 통해 '유엔 활동에 NGO 참여'를 성문화하였고, NGO는 헌장의 초안 작성에 적극적으로 참여하였다. 이 시기를 카노비츠는 네 번째 단계인 '공식화(formalization)' 단계로 규정하였다. 이런 국제적 흐름 속에서 개발NGO의 초기 조직들은 1·2차 세계대전이라는 시대적 특성과 맞물려 난민캠프, 급식소, 병원 등에서 전쟁 피해자를 지원하는 구호중심의 사업을 수행하였다.[13] 1차 세계대전이 끝난 후 1919년에는 영국의 아동구호기금(Save the Children Fund), 1937년에는 전쟁고아를 돕기 위한 플랜인터내셔널(Plan International)이 설립되었다. 2차 세계대

12) http://www.uia.be/history(검색일: 2012. 11. 13).

13) 한재광, "국제 개발NGO 발전의 흐름과 한국 개발NGO에의 시사점"(국제개발협력학회 정기학술회의 발표문, 2010), p. 86.

전 시기였던 1942년에는 옥스팜, 1943년 Catholic Relief Service, 미국의 American Council of Foreign Relief Agencies, 1944년 덴마크의 Friends of Peace Relief Work, 1945년 CARE(Cooperative for American Relief Everywhere) 등이 설립되었고, 2차 대전 이후에는 1953년 War on Want, 1956년 NOVIB(Netherlands Organization for International Development Cooperation), 1958년 Misereor 등이 설립되었다.[14] 이 시기의 남반구에서 초기 NGO 활동은 일반적으로 독립투쟁에서 비롯되었는데, 인도의 Handloom센터가 대표적이다.[15]

2) 1960~1970년대: 구호와 재건에서 개발로의 전환기

(1) 전쟁 복구 사업 및 근대화로서의 개발

베빙톤(Bebbington) 등은 개발NGO의 역사를 시대적 변화의 흐름에 따라 네 개의 시기로 분류하였다.[16] 첫 번째 시기는 1960년대 중반부터 후반까지로, 이 시기에 북반구 NGO는 본격적인 활동을 시작하였으며 숫자도 크게 증가하였다. NGO는 소규모로 활동하며 빈민 등 일부 수혜자에게 좀 더 영구적이고 전문적으로 지원하였다. 대부분의 NGO는 북반구를 기반으로 하고 일부만이 남반구에 존재하였으며, 자발적인 기여를 통한 광범위한 운동과 네트워크 안에 자리

14) Roger C. Riddel and Mark Robinson, *Non-governmental Organizations and Rural Poverty Alleviation*(Oxford: Clarendon Press, 1995), p. 27.

15) John Clark, *Democratizing Development*(Bloomfield: Kumarian Press. 1991, p. 29.

16) Anthony J. Bebbington, Samuel Hickey and Diana C. Mitlin, *Can NGOs Make Difference?: The Challenge of Development Alternatives*(New York: Zed Books, 2008).

하고 있었다. 또한 다수의 NGO는 제도적 기반과 기금을 제공하는 종교기관이나 자선가와 연관되어 있었다. 이러한 NGO 중 일부는 선교적 목적을 포장한 식민지의 유산으로 드러나기도 하였다.

2차 세계대전 이후 마샬플랜을 통해 붕괴된 유럽의 재건을 위해 활약하던 NGO들은 1960년대 이후에 서구 식민지 국가들의 독립전쟁, 종족 간 분쟁, 자연 재난으로부터의 재건을 위해 활동하기 시작하였다. 이들은 국가적 범위의 구호에서 아프리카와 아시아, 남미로 활동 영역을 확대해 나갔고, 복지활동 등을 포함하여 활동분야를 넓혔다. 1961년 인권분야의 대표적 NGO인 국제앰네스티(Amnesty International)와 환경분야의 대표적 단체인 WWF(World Wide Fund for Nature)가 설립되었으며, 1969년 지구의 벗(Friends of the Earth International), 1970년 그린피스(Greenpeace), 1974년 월드워치연구소(World Watch Institute, WWI) 등이 잇따라 설립되었다. 이 시기에는 국제기구를 통해 개발도상국의 빈곤문제에 대한 관심이 대두하기 시작하였다. 유엔 식량농업기구(Food and Agriculture Organization, FAO)가 대대적인 기아방지캠페인을 전개했으며, 1959년 독일 식량은행(Brot fur die Welt), 1960년 프랑스 기아방지위원회(Committee Francais Contre la Faim, CFCF) 등이 설립되었다.[17] 2차 대전 이후 유엔에서 NGO의 참여가 공식화된 이후, 유네스코(UNESCO)와 세계보건기구(WHO)도 헌장을 통해 NGO와의 협력 명분을 제공하였다. 그럼에도 불구하고 현실적으로 NGO의 참여 관습은 성문화에 그쳤고, 참여기회 또한 국가 간 연맹 시기보다 더 나아지지 않았다. 카노비츠는 이 시기를 다섯 번째인 '성과 미달(under achievement)' 단계로 구분하

17) 김혜경(1997), p. 105.

였다.[18]

클락(Clark)은 베빙톤 등의 첫 번째 시기를 아우르는 1960~1970년대의 개발NGO의 역사적 변화를 개발NGO의 활동 목적에 따라 분석하였다. 그는 이 시기 NGO의 개발활동이 '근대화이론'을 바탕으로 빈곤의 표피적 증상(symptoms of poverty)에 중점을 두고 전개하였다고 지적하였다. 즉, 북반구의 개발NGO는 가난한 지역사회를 돕는 것이 북반구의 이론, 기술, 기업에 의해 남반구 지역을 북반구처럼 만드는 것이라고 생각하였다는 것이다.[19] 이 시기 선진국들은 지속적인 경제성장을 바탕으로 개발도상국에 주로 외환원조를 통한 공업화를 지원하였다. 성장과 근대화를 통해 빈곤과 불평등 문제가 빠르게 해결될 것이라는 믿음이 가득했던 이 시기는 많은 선진 공여국이 개발도상국에 대한 지원을 지지하는 개발원조의 '영광의 시기'로 평가되기도 한다.[20]

북반구 개발NGO는 처음에는 남반구의 마을 이사회, 토착조직과 대립 관계였으며, 이에 따라 북반구 NGO 중심의 개발 프로젝트를 세웠다. 하지만 많은 사람은 이러한 전통적인 개발모델의 부정적인 효과에 대해 계속 비판하였으며, NGO의 기여에 대해서도 심각하게 질문하기 시작하였다. 즉, 빈곤의 증상을 개선하는 것을 넘어 빈곤의 근본적인 원인에 대해 고민하기 시작하였다. 그들은 점차 대중적인 풀뿌리 조직과 자립운동에 서비스를 제공하는 새로운 역할로의 전환을 시도하였다.[21] 1960년대 라틴아메리카에서는 해방신학(liberation

18) Lewis(2007), p. 49.
19) Clark(1991), p. 29.
20) 한재광(2010), p. 86.
21) Clark(1991), p. 29.

theology)과 가톨릭교회, 브라질의 교육자 프레이리(Paulo Freire)의 철학인 '비판적 자각을 위한 교육'처럼 급진적인 사상과 지역사회에 기반을 둔 활동이 NGO의 성장에 영향을 미쳤다. 프레이리의 사상은 라틴아메리카를 넘어 방글라데시의 Proshika와 같은 개발도상국 NGO에 철학적 토대가 되었다. 나아가 프레이리의 사상은 이후 참여농촌조사(Participatory Rural Appraisal)와 같은 참여방법론과 결합되어 개발도상국에서 성인학습과 사회변화를 위한 혁신적인 문해교육(文解敎育) 방법론인 REFLECT(Regenerated Freirean Literacy through Empowering Community Techniques) 프로그램으로 발전하였다. 현재 REFLECT는 70여 개 이상의 국가에서 500개 이상의 NGO가 활용하고 있다.[22]

(2) 개발NGO 성장의 가속화

북반구 개발NGO는 남반구와의 파트너십에 있어 전통적인 개발모델에 대한 비판적 성찰로 인해 점점 그 역할이 전환되었다. 코르텐은 이 시기 NGO의 역할 변화를 2세대 NGO로 정의하고, 북반구 NGO가 지원 대상 그룹(target group)과 상호 협력을 통해 일방적인 물품지원을 넘어 지역개발의 동원자로서 NGO 역할이 중요한 목표가 되었다고 보았다. 다양한 2세대 NGO들은 공통적으로 이런 성격이 있기 때문에 그들이 확보하고 있는 지역적 정보를 활용하여 지원 대상 조직에게 필요 이상의 도움을 주는 것을 피할 수 있었다. 이런

---

22) http://www.sareflect.org/index.php?option=com_content&view=category&id=38& layout=blog&Itemid=55(검색일: 2014. 5. 10). REFLECT는 2003, 2005, 2007, 2008년에 UNESCO 문해교육상을 수상하였다.

전략을 추진한 배경에는 소규모 프로젝트와 장 · 단기 프로젝트를 모두 활용하여 지원 대상 그룹의 상태를 개선하려는 목표가 있었다.[23] 예를 들어 1961년 영국 옥스팜은 선교적 조직과 다른 북반구 기구에 대한 재정 지원을 중단하고 개발도상국 토착그룹의 활동에 자금을 지원하는 정책적 전환을 이룬 바 있다. 이와 같이 북반구 NGO의 자발적인 정책 전환에 따른 남반구 NGO에 대한 재정지원 증가는 남반구 NGO의 급격한 성장으로 이어졌다. 이런 과정에서 많은 북반구 NGO는 북반구 공여자의 원조자금을 개발도상국의 풀뿌리 조직에 전달하는 중간조직 형태의 기구로 성장하기도 하였다.

1960년대까지 남반구 NGO는 북반구 NGO에 대해 대부분 배타적이었으나 점차 협력관계를 형성하게 되었다. 처음에는 남반구 NGO의 대다수가 북반구 NGO의 '파트너'로 출발했는데, 이들은 프로젝트 장소를 피난민 캠프나 병원에서 마을이나 빈민가로 전환함으로써 북반구 NGO로 하여금 빈곤의 현실에 눈뜨게 하였다. 또한 많은 NGO들은 정치, 경제 엘리트의 관심에 따라 조사한 것을 기반으로 전개했던 NGO의 활동이 한계성을 가진다는 것을 깨달았다. 1960년대에 프레이리의 영향을 받은 브라질의 NGO들은 의식화 접근 방법(approach of "conscientization")을 통해 정치적 교육과 지역사회 개발활동을 결합하였다. 북반구 NGO들은 개발을 통한 빈곤 탈출과 삶의 조건 개선, 그리고 거대세력의 착취를 인식하고 이를 극복하도록 도왔다. 남반구의 NGO들도 빈곤층의 자력화를 돕기 위해 유사한 접근을 시도하였다. 인도 아대륙(sub-continent)에서 성인 대상의 문해교육 프로그램은 카스트로 인해 하위계층으로 살아가며 문맹인 것

23) David C. Korten, "Third Generation NGO Strategies: A Key to People-centered Development," *World Development* 15(1987).

을 당연시 여겼던 이들에게 읽고 쓰며 배울 수 있는 능력을 회복하도록 도왔다. 제3세계 도처에서 남반구 NGO는 부정의에 대항하고 가난한 자들을 돕는 데 집중하였다. 이들 NGO들은 때로는 비공식적으로 형성되었으며, 정부가 이들의 존재나 활동을 모르는 경우도 있었다. 북반구 NGO는 항상 이들에게 재정지원을 할 수는 없었지만 국가적인 기반의 중개기관을 통해 후원자를 연결하였다.

이러한 1960~1970년대 개발NGO의 시대적 변화를 베빙톤 등은 NGO의 가속화 초기 단계로 구분하였다.[24] 이 시기에는 초기에 설립된 NGO 중 일부만이 구조적 개혁의 필요를 인식하고 조직의 사명을 재정립하였다. 'co-financing'과 같은 공동재원프로그램이 촉진되었고, 북반구 국가와 사회의 의지가 반영된 NGO 지원 프로젝트가 국가적 차원의 원조 전략 내에서 제도화되었다. 개발NGO가 국가, 시장, 시민사회 내에서 대안적 타협을 할 필요성이 대두되기도 하였다. 구조주의자와 마르크스주의자의 개발에 대한 해석, 국가적 독립 및 다양한 사회적 이념을 둘러싼 NGO와 정치적 투쟁 사이의 접점을 반영하기 위한 세밀한 조사가 요구되었고, 남반구와 북반구 비정부 행위자들의 연합체에 대한 필요성도 제기되었다. 이에 대해 카노비츠는 1970년대가 되어서야 비로소 NGO의 힘과 활동이 증가되었다고 평가하고, 이를 여섯 번째 단계인 '강화(intensification)' 단계로 분류하였다.[25] 1972년 스톡홀름 환경회의와 같은 유엔 회의, 1974년 부카레스트 세계인구회의는 NGO의 존재가 성장하는 것을 확인할 수 있는 중요한 계기들이었다. 또한 국제 NGO들은 1970년대 아프리카에서 발생한 대대적인 기근과 1975년부터의 킬링필드 사

---

24) Bebbington et al.(2008).

25) Lewis(2007), p. 49.

건을 계기로 컨소시엄을 구성하여 활동하기 시작하였다.[26]

이 시기에 NGO는 빈곤이 사실상 정치적이며 구조적인 문제임을 인식하였으며, 이런 인식은 NGO의 활동을 정치적 변화를 추구하는 개발교육, 공공캠페인, 의회로비와 같은 옹호활동으로 이끌었다. 그러나 정부 기금이나 보수적인 기부자에 종속된 NGO는 여전히 이런 옹호활동에 소극적이었다. 자유주의 이론과 같은 새로운 정치적 개념이 제3세계 지식인들 사이에 퍼져나간 시기도 이때였는데, 이런 정치적 흐름은 남반구 NGO의 사고에도 큰 영향을 미쳤다.[27] 한때 개발이론은 북반구 전문가에 의해 지배되었으나 토착적 진보를 거치며 남반구 스스로 이끌어가기 시작하였다.

3) 1980년대: 개발NGO 역할의 확장기

(1) NGO 'boom'

1980년대에 들어서며 NGO 활동은 매우 활발해졌다. NGO들은 활동의 범위를 넓혔고 전문화되었다. 이 때문에 북반구 NGO의 활동이나 역할을 일반화하기가 점차 어려워졌다.[28] 연대와 초국적 활동 또한 두드러지기 시작하였다. 1984년 말레이시아 페낭(Penang)에서 열린 페낭소비자연합(Consumers' Association of Penang) 주최 국제회의에서는 제3세계 네트워크(Third World Network)가 설립되었으며, 1986년에는 환경과 개발의 균형을 추구하며 15개의 환경단체가 힘

26) 김혜경(1997), p. 105.
27) Clark(1991), p. 29.
28) Riddel and Robinson(1995), p. 29.

을 모아 보스엔즈(Both ENDS)를 설립하기도 하였다.

베빙톤 등은 1980년대 초반부터 1990년대 초반까지의 이 시기를 NGO 'boom'으로 명명하였다.[29] NGO 활동력의 증대가 신자유주의 어젠다로 인한 원조 공백을 NGO가 메우는 데서 기인한 것인지, 아니면 높은 수준에서의 NGO의 대안적 역할에 따른 것인지를 파악하기 위해서는 국제사회의 정치·경제적 흐름과 NGO의 개발 활동에 대한 세밀한 분석이 필요하다. 따라서 NGO 'boom' 현상은 북반구와 남반구, 세계적인 자본주의 구조 안에서의 변화를 통해 이해할 수 있다. 1980년에 들어서며 1973년과 1979년 두 차례 석유파동을 통해 드러난 거시경제의 불안정성과 국가적 위기에 직면한 선진 공여국은 신자유주의 노선의 구조조정(structural adjustment)을 개발원조의 중심전략으로 채택하고, 대외수지균형, 재정 및 금융균형, 이자율에 대한 통제철폐 등의 경제정책을 통해 파트너 국가의 경쟁력을 갖추는 급진적인 구조조정을 시작하였다. 이는 선진 공여국과 국제기구, NGO들의 원조에도 불구하고 수원국의 높은 인구증가와 민족분쟁 등으로 빈민층과 난민이 계속 증가하고, 실업률의 증가와 부의 불균등 분배로 사회분열이 심화되는 원인이 제3세계의 구조적인 문제라고 진단했기 때문이다. 원조를 추진할 때 원인규명을 통한 구조조정과 장기적 개발전략의 수립이 필요하다는 결론에 도달하게 된 것이다. 이 시기에 시행된 구조조정 프로그램은 프로그램의 도구, 지식 창출자 및 활동가로서 NGO의 중재를 필요로 하였다.

또한 정치적 민주화의 영향으로 정부나 국제기구는 NGO의 경험과 기술, 지식을 인정하고 대화와 협력의 파트너로 삼아 의사결정에

29) Bebbington et al.(2008).

참여시킴으로써 NGO의 입장을 정책에 반영하였다. 이 시기에 NGO는 조사연구를 토대로 한 정책자문이나 캠페인 등 정책 활동, 개발교육활동을 활발히 전개하였다. NGO는 공공서비스 계약자의 역할을 담당하기도 하였는데, 이것은 남반구 안에서 더욱 눈에 띄는 경향이었다. NGO 전문가들이 서비스 제공자와 하청 계약하는 프로그램을 수행하면서 정부로 이동했는데, 이런 양상은 공여자의 필요와 정부의 비교우위 등으로 인해 더욱 강화되었다. 하지만 이런 흐름은 NGO가 정부 보조역할 이후에 무엇을 해야 할 것인지에 대한 불확실함을 가져왔다. 일부에서는 NGO의 이 같은 역할 변화로 인해 NGO가 대안을 제시하는 정체성에 따라 한 사회의 정치·경제·사회적 관계를 조직하는 근본적인 발전 방식을 강조하는 의미로서의 개발을 성취하는 것이 더욱 어렵게 되었다고 주장하기도 하였다.[30]

NGO와 정부 간의 파트너십 증가는 NGO의 총 자금에서 공적 기금이 차지하는 비중이 점차 늘어나는 것을 통해서도 엿볼 수 있다. 〈표 2-3〉에서 보듯이 전체 개발 및 원조의 규모가 커짐에 따라 NGO에 대한 공적 기금 지원 규모와 비중도 점차 커진다. 세계은행에 따르면 1970년 총 NGO예산에서 공적 기금은 1.5%에 불과했지만, 1992년에는 25억 달러[31]로 약 30% 정도를 차지하였다.[32]

30) Bebbington et al.(2008), pp. 5-34.

31) 이 책에서 언급하는 '달러'는 미국 달러(USD) 기준이다.

32) Riddel and Robinson(1995), p. 30.

〈표 2-3〉 OECD DAC 회원국의 NGO에 대한 개발 및 구호활동 지원 규모

(단위: 백만 달러)

연도	NGO 자체기금		공적기관의 NGO지원기금	
	규모	1987년 기준 환산액	규모	1987년 기준 환산액
1974~76 평균	1,320	2,866	239	519
1977~79 평균	1,720	2,777	(808)	(1,305)
1980	2,386	3,150	1,045	1,380
1981	2,005	2,754	1,253	1,719
1982	2,317	3,257	1,159	1,630
1983	2,318	3,268	1,183	1,668
1984	2,598	3,744	1,324	1,908
1985	2,884	4,109	1,473	2,099
1986	3,338	3,840	1,951	2,244
1987	3,525	3,525	(1,899)	(1,899)
1988	4,224	3,943	(2,287)	(2,134)
1989	4,042	4,041	-	-
1990	5,077	4,719	-	-
1991	5,403	4,392	-	-
1992	6,005	4,605	-	-
1993	5,634	4,408	-	-

출처: OECD, Statistical Annex, Table 20(1995).

(2) 빈곤의 구조적 인식과 참여적 개발

이 시기에는 선진국의 '공급 측면' 개발원조의 문제점이 지적되면서 수혜국 상황에 맞는 '수혜 측면'의 개발원조 필요성이 제기되었다. 이에 따라 주민들이 직접 개발과정에 참여하여 자원의 사용과 개발의 우선순위를 결정하는 '참여적 개발' 방식이 대두되었다.[33] 국제사회는 참여적 개발에서 개발NGO의 이점에 주목하였다. 개발NGO

33) 김혜경(1997), p. 106.

의 참여를 강조하는 연구가 증대하였고, '가장 빈곤한 자들'과 함께 일하는 능력과 헌신성을 가진 개발NGO에 대한 요구가 담긴 정책문건의 발간이 늘어났다. 과거 20여 년간 개발담론을 주도하던 '근대화이론'과 '종속이론'이 영향력을 잃어버린 시대적 상황에서 NGO는 새로운 이론과 실제를 창출할 수 있는 이론적·현실적·대안적 사상의 원천이자 유용한 행위자로 부각되었다. 이러한 요인들로 인해 개발NGO에 대한 인지도가 높아지면서 정부 차원의 지원이나 자발적 후원금이 증가하였고, 이에 따라 사업의 규모 또한 크게 성장하였다.[34)]

특히 1980년대 들어 자연재해가 크게 늘어나고 빈곤이 증가했는데, 미디어의 발달로 이에 대한 소식이 쉽게 전달되면서 긴급구호에 대한 대중의 인식이 크게 증가하였다. 이로 인해 ODA의 상당한 자원이 NGO를 통해 긴급구호에 사용되었다. 실제로 1980년대 초 4억 달러 규모로 이루어지던 긴급구호 자금은 1990년대 초 24억 달러에 달하였다. 1990년대 초까지 영국의 식량원조 75%가 NGO를 통해서 이루어졌으며, 스웨덴의 긴급구호자금 40%가 자국 NGO에 의해 집행되었다.[35)] 또한 NGO는 1983~1985년 아프리카 에티오피아를 중심으로 100만여 명이 희생된 사상 최악의 기아사태에 대하여 어떠한 정치적 이해관계도 없이 인도적 원조를 대대적으로 전개하기도 하였다. 주목할 것은 1980년대 이래 개발의 개념이 단순한 경제개발의 차원에서 사회개발, 인간개발, 환경 친화적 개발 및 토착민 보호와 같은 지속가능한 개발(sustainable development)로 확대되면서 자국의 이익이나 기득권에 집착하지 않고 장기적인 안목으로 활동하

34) Lewis and Kanji(2009), pp. 39-41.
35) KOICA, 『국제개발협력 첫걸음』(성남: KOICA, 2012a), pp. 152-153.

는 NGO들의 역할이 더 중요해졌다는 것이다. 개발NGO는 이러한 국제적인 흐름의 변화에 맞추어 그 역할 변화를 주도하고 있다.

(3) 개발NGO 옹호활동의 도약

1980년대에는 개발NGO 옹호활동에 중요한 도약이 있었다. 먼저 북반구 NGO의 일부는 해외 프로그램을 진행하면서 그들이 가진 금기를 버리고 현지 직원과 협력하여 옹호활동을 전개하였다. 그들의 옹호활동은 전문 로비스트 조직보다 두드러지지는 않았을지라도 중요한 성과를 이루어냈다. 다수의 옹호조직이 제3세계에 나타났으며, 옹호조직의 남-북 네트워크는 진정성, 분석능력 등에 힘입어 옹호능력이 점차 증가하였다. IBFAN(International Baby Foods Action Network)과 같은 국제 네트워크의 경우, 1979년 7개 NGO에서 150개로 성장하였으며, 국제적 거버넌스 합의에 힘입어 성공적인 캠페인을 이끌었다. 북반구 NGO들은 자금을 지원하면서도 전면에 나서지 않는 경향이 있었는데, 이는 아마도 공여국 정부의 지원을 받는 정부관련 공적 이미지와 개발도상국 내에서 합법적 지위를 유지하기 위해서일 것이다. 또한 거창한 수사에도 불구하고 조직적으로는 소극적인 면이 있어, 옹호활동과 네트워크를 위해 필요한 전문 직원을 충분하게 확대하지 못했기 때문으로 추측된다. 이처럼 북반구 NGO는 커다란 스케일을 추구하거나 대안적 프로젝트에 대해 체계적인 질문을 던지지 못하였음에도 새로운 사회적 운동을 전개하면서 다른 한편으로 시장중심 개발 확장에 대항하여 사회적 경제에 기반을 둔 협동조합운동이나 공정무역과 같은 대안적 활동을 지지하기도 하였다.

옹호활동은 사업에 대한 결과물이나 성과를 측정할 수 없으므로 사업의 가치를 판단하고 모금을 끌어내기 어렵다는 인식 때문에 대중과 매체뿐만 아니라 조직 내에서도 늘 한계에 부딪혀왔다. 하지만 〈박스 2-1〉의 옥스팜 사례처럼 대중의 관심과 인식을 중요하게 고려한 옹호활동은 오히려 원조자금 증액을 가져온다는 좋은 결과를 보여준다.

〈박스 2-1〉 옥스팜의 원조 확대 옹호활동

> 1983년 에티오피아에서 대기근 사태가 일어났다. 이에 대해 전 세계의 공여기관들은 에티오피아에 많은 규모의 구호 원조자금을 지원하였다. 이와 같이 에티오피아 지원에 대한 관심과 지원이 가득한 가운데, 영국 옥스팜은 영국 정부가 에티오피아에 대한 원조예산 삭감 계획을 수립한 것을 파악하였다.
>
> 옥스팜은 여론조사를 통해 정부의 원조예산 삭감에 분노하고 반대하는 대중의 인식을 확인하였다. 이후 의회에서 이 사안을 논의하기 직전에 옥스팜은 주요 신문광고를 통해 여론조사 결과를 발표하였다. 그리고 의회에 원조자금 증대를 위한 로비활동을 전개하였다. 이 과정에서 많은 NGO가 참여했고 1백만 명 이상의 시민이 이에 동의하는 서명을 하였다. 결국 정부는 원조예산 삭감 계획을 철회하였다.[36)]
>
> 이 사례는 개발NGO의 옹호활동이 직접적으로 원조자금 공여 증대에 큰 영향력을 가진 활동임을 입증한다.

루이스와 칸지(Lewis and Kanji)는 1972년부터 1992년 동안의 기간을 NGO 확대의 시기로 보았는데, 특히 1980년대 말 NGO가 급속한 성장을 이루어내면서 개발정책에서 주류 역할을 맡기 시작하였다

36) Maggie Black, *A Cause for our Times: Oxfam the first 50 years*(Oxford: Oxford University Press, 1992). pp 257-264.

고 보았다.[37] 린덴버그와 브라이언트(Lindenberg and Bryant)는 1980년대 이후 개발NGO들의 성장에 기여한 요소를 여섯 가지로 설명하였다. 첫째, 본격화된 신자유주의 경제정책으로 선진국에서 작은 정부화가 진행되어 국가기관의 민영화가 점차 심화되었고, 이는 결과적으로 NGO에게 기회가 되었다. 둘째, 냉전의 종식이다. 많은 기존 공산권 국가에서 개발NGO들의 활동이 가능해졌다. 셋째, 많은 개발도상국 정부의 붕괴와 무정부 상태의 증가로 정부의 사회적 서비스 제공이 어렵게 되자 개발NGO들이 그 공백을 메우는 역할을 하게 되었다. 넷째, 민주화의 확대로 많은 국가에서 개발NGO가 활동할 공간들이 점차 확대되었다. 다섯째, 선진국의 양자 간 공여기관, 세계은행 및 각종 국제기구들이 개발NGO들에 대한 자금지원을 확대하였다. 마지막으로 소말리아·보스니아 사태와 같은 인도주의 지원이 필요한 상황이 전 세계에서 증가함에 따라 이에 대한 시민의 관심과 참여, 후원이 늘어났다.[38] 이러한 요소들은 개발NGO의 활성화에 직·간접적으로 영향을 주었다.

4) 1990년대: 핵심 개발파트너로의 전환기

(1) NGO 어젠다의 확산

냉전이 종식된 1990년대에는 선진 공여국의 경제악화에 따른 신자유주의적 원조정책의 유지와 ODA 규모 축소, 원조피로(aid fatigue)

---

37) Lewis and Kanji(2009). 루이스와 칸지의 논의는 이 책의 4장 1절에서 자세하게 다룰 것이다.

38) Marc Lindenberg and Coralie Bryant, *Going Global: Transforming Relief and Development NGOs*(Bloomfield: Kumarian Press, 2001), p. 10.

현상이 드러난 시기였다. 개발NGO는 시민사회의 다양한 구성원들과 연대하여 공여국의 원조정책에 영향을 미치는 캠페인을 추진하는 등 활동영역을 점차 확대해 나갔다. 개발NGO가 주축이 되어 추진한 1996년 '쥬빌리(Jubilee) 2000'은 고채무국의 부채를 탕감하자는 운동으로서, 정책개입운동을 통해 빈곤감축에 기여하는 세계 시민사회의 대표적인 활동이기도 하다. 이 시기에는 개발NGO들이 사업수행 방식을 직접사업 방식에서 개발도상국 파트너 단체들에게 직접자금지원(direct funding) 및 조직적 지원(organizational support)을 하는 방식으로 전환하면서 개발커뮤니티에서 파트너십, 역량 강화 등의 개념들이 본격적으로 사용되기 시작하였다.[39)]

반면, 신자유주의 경제정책의 확대로 인해 사회적으로 혼란한 가운데 1984년 프랑스에서는 신자유주의적 세계화를 반대하는 흐름을 중심으로 투기성 금융거래에 대해 토빈세 도입을 요구하는 시민사회단체 연합조직인 아탁(ATTAC)이 설립되었다. 아탁은 남반구와 북반구 시민사회를 연결하는 매개체로서, 지구시민사회의 초국적 연대를 강화하는 데 기여하였다. 1993년에 결성된 비아 캄페시나(La Via Campesina)는 1980년대부터 시작한 농민운동가들의 연대활동으로서, 식량주권과 지구 정의를 위한 사회운동을 지향하며 초국적 캠페인을 전개하는 등 본격적인 활동을 시작하였다.[40)]

베빙톤 등은 1990년대를 NGO의 사업 방향성과 실행에 대해 정부기관이나 국제기구의 관심이 지속된 시기라고 하였다. 이 시기에는 NGO 영역 내에서 다양성이 증가하고, 국제기구나 원조기관에서 인권, 젠더, 환경과 같은 '대안'적이고 개혁적인 어젠다를 본격적으로

39) 한재광(2010), p. 86.
40) 임현진 · 공석기, 『글로벌 NGOs』(서울: 나남, 2011), p. 166.

받아들이기 시작하였다. 개발원조의 전제조건으로 파트너 국가의 국정관리와 행정체계를 개선해야 한다는 거버넌스 이슈를 비롯하여 환경, HIV/AIDS, 이주, 양성평등 등이 국제개발의 주요 의제로 제기된 시기이기도 하다. 1992년 리우 유엔 환경개발회의(UN Conference on Environment & Development, 이하 UNCED)에서는 '환경과 개발에 관한 리우 선언'을 채택하여 인간중심의 개발, 빈곤퇴치, 현재와 미래 세대들의 요구를 공평하게 충족하는 지속가능한 개발 등의 원칙을 담았다. 선진국의 환경운동이 지구적 차원으로 확대되기 시작하였으며, 개발과정에서 파생하는 환경 훼손이 주요 쟁점화되면서 환경NGO들은 물론 개발NGO들도 점차 환경문제를 심각하게 다루기 시작하였다.[41)]

카노비츠는 NGO의 거버넌스 참여 측면에서 1992년 이후를 '권한부여(empowerment)'의 시기로 특징지었다. NGO가 유엔의 아동권리협약 초안 작성에 중요한 역할을 하는 등 국제적 수준의 NGO의 영향력이 계속 성장하였기 때문이다. UNCED를 통해 NGO의 역할에 대한 정책 성명을 승인하며 유엔이 '정책과 프로그램 설계, 이행, 평가에서 NGO의 전문적 견해와 관점을 사용'해야 함을 제안하였다. 마르텐스(Kerstin Martens)는 NGO가 현재 유엔의 시스템에서 없어서는 안 될 부분을 형성하고 있다고 주장하였다.[42)]

클락은 1990년대 NGO의 특징으로 NGO가 남반구 공공조직의 변화에 영향을 미쳤다는 점을 꼽았다. 코르텐은 이것을 '미시정책 개혁(micro-policy reform)'이라고 부른다. 코르텐의 1970년대 2세대 NGO들은 지역적 프로젝트의 유용성을 인식하는 한편, 사회의 다른

41) 김혜경(1997), p. 107.
42) Lewis(2007), p. 49.

요소들, 즉 작은 지역 커뮤니티 자체로는 극복할 수 없는 거대한 문제들이 있다는 점을 알게 되었다. 이에 따라 이 시기의 3세대 NGO들은 미시적 수준의 지원과 거시적 수준의 전략을 결합시켰다. 그들은 직접 빈곤층을 지원했을 뿐만 아니라 정부의 개입을 통해 사회제도와 구조적 변화를 목표로 하여 빈곤문제 자체를 해결하려고 하였다. 또한 개발정책이나 공공시스템을 바꾸어 빈곤층, 특히 여성이나 취약계층을 위한 환경을 제공하려고 노력하였다. 나아가 3세대 NGO들은 공적인 기부 조직들이나 국제 금융기관들이 이러한 목표에 동참할 것을 강조하였다. 이런 유형의 NGO들은 전형적으로 구체적인 개발 이니셔티브와 구호정책, 예를 들어 한계 상황에 처해 있는 그룹이나 빈곤층을 위한 정책 등을 제안하고 이들을 위한 환경을 개선하도록 노력하였다. 북유럽 NGO들 가운데 일부는 함께 일하는 남반구의 파트너 NGO의 역량을 강화하는 것이 중요하다고 강조하기도 하였다.[43)]

이와 같이 공적 원조기구는 조직적 조정을 통해서 그들 스스로 미시정책 개혁을 증진하는 과정에서 중요한 행위자로 자리매김하였다. 보다 효과적이고 지속가능한 개발은 정책 환경이 중요하다. 권위적인 정책 환경은 자립적인 지역적 계획을 실행하는 데 좋지 않은 영향을 미치며, NGO의 프로젝트가 지속가능하기 위해서는 지역의 공공조직과 사조직이 국가 시스템과 연결되어야 한다. NGO도 적절한 미시정책 개혁을 위한 촉매제로서 정책 논의에 참여하여 지속가능한 개발의 영향이 증가하도록 노력하였다. 미시정책 개혁의 예로서 정책센터 활동을 통해 환율이나 금리를 바꾸거나, 관료주의 장벽을 제거하

43) Korten(1987).

고 생산자 인센티브를 증가시키며, 가난한 사람들에게 신용대출을 제공하는 새로운 기관의 설립, 광범위한 재교육 활동, 사회적 인식을 바꾸는 것 등이 있다. 대표적인 예로는 인도의 우유 협동조합 카이라(Kaira)를 들 수 있다. 인도 정부는 카이라 협동조합과의 협상을 통해 무상원조로 인해 유제품 시장이 무너지지 않도록 하는 대안적인 계획을 수립하였다.

(2) 정부와의 파트너십 제도화

1990년대 이후부터는 정부 등 공적 부문과 개발NGO와의 파트너십이 본격화·제도화되었다. 워싱턴 컨센서스(Washington Consensus)와 1990년대에 추진된 '신정책의제(new policy agenda)'는 신자유주의적 경제정책과 결합하여 정부의 개발원조 정책보다 대안적이고 효율적이며 민주적인 절차를 강화시키는 잠재력을 가지고 굿거버넌스에 기여하는 개발NGO 프로젝트를 만들어 내었다.[44)]

이 시기엔 많은 공여국 정부가 이전부터 NGO에게 원조자금을 지원하던 것을 본격적으로 제도화해 나갔다. OECD는 1993년 13개 공여국 및 유럽연합(European Union, 이하 EU)의 NGO지원제도를 조사하여 'Non-Governmental Organizations and Governments: Stakeholders for Development'를 발간하였다. 이 조사는 1997년과 1998년 22개 공여국과 EU 및 세계은행을 포함해 재추진되었고, 보고서로 발간되었다. 이후 선발 공여국들은 NGO 지원정책을 다양한 측면에서 지속적으로 개선해 나갔다. 독일이 1960년대 초반 대응자

44) Lewis and Kanji(2009), p. 41.

금지원 방식을 처음 시작한 이래, 많은 OECD 회원국이 1960년대 말까지 이 방식을 채택하였다. 이후 1980, 1990년대에 들어 특정지역을 지원하는 특별기금방식과 주제별 프로그램을 통해 많은 NGO에게 원조자금을 지원하였다. 이러한 경향은 점차 강해져서 1990년대 초반 영국 식량원조의 75%, 스웨덴 긴급구호자금의 40%, 1996년에는 프랑스 긴급구호자금의 46%가 자국의 NGO를 통해 집행되었다. 1997년 호주 원조개발청 AusAID의 경우, 원조자금의 20%를 호주 NGO들에게 지원하였다.

그러나 이 과정에서 NGO들 고유의 아이디어와 방식, 역량과 혁신의 특성은 정부의 우선순위, 기준 및 경향에 비해 덜 중요해졌다는 비판에 직면하기도 하였다.[45] 한편, 전통적으로 정부와 시민사회 파트너십의 모범적인 제도화 모델로 평가받는 네덜란드에서도 이 시기에 중대한 변화가 있었다. 1980년대까지 네덜란드 정부는 시민사회의 자율성을 존중하는 파트너 역할을 수행했지만, 1990년대 들어 시민사회를 관리대상화하고 국가의 이익추구를 위해 NGO를 정책 수단화하는 모습으로 변모하였다.[46]

---

45) Smillie and Helmich(1999), pp. 6-9.

46) 손혁상 · 한재광, "개발원조에서의 정부-NGO 파트너십 제도변화 연구: 네덜란드 '공동재원조성(Co-financing) 프로그램' 사례분석을 중심으로," 『한국정치학회보』 제48집(1)호(2014), p. 229.

5) 2000년대 이후: 개발의제 형성 참여 및 자기 성찰기

(1) 원조효과성과 권리에 기반한 접근

2000년대에 들어서며 국제사회는 새천년개발목표(MDGs) 달성을 목표로 ODA의 양적 증대를 위해 노력하는 한편 원조효과성을 제고해야 함을 강조하였다. 원조효과성 이슈는 2000년대 내내 국제개발협력 정책에서 실질적인 핵심이슈로 작동하였다. 국제 시민사회는 OECD DAC의 '원조효과성에 관한 고위급회의(HLF)'를 국제개발협력 정책 개혁을 위한 핵심적인 장으로 인식하고 지속적으로 정책에 개입하였다. 국제 시민사회는 2008년 아크라 3차 원조효과성고위급회의(HLF-3)의 회의 구성에 직접 참여하였다. 회의 결과 국제사회는 NGO를 독립적 개발주체로 인정하는 내용이 포함된 아크라행동강령을 채택하였다.[47] 아크라행동강령은 포괄적인 파트너십(inclusive partnership)을 구축할 것을 명시하였으며, OECD DAC의 공여국뿐만 아니라 NGO를 포함하여 기업, 의회, 자선재단 등 광범위한 개발행위자를 포함할 것을 촉구하였다.[48] 시민사회는 국제개발협력 프레임 형성과정에 자신들의 목소리를 공식적으로 촉구할 수 있을 만큼 성장한 단계에 이르렀다. 시민사회는 비록 아크라회의 이후 개최된 2011년 부산 세계개발원조총회(HLF-4, 이하 부산총회)에서 개발효과성 담론을 지배적 프레임으로 이끌어내지 못했지만, 시민사회의 목소리를 국제무대에서 논의의 중심 주제로 끌어냈다. 과거 정부의 역할에 제한적으로만 참여했던 형식과는 차별되는 발전된 NGO의 역량을 확인할 수 있는

47) 손혁상, "프레이밍이론으로 본 국제개발협력의 '원조효과성'과 '개발효과성' 담론 경합에 관한 연구," 『국제정치논총』 제53집(1)호(2013a), p. 19.
48) OECD(2008).

대목이다.[49]

그러나 2000년대 중반 이후 원조효과성 논의에서 핵심적 규범이라 할 파리선언의 이행 수준은 기대 이하로 평가된다. 원조시행 방식 및 절차의 편중과 포괄적인 빈곤감소를 위한 구체적 공약이 부재하다는 비판을 받았다. 이에 시민사회는 원조효과성 프레임을 넘어서는 대안적 개발프레임을 형성하려는 노력을 시작하였다. 시민사회는 원조효과성보다는 인간의 권리 기준을 충족시킬 수 있는 개발효과성 프레임이 빈곤을 효과적으로 타파할 뿐만 아니라 국제개발협력의 지속적인 개발을 가능하게 할 것이라고 주장하였다. 국제 시민사회의 개발분야 네트워크 조직인 Better Aid와 'CSO 개발효과성을 위한 오픈포럼(Open Forum for CSO Development Effectiveness, 이하 Open Forum)'을 중심으로 공여자 주도의 개발협력 패러다임의 근본적인 개혁과 변화를 주장하며, 인권, 성 평등, 지속가능한 환경 등 권리에 기반한 개발효과성 프레임을 주창하였다.[50] 이를 바탕으로 시민사회는 부산총회를 통해 권리에 기반한 개발효과성에 대한 논의를 활발히 이어나갔다. 비록 이 회담에서 시민사회 주도적인 프레임으로의 전환에는 성공하지 못했지만, 지난 고위급 회담과 비교해볼 때 시민사회의 참여가 비약적으로 확대되었으며, 국제개발협력에서 중요한 거버넌스 행위자로서 시민사회의 지위를 확고히 하였다.

이처럼 시민사회는 1990년대부터 시작하여 2000년대 이후 본격적으로 다양한 국제회의에 참여하여 의견을 개진하고 개발원조 관련 정책에 영향을 주는 중요한 행위자로 자리매김하였다. 최근 OECD DAC를 중심으로 공여국 ODA의 질적 향상을 위한 정책일관성, 원

49) 손혁상(2013a), pp. 7-10.
50) 손혁상(2013a), p. 22.

조효과성에 대한 논의와 함께 NGO의 책무성과 역량강화에 대한 관심이 높아지고 있다. 이는 개발NGO를 포함한 NGO가 국제개발협력에서 핵심적인 주체로 자리 잡았음을 반증하는 것이기도 하다.

한편, 1990년대 이후 냉전체제의 종식과 함께 개발이란 단지 시혜적 차원이 아니라 주민의 권리보호와 연계된다는 주장이 집중적으로 논의되기 시작하였다. 이와 같은 주장은 1993년 비엔나선언 행동강령과 1995년 코펜하겐에서 개최된 '사회적 개발에 관한 정상회의(Copenhagen Summit on Social Development)'를 계기로 본격화되었다. 이후 2000년 '새천년 정상회의(Millenium Summit)', 2005년 '세계정상회의(World Summit)'를 통해 국제사회는 인권과 개발이 상호의존적이며 상호보완적 관계라는 점을 인식하였다. 인권을 강조하는 경향은 인간의 권리에 기반한 접근(Human Rights-Based Approaches, HRBAs)을 발전시켜 나아가는 데 중요한 역할을 하였다.[51] 이후 원조효과성 고위급 회의를 통해 권리에 기반한 접근에 관한 논의는 원조효과성에 대한 논의와 더불어 점차 진전되었으며, 국제개발협력에서 매우 중요한 화두를 차지하고 있다. 대표적인 사례로 옥스팜의 권리에 기반한 접근에 관한 5대 원칙을 들 수 있다.

〈표 2-4〉 옥스팜의 권리에 기반한 접근 5대 원칙(PANEL)

Participation	참여
Accountability	책무성
Non-discrimination	비차별
Empowerment	자력화
Law	인권법(기준)과의 연계

출처: Oxfam Novib, *Policy Paper: Achieving Conflict Transformation*(Hague: Oxfam Novib, 2012), pp. 26-27.

51) 손혁상·장지순, "새마을운동의 국제개발협력사업화 현황분석과 대안적 접근 모색: 권리에 기반한 접근(RBA)과의 접목가능성을 중심으로," 『세계지역연구논총』 제29권(3)호(2008), p. 14.

옥스팜은 〈표 2-4〉의 다섯 가지 주요 원칙 외에 부가적으로 권리에 기반한 개발 사업이 어떤 요소들을 고려해야 하는지를 제시하였다. 옥스팜은 권력의 불균형성이 권리에 기반한 접근과 밀접한 관련이 있다고 설명하였는데, 권력의 불균형성은 빈곤계층의 시민이 그들의 권리를 실현하는 데에 큰 장애가 되기 때문이다. 옥스팜에 따르면 참여는 빈곤한 사람까지 그들의 삶에 영향을 줄 수 있는 과정에 참여할 권리를 가지는 것이며, 책무성은 개발 사업에 참여하는 모든 행위자와 이해관계자가 상호 책무성이 있음을 의미한다. 특히 빈곤계층과 취약계층에 중점을 두고 평등과 비차별을 증진하는 것이 권리에 기반한 접근을 실현하는 데에 중요한 요소이다. 옥스팜은 나아가 경제적 빈곤은 사회・문화・정치적 인과관계와 밀접한 연관성이 있음을 인식하고 총체적 접근방식을 취해야 하며, 인권은 인간의 존엄성과 자유를 위해 필요한 최소한의 조건임을 함께 이해할 것을 강조하였다. 옥스팜은 또한 모든 사람은 권리를 가지며(rights-holders), 동시에 의무도 있음을(duty-bearers) 인식하고, 개발목표와 국제인권법 간의 연관성을 발달시키고 이러한 법적 시스템을 활용할 것을 제안하였다.52)

(2) 초국적 NGO 네트워크의 활성화

세계사회포럼(World Social Forum)은 2000년에 반세계화 혹은 대안세계화 운동에 동의하는 시민사회 구성원의 초국적 차원의 사회운동 기획으로서, 세계경제포럼(World Economic Forum)의 연례모임인 다보스포럼의 개최 시기에 맞추어 2001년 1월 25~30일에 브라질 포르

52) Oxfam, "Quick Guide to Rights-Based Approaches to Development"(Oxford: Oxfam, 2014), p. 1

투알레그레에서 첫 번째 모임을 가졌다. 세계사회포럼은 세계경제포럼의 폐쇄성 및 배타성과 대비되는 개방성과 포괄성을 특징으로 하며, 다양한 시민사회의 자발적 참여를 유도하여 초국적 공공영역을 창출하고, 운동 프레임을 전 지구적으로 확산시키는 역할을 하고 있다. 세계사회포럼처럼 NGO의 전략이 국가적이고 지구적인 동시에 네트워크적이고 대중운동적 성격을 나타내는 것을 코르텐은 4세대 NGO로 명명하였다. 오늘날 매우 규모가 큰 국제 NGO들 중 일부는 4세대에 해당한다고 평가된다. 물론 남반구나 북반구의 보다 작은 NGO들 중에서도 이에 해당하는 경우가 있다.[53)]

앞에서 살펴본 것처럼, 원조효과성을 포함한 국제개발협력 담론형성에 있어서 2008년 아크라회의(HLF-3)는 시민사회가 본격적으로 참여할 수 있는 계기가 되었다. 개발원조 분야 정책옹호활동을 해왔던 국제NGO들은 2007년 시민사회 네트워크인 ISG(Civil Society International Steering Group)를 조직하여 아크라회의에 본격적으로 대응하였다. ISG는 2008년 Better Aid의 모태가 되었다. Better Aid는 1,000개 이상의 NGO로 구성된 네트워크로서, 활동의 유연성과 단체들의 민주적 참여가 확보되는 수평적 조직이다. Better Aid는 세계시민사회의 대표 자격으로 OECD DAC 원조효과성 작업반의 집행위원회에 공식적으로 참여하고 있으며, 권리에 기반한 개발효과성 제고를 주요 활동 목표로 삼고 있다. Open Forum 역시 2008년 아크라회의 직후에 정부와 공여기관의 원조효과성 논의를 넘어 전 세계 NGO 고유의 개발 사업에 대한 개발효과성 증진을 위해 기본 틀(framework)을 만들고 이를 실행하기 위해 구성되었다. Better Aid와

53) Korten(1990).

Open Forum은 고위급 회의에 적극 대응하여 정책개선 권고 및 대안제시를 통해 시민사회와 사회적 약자의 목소리가 반영되도록 노력하고 있다.[54)]

Open Forum의 활동 배경에는 2000년대 후반, 원조효과성이 국제사회의 중요한 이슈로 부상하면서 2008년 아크라행동강령이 밝힌 것과 같이 NGO가 그동안 개발행위자로서의 역할과 공헌을 인정받기도 했지만, 동시에 한계와 도전에도 직면하게 된 상황이 자리하고 있다. 즉, 파리선언을 통해 공여국과 수원국 등 국가단위에서 원조효과성 제고를 위한 여러 노력이 전개되는 가운데, NGO도 자신의 개발 관행을 개선하고 책무를 다하기 위해 필요한 조치를 적극적으로 취할 필요성을 인식하게 된 것이다. 이에 Open Forum의 주도 아래 전 세계 70여 개 이상의 국가에서 활동하는 수천 개의 NGO가 각 국가, 권역, 대륙별 회의 과정을 거치며 충분히 협의한 후, NGO 개발 관행을 위해 필요한 비전과 중요한 원칙들을 결정했으며, 마침내 2010년 9월 터키 이스탄불에서 82개국 170명의 NGO 대표가 모인 가운데 'CSO 개발효과성을 위한 이스탄불 원칙'을 채택하였다. 그리고 2011년 개최된 부산총회(HLF-4)에서는 2008년 아크라회의(HLF-3)에서의 약속에 따라 국제 시민사회가 지난 3년간 작성한 'CSO 개발효과성을 위한 이스탄불 원칙'과 이를 실행하기 위한 '씨엠립 국제프레임워크'를 지지하였다.[55)]

54) 손혁상, "부산개발원조총회(HLF4)와 세계시민사회의 대응전략: Better Aid와 Open Forum을 중심으로"(성남: KOICA, 2011), pp. 115-131.

55) KCOC, 『시민사회 개발효과성을 위한 씨엠립 국제 프레임워크 & 툴킷』(서울: KCOC, 2012b), pp. 6-17.

〈박스 2-2〉 CSO 개발효과성을 위한 이스탄불 원칙

① 인권과 사회정의 존중 및 증진
② 여성과 여아의 권리 증진 및 성 평등과 성 형평성 구현
③ 사람들의 임파워먼트, 민주적 주인의식 및 참여에 대한 초점
④ 환경의 지속가능성 증진
⑤ 투명성과 책무성 실천
⑥ 평등한 파트너십 및 연대 추구
⑦ 지식 창출 및 공유와 상호 배움 추구
⑧ 긍정적이고 지속가능한 변화 실현을 위한 노력

이와 같은 NGO 개발효과성을 위한 국제 프레임워크는 NGO의 책무성과도 연관성이 있다. NGO가 공여자에 의한 외부적 압력이 아니고, NGO 자체적으로 개발활동을 평가하고 개선하는 데 필요한 원칙과 중요한 가이드라인을 제시하였다는 점에서 매우 중요한 의의가 있다고 할 수 있다.

2011년 부산총회 이후 Better Aid와 Open Forum을 중심으로 한 시민사회 내에서는 큰 변화가 있었다. 2012년 2월 부산총회에 대한 시민사회 평가회의에서 그동안 시민사회의 양대 축이었던 두 기관을 통합하여 '개발효과성을 위한 CSO플랫폼(CSO Platform for Development Effectiveness, 이하 CPDE)'을 만든 것이다. CPDE의 창립은 부산총회 이후 출범한 국제사회의 체제인 '효과적인 개발협력을 위한 글로벌 파트너십(Global Partnership for Effective Development Cooperation, GPEDC)'에 국제 시민사회가 상응하도록 한다는 데에 의미가 있다.[56)]

56) 이미현, "새로운 국제시민사회 플랫폼 CPDE 출범에 대한 동북아시아 시민사회의 목소리," ODA Watch News Letter 제72호(2012).

이후 CPDE는 Post-2015 및 2014년 멕시코 고위급회담(High-Level Meeting, HLM) 등 국제개발협력정책 관련 논의에서 국제 시민사회의 플랫폼으로서 시민사회의 의견을 대변하는 활동을 전개하고 있다. 2014년 멕시코 고위급회담에서 CPDE는 부산총회의 결과문서인 '부산글로벌파트너십'의 핵심 내용인 우호적 환경, 민주적 주인의식, 성평등, 권리에 기반한 접근에 대한 실질적인 조처를 할 것을 주장하였다. 또한 CPDE는 최근 국제사회에서 민간기업의 참여가 중요하게 부상하는 상황에서 민간기업은 '부산글로벌파트너십'의 정신과 원칙에 따라 개발협력에 참여하는 것이 중요하다고 주장하였다.[57]

6) 개발NGO의 국제 현황

전 세계의 NGO 규모를 정확히 파악하는 것을 불가능하지만, 유엔개발계획(UNDP)에 따르면 약 40,000여 개의 NGO가 있는 것으로 집계되며, 유엔의 NGO기구과(NGO Branch)는 31,000개의 NGO와 협업하고 있다. 2013년 9월 1일 기준 유엔 ECOSOC와 협의지위를 가진 NGO는 총 3,900개로, 그중 포괄적 협의지위를 획득한 단체는 147개, 특별 협의지위는 2,774개, 명부 협의지위는 979개 단체이다.[58] 1946년 41개 기구가 유엔 ECOSOC의 협의지위를 부여받은 것으로 시작하여 1992년까지 700개 이상의 기구, 그리고 현재에 이르러서는 3,900여 개 기구가 협의지위를 부여받았다. 2012~2013

---

57) 이성훈, "GPEDC 멕시코 고위급회의 참가기: 부산글로벌파트너십 어디로 가고 있는가?" ODA Watch News Letter 제89호(2014).

58) UN ECOSOC, "List of non-governmental organizations in consultative status with the Economic and Social Council as of 1 September 2013" E/2013/INF/6, 4(October 2013).

년 2년 동안에만 364개의 기구가 추가로 협의지위를 획득하였다. 이런 사실을 통해 유엔과 NGO의 협력관계가 점차 강화되고 있음을 알 수 있다.59)

유엔 ECOSOC 협의지위를 가진 NGO는 유엔 ECOSOC와 산하 위원회의 국제회의 및 행사에 참여하여 서면 및 구두로 의견서를 발표하거나 부대 행사를 조직할 수 있다. 국제적 차원의 다양한 이해관계자들과 협력하는 네트워크를 형성할 수 있고, 로비 활동의 기회도 갖게 된다. ECOSOC는 협력대상 NGO에게 어떠한 재정적 지원도 하지 않지만, NGO에게 ECOSOC 협의지위는 유엔과 파트너십을 형성할 수 있는 유일한 공식 창구이므로 중요한 의의가 있다. 이와 같

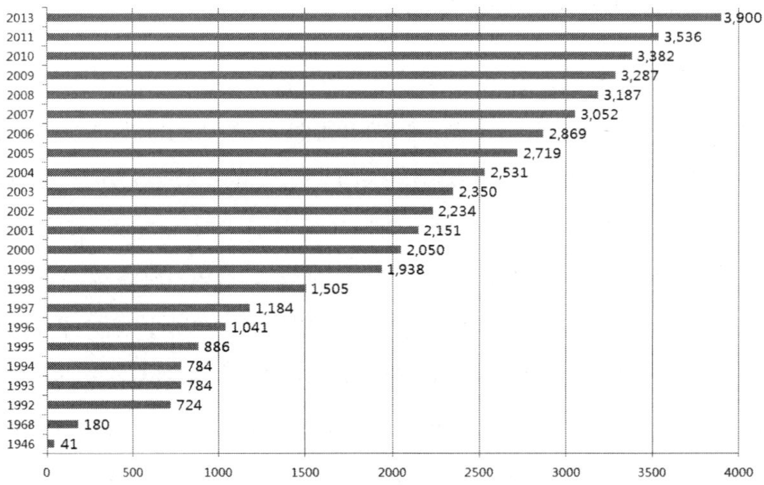

〈그림 2-1〉 유엔 ECOSOC 협의지위를 획득한 NGO 수 변화(1946~2013년)

59) UN ECOSOC, "List of non-governmental organizations in consultative status with the Economic and Social Council as of 1 September 2011" E/2011/INF/4, 15(November 2011).

이 NGO는 독립적 기구로서 활동할 뿐만 아니라 유엔과 같은 국제 기구와 공식적으로 포괄적인 파트너십을 형성하면서 정책 형성, 사업 이행, 모니터링 등 개발 관련 전 과정에서 영향력을 크게 확대해 나가고 있다.

세계은행은 1982년, 세계은행이 자금을 지원하는 프로젝트에 NGO의 참여를 증대시키기 위해 'NGO-World Bank Committee'를 설치하였다. 이 위원회는 세계은행 내 NGO와의 첫 협의체로서 구조조정, 참여, 정보공개, 국가의 역할을 포함한 다양한 정책이슈 논의에 중점을 두고 있으며, 세계은행이 관련 분야에 대한 인식의 폭을 넓히는 데 중요한 역할을 하고 있다. 이 위원회의 영향을 받아 세계은행은 운영단계뿐만 아니라 정책형성 단계에서부터 NGO와의 교류를 확대, 발전시켜왔다. 현재 세계은행의 많은 부서는 환경, 젠더, 민간부문 개발을 포함한 특정 정책분야에서 NGO와 협의하기 위한 다수의 포럼을 운영하고 있으며, 많은 국가에서 NGO 전문가가 수행하는 국가 차원의 Bank-NGO 포럼도 진행하고 있다.

최근 들어 세계은행은 'NGO-World Bank Committee' 외에도 NGO와의 대화를 좀 더 강화하고자 노력하고 있다. 우선 수원국 내의 NGO와 협력하여 개발 이슈에 관한 대화를 진행하기 위해 보다 체계적인 노력을 하고 있다는 점을 꼽을 수 있다. 과거에는 대체로 워싱턴 본부에서 국제 NGO와 대화를 하였다면, 현재는 세계은행과 수원국이 국내의 NGO와 개발 이슈에 관한 다수의 포럼을 조직하기 위해 주도적인 접근을 하고 있다. 지역 차원에서 세계은행이 NGO와의 대화를 확장함에 따라 개발도상국 NGO와의 계약체결도 더욱 많아졌다. 세계은행은 이 밖에도 무역협회, 연구소, 재단, 다른 지역기반의 단체 등과도 대화의 장을 마련하고 있다. 둘째, 세계은행은 특정 포럼을 설립하여 NGO와 상호 관련 있는 주제[60]를 보다 심도 있게 논의하고자 노력하고 있다. 이 포럼은 세계은행이 새로운 정책을 고안하고 이행하는 데에 시민사회의 관심 주제가 고려된다는 점에서 중요한 메커니즘이라고 할 수 있다. 하나의 사례를 제시하면, 젠더와 관련된 포럼으로 'External Gender Consultative Group'을 들 수 있다. 세계 여성 관련 기구 중 14개 회원기관으로 구성된 이 포럼은 매년 세계은행의 업무에 성 주류화 주제를 포함시키기 위한 가이드라인을 제공하고 있다. 세계은행은 NGO 협업 역량이 향상되고, 시민사회에 대한 이해가 높아지면서, 적절한 파트너를 선별하고 취약계층의 진정한 대표자가 어떤 기구인지, 또 적절한 개발 관련 역량과 경험이 있는 NGO가 누구인지를 더 명확히 파악하며 사업을 수행할 수 있게 되었다. 셋째, 세계은행은 개발 원조와 관련 있는 대중적 지지기반(public constituency) 구축을 위해 특히 선진국 NGO와 협력하려는 노력을 강화하고 있다. 세계은행의 개발원조 관련 활동에 대한 NGO의 비판은 세계은행으로 하여금 NGO와 협력할 필요를 증대시켰다. 보다 많은 정보를 제공하고 공개하려는 세계은행의 계속된 의지는 NGO와 대화할 때 논쟁을 줄였을 뿐만 아니라 세계은행에 대한 우호적인 여론을 향상시키는 데 기여하였다.[61]

국제 공여자들은 오래전부터 개발에서 NGO가 가지는 특성과 장점들을 고려하여 ODA를 지원해왔다. OECD는 매년 회원국들이 NGO에 지원하는 ODA가 어느 정도인지 통계를 발표한다. 〈표 2-5〉는

---

60) 상호 관련이 있는 주제는 젠더, 참여적 민주주의, 삼림관리, 구조조정의 영향, 마이크로 파이낸스, 사회적 기금, 민영화의 영향 등을 의미한다.

61) World Bank, "The Bank Relations with NGOs: Issues and Directions," *The NGO Unit Social Development* 28(August 1998), pp. 7-9.

〈표 2-5〉 2003~2012년 OECD DAC 회원국의 NGO 재정지원 규모

(단위: 백만 달러)

연 도	자국 NGO와 기타 민간주체에 대한 재정지원	국제 NGO에 대한 재정지원	합 계
2003	1,489.58	374.88	1,864.46
2004	1,793.69	592.69	2,386.38
2005	1,783.31	595.86	2,379.17
2006	2,042.39	640.2	2,682.59
2007	2,183.77	537.65	2,721.42
2008	2,517.12	478.65	2,995.77
2009	2,131.37	498.98	2,630.35
2010	1,568.89	782.07	2,350.96
2011	1,473.89	832.1	2,305.99
2012	1,481.63	871.21	2,352.84
합 계	18,465.64	6,204.29	24,669.93

출처: 한재광, "한국시민사회의 개발재원 현황," 『국제개발협력』 2014년(1)호(성남: KOICA, 2014), p. 34.

2003년에서 2012년까지 10년간 OECD DAC 회원국이 NGO에 지원한 ODA 규모를 보여준다. 지난 10년간 246억 달러가 NGO에 지원되어 개발 사업에 쓰였으며, 2004년 이후 매년 약 20억 달러 규모의 ODA가 공여국 자국 및 국제 NGO에 지원되었다.

OECD DAC 회원국들이 자국 NGO에게 ODA를 지원하는 방식은 크게 두 가지이다. 첫 번째는 'NGO 자체사업 지원(aid to NGO)' 방식이다. 이는 NGO가 권한과 책임을 가진 자체사업에 정부가 재정을 지원하는 방식으로, 사업비의 100%를 정부가 지원하며 NGO의 자부담은 없다. 두 번째 방식은 'NGO 위탁사업 지원(aid through NGO)'으로, 정부가 개발하고 책임을 가진 ODA사업을 NGO가 실행하는 경우이다.

〈표 2-6〉 2009년 OECD DAC 회원국의 'NGO 자체사업 지원'과 'NGO 위탁사업 지원' 원조 규모

(단위: 백만 달러)

순위	국가명	NGO 자체사업 지원 (양자간 원조 대비 비중)	NGO 위탁사업 지원 (양자간 원조 대비 비중)	합 계 (양자간 원조 대비 비중)
1	미국	0(0%)	6,239(24%)	6,239(24%)
2	네덜란드	1,027(21%)	453(9%)	1,480(30%)
3	영국	323(4%)	745(10%)	1,068(14%)
4	EU	0(0%)	1,455(11%)	1,455(11%)
5	독일	0(0%)	993(2%)	993(12%)
6	스페인	20(0%)	922(19%)	942(20%)
7	노르웨이	0(0%)	863(27%)	863(27%)
8	스웨덴	137(5%)	640(21%)	777(26%)
9	캐나다	55(2%)	585(18%)	639(20%)
10	스위스	140(8%)	340(19%)	480(27%)
11	벨기에	181(11%)	155(9%)	336(20%)
12	일본	240(2%)	81(1%)	321(2%)
13	아일랜드	102(5%)	153(22%)	255(37%)
14	호주	58(3%)	195(8%)	253(11%)
15	덴마크	55(3%)	126(8%)	181(11%)
16	핀란드	3(0%)	173(22%)	176(22%)
17	프랑스	12(0%)	106(1%)	118(1%)
18	이탈리아	8(1%)	118(11%)	126(12%)
19	룩셈부르크	8(3%)	77(29%)	84(32%)
20	오스트리아	2(0%)	67(13%)	69(13%)
21	뉴질랜드	24(11%)	25(11%)	49(22%)
22	대한민국	8(1%)	4(1%)	11(2%)
23	포르투갈	4(1%)	5(1%)	8(3%)
24	그리스	0(0%)	5(2%)	5(2%)
합 계		2,406	14,523	16,929

출처: OECD(2011)를 토대로 재구성함.

정부와 NGO가 각각 일정 부분 재정분담(매칭그랜트)을 하는 사업도 이 범주에 포함된다.62) 〈표 2-6〉은 2009년 OECD DAC 회원국

들이 NGO에게 지원한 ODA규모를 'NGO 자체사업 지원'과 'NGO 위탁사업 지원'으로 구분하여 제시한 것이다. 많은 국가가 'NGO 자체사업 지원'보다 'NGO 위탁사업 지원' 방식에 더 많은 ODA를 집행하고 있음을 알 수 있다.

3. 한국 개발NGO 성장의 역사

한국 시민사회의 한 구성원으로서 한국 개발NGO는 한국사회에서 민주주의, 경제개혁, 통일, 인권, 노동, 여성, 환경 등을 주제로 활동해 온 기존 시민사회단체와는 다른 독립적인 역사적 경로를 갖고 있다. 이 절에서는 한국 개발NGO의 등장에서부터 현재까지의 역사를 다룬다. 현재 한국 개발NGO의 유일한 협의체는 KCOC로서, 1999년 설립 이후 국내외에서 대표성을 가지고 활동하고 있다. 따라서 본 절에서는 KCOC의 회원단체를 중심으로 한국 개발NGO의 역사를 설명하는 방식을 택한다. 한 가지 고려할 사항은 KCOC가 개발NGO들의 협의체이긴 하지만, 회원단체들 중 일부는 자신들의 본질적 정체성을 개발NGO라고 규정하지 않을 수 있다는 점이다. 사회복지단체나 의료단체로서의 정체성을 띠고 국제개발협력 사업을 수행하는 경우가 있기 때문이다. 그러나 이들 단체의 활동에서 국제개발협력 활동이 중요한 비중을 차지하고, 또 KCOC의 회원단체로 가입하여 국제개발협력 활동을 펼치고 있기에 한국 개발NGO의 역사

62) OECD, "How DAC members work with civil society organizations"(Paris: OECD, 2011), p. 54.

를 살펴보는 데 적절한 대상이라고 보고 분석하였다.

한국 개발NGO의 역사를 KCOC 회원단체의 설립 시기별로 구분해서 살펴볼 수 있는데, 한 가지 고려할 점은 단체들의 설립 시기가 바로 국제개발협력 활동의 시작 시기와 동일하지 않다는 것이다. 개별 단체들의 활동을 구체적으로 파악한 결과, 많은 단체가 설립 후 바로 국제개발협력 활동에 주력하지 않고, 국내 활동을 전개하다가 이후 단체의 여건에 따라 국제개발협력 활동을 시작하는 경우가 확인되었기 때문이다.

2014년 10월 현재 KCOC의 122개 회원단체를 설립시기별로 보면 1980년대 이전에 16개 단체, 1980년대에 13개 단체가 설립되었다. 1990년대에는 43개 단체가, 2000년대에는 이보다 많은 50개 단체가 설립되었다. KCOC 회원단체 가운데 1990년대 이전에 설립된 단체가 29개인 것과 비교해볼 때, 1990년대 이후에 설립된 단체는 93개로 전체의 76%를 차지할 정도로 매우 비중이 높다.

1) 개발NGO의 등장

한국의 개발NGO는 한국전쟁 당시 한국을 돕기 위해 파견된 외국민간원조기관(Foreign Voluntary Agency, FVA)과 유래를 같이한다. 한국전쟁 시기부터 외국민간원조기관과 연계해서 활동하다가 현재까지 조직을 유지하고 있는 개발NGO의 대표적인 사례로는 어린이재단, 월드비전, 플랜한국위원회 등을 꼽을 수 있다. 전후 선교사가 전쟁피해자들을 돕기 위해 설립한 복지단체들도 현재 개발NGO의 성격을 띠고 활동하는데, 은평천사원이 대표적이다.

이들 단체들의 출범을 구체적으로 살펴보면 한국 개발NGO의 역사적 등장을 이해하는 데 도움이 된다. 전 세계 100여 개 국에서 1억 명의 지구촌 이웃을 돕는 국제 구호개발NGO인 월드비전은 한국전쟁의 폐허 속에서 활동을 시작하였다. 1950년 9월, 한국전쟁 중 미국인 선교사 밥 피어스(Bob Pierce) 목사가 한경직 목사를 비롯한 한국교회 지도자들과 협력하여 고아와 남편을 잃은 부인을 도우며 한국선명회를 설립한 것이 출발점이다. 세이브더칠드런코리아는 1953년 영국·미국·캐나다·스웨덴 등에서 활약하던 Save the Children Fund가 한국전쟁 당시 한국지부를 설립한 조직이다. 어린이재단은 1948년 미국의 클라크 목사가 구세군 혜천원, 구세군 후생학원, 절제소녀관 등 3개 시설에 있는 400명의 아동을 돕기 위해 설립한 기독교아동복리회(Christian Children's Fund, CCF) 한국지부에서 시작하였다. 이후 기독교아동복리회의 한국 지원이 종료된 후 1979년 한국어린이재단으로, 1994년에는 한국복지재단으로, 그리고 2008년에는 어린이재단으로 법인 명칭을 변경하고 현재까지 활발히 활동해오고 있다.[63] 2012년부터 엔젤스헤이븐으로 개명한 은평천사원은 1959년 3월 윤성렬 목사와 존 잭 타이스 선교사가 설립하였으며, 한국전쟁 휴전 후에 거리를 배회하는 많은 전쟁고아와 장애고아를 위한 장애인복지사업 등을 활발히 수행해 왔다.[64]

이처럼 한국 개발NGO는 전후(戰後)라는 사회적 배경 속에서 아동, 전쟁고아, 장애인, 미망인 등 우리사회에서 가장 취약한 약자를 돕기 위한 목적으로 활동을 시작하였다. 그리고 그 중심에는 외국민간원조기관과 외국인 선교사가 있다는 특징이 있다.

---

63) http://sbook.allabout.co.kr/autoalbum/view.html(검색일: 2014. 5. 11).
64) http://angelshaven.or.kr/sub/01_01_01.asp(검색일: 2014. 5. 11).

2) 1980년 이전

1980년대 이전에 설립된 14개의 KCOC 회원단체 중 상당수는 국제개발협력을 목표로 창립된 조직이 아니었으므로, 창립 이후에는 설립 목적에 따라 단체 고유의 활동에 집중하였다.

개화기인 1903년에 설립된 한국YMCA전국연맹은 조선민중을 대상으로 하는 활동을 전개했으며, 한국전쟁을 계기로 설립된 세이브더칠드런, 엔젤스헤이븐, 월드비전 등은 국내 전쟁피해자들을 지원하는 활동을 하였다.[65] 1960년대에는 한국의 경제성장 및 개발 과정에서 인구, 보건문제 등의 해결을 목적으로 설립된 단체들이 있다. 이 단체들은 설립 당시에는 정부산하기관의 성격을 띠었지만, 현재는 민간단체로 전환되어 초기의 경험을 바탕으로 국제개발활동을 전개하고 있다. 대표적인 예로 인구보건복지협회와 한국건강관리협회가 있다.[66] 인구보건복지협회는 1961년 4월 (사)대한가족계획협회의 창립

〈표 2-7〉 1980년대 이전에 설립된 KCOC 회원단체 현황(설립연도순)

단체명(설립연도)	단체 수
한국YMCA전국연맹(1903), 태화복지재단(1921), 어린이재단(1948), 월드비전(1950), 세이브더칠드런코리아(1953), 한국자유총연맹(1954), 한국천주교살레시오회(1954), 홀트아동복지회(1955), 엔젤스헤이븐(1959), 인구보건복지협회(1961), 전국재해구호협회(1961), 한국건강관리협회(1964), 동방사회복지회(1971), 장미회(1974), 한국카리타스(1975), 밝은사회클럽 국제본부(GCS, 1979)	16개 단체

출처: KCOC, http://www.ngokcoc.or.kr/(검색일: 2014. 11. 3).

65) http://www.ymcakorea.org/YMCA_story;
http://www.worldvision.or.kr/business/worldvision/kor_worldvision/ko_history_1950.asp; http://www.sc.or.kr/;
http://angelshaven.or.kr/sub/01_12_02.asp

66) http://www.ppfk.or.kr/;
http://www.kahp.or.kr/cms/doc.php?tkind=6&lkind=30&mkind=59

으로 시작되었으며, 2005년 12월 인구보건복지협회로 명칭을 변경하여 오늘날까지 활동을 이어오고 있다. 저출산대책사업, 생식보건의료사업, 고령화대책사업, 청소년사업, 교육연수사업, 국제협력사업, 임신 및 육아상담 등 개발도상국 인구, 보건, 의료 활동, 에이즈 예방뿐만 아니라 국내의 여성 및 영유아 건강증진을 위한 노력을 해오고 있다. 한국건강관리협회는 1964년 4월, (사)한국기생충박멸협회의 설립으로부터 그 역사를 시작하였다. 국민의 건강증진과 삶의 질 향상을 목표로 설립되었으며, 1982년 4월 (사)한국건강관리협회로 명칭을 바꾸고 현재 홍보 및 보건교육사업, 사회공헌사업, 전문연구활동, 국제보건공익사업, 국제교류를 주요사업으로 하고 있다.

1970년대에는 선교와 대학의 국제교류 목적을 중심으로 설립되었다. 대표적 단체인 장미회는 1965년 미국 로빈슨 선교사와 유재춘 목사가 모임을 시작했으며, 1974년 보건복지부로부터 사단법인 설립 허가를 받았다. 장미회는 국내외 뇌전증인들의 치료 및 복지활동을 통하여 건강한 사회인으로 만드는 것을 목적으로 설립된 단체이다. 장미회는 현재 국내사업으로 진료사업, 상담 및 문화체험 프로그램을 운영하고 있으며, 국외사업으로는 네팔의 문맹률 저하 및 교육환경 개선을 목표로 네팔에서 소망 아카데미를 운영하고 있다. 그 외에도 한-네팔 친선병원, 국립직업기술훈련원 등을 지원하고 있다. 경희학원은 1979년 밝은사회클럽(Goodwill Cooperation Service, 이하 GCS) 국제본부를 설립하였다. 한국에서는 1975년부터 GCS운동이 시작되었으며, 1978년에 GCS 한국본부를 결성하였다. 국제본부의 창설은 제5차 세계대학총장회(IAUP)에서 조영식 박사가 한국의 GCS 활동을 하나의 모델로 제시하며 GCS운동을 범세계적인 사회운동으로 전개할 것을 제안하면서부터이다.

3) 1980년대

1980년대에 설립된 13개의 KCOC 회원단체 중 거의 모든 단체의 활동은 전 시기와 유사하게 주로 국내 사업을 수행하였다. 그러나 다른 양상을 보여주는 사례도 있다. 당시 방글라데시에서 활동하던 선교사들이 1987년에 설립한 방글라데시개발협회는 방글라데시에서 먼저 창립총회를 개최하고 후에 한국에 사무소를 둔 단체이다.[67] 한국국제봉사기구도 1988년 볼리비아에서 사업을 시작하며 단체를 설립하였다.[68] 이처럼 1980년대 후반부터 국제개발협력의 범주에 드는 사업을 수행하는 단체들이 출범하기 시작하였다.

특히 1980년대에는 한국 개발NGO의 중요한 특징인 종교기반조직(Faith-based Organizations, FBOs) 성격을 가진 다수의 단체들이 설립되었다. 한국국제기아대책기구(이하 기아대책), 한국선의복지재단, 한마음한몸운동본부 등이 대표적이다. 개신교를 기반으로 하는 대표적인 종교기반단체로 개발도상국 현장에서 많은 선교사와 협력하여 활동하고 있는 기아대책은 1971년 설립된 개신교 기반의 국제 NGO인

〈표 2-8〉 1980년대에 설립된 KCOC 회원단체 현황(설립연도순)

단체명(설립연도)	단체 수
새마을운동중앙회(1980), 한국헬프에이지(1982), 한국선의복지재단(1982), 아시아협력기구(1983), 광성(1985), 부스러기사랑나눔회(1986), 방글라데시개발협회(1987), 샘복지재단(1988), 하트하트재단(1988), 한국국제봉사기구(1988), 한마음한몸운동본부(1988), 기아대책(1989), 동북아교육문화협력재단(1989)	13개 단체

출처: KCOC, http://www.ngokcoc.or.kr/(검색일: 2014. 11. 3).

67) http://kdab.or.kr/

68) http://www.kvo.or.kr/pages/sub01_05_03.php

국제기아대책기구의 한국 파트너로 1989년 설립된 조직이다. 기아대책이 본격적으로 국제개발협력 사업을 전개한 것은 1990년대이다. 한국선의복지재단과 한마음한몸운동본부는 각각 개신교와 가톨릭을 기반으로 하는 종교기반조직이다. 이들 두 단체와 새마을운동중앙회, 한국헬프에이지는 1980년대에 직접 국제개발협력 사업을 수행한 것은 아니며, 1980년대에는 주로 국내 사회복지 및 지역개발 활동을 전개하였다. 그러나 이들 단체는 설립 당시부터 구축해 온 인적·물적·경험적 기반을 바탕으로 현재 많은 개발도상국에서 다양한 국제개발협력 사업을 전개하고 있다. 한국선의복지재단은 주로 베트남에서 의료사업을 전개하고 있으며, 한마음한몸운동본부는 개발도상국 현지 단체와 협력하는 방식으로 미얀마와 파키스탄 등지에서 활동하고 있다. 한국헬프에이지는 국제NGO인 헬프에이지의 한국 파트너로서 캄보디아·미얀마 등지에서 노인들의 자립을 지원하는 활동을 전개하고 있다. 1970년대 한국사회에서 추진되었던 새마을운동의 본산인 새마을운동중앙회는 현재 아시아·아프리카 등 전 세계의 다양한 국가에서 새마을운동사업을 전개하고 있다.

4) 1990년대

한국 개발NGO는 1990년대부터 본격적인 국제개발협력 활동을 시작하였다. 1994년 르완다 내전이 발생하였을 때 굿네이버스와 기아대책은 긴급구호요원을 파견하였다. 이는 한국 개발NGO의 본격적인 첫 국제구호 활동으로 평가된다.[69] 1990년대는 국제개발협력 사업을 전문적으로 수행하는 한국 개발NGO들이 본격적으로 설립된

69) 한재광(2010), p. 189.

시기이다.

1990년대에 설립된 한국의 대표적인 개발NGO로는 굿네이버스, 지구촌나눔운동, 코피온이 있다. 이들 단체는 1990년대 이전에 설립된 단체들이 사회복지, 인구보건, 선교, 국내개발 등 한국사회 발전을 위한 활동을 주로 하고 이후 국제개발협력활동을 전개한 것에 비해, 설립목적부터 국제개발을 천명하고 개발NGO로서의 조직 정체성을 명확히 하며 활동했다는 특징이 있다. 1990년대에도 한국 개발NGO의 주축이라고 평가할 수 있는 종교기반단체가 많이 설립되었다. 불교계의 한국JTS(Join Together Society), 개신교계의 국제사랑의봉사단, 굿피플, 그리고 가톨릭계의 기쁜우리월드가 이 시기에 설립되었다. 이 외에도 한국 개발NGO의 중요한 유형 중 하나인 의료단체가

〈표 2-9〉 1990년대에 설립된 KCOC 회원단체 현황(설립연도순)

단체명(설립연도)	단체 수
정해복지(1990), 국제민간교류협회(1991), 굿네이버스(1991), 아시아포커스(1991), 한민족복지재단(1991), 세계선린회(1992), 국제사랑의봉사단(1992), 한국해외봉사단원연합회(1992), 기쁜우리월드(1993), 대한한방해외의료봉사단(1993), 밀알복지재단(1993), 한국JTS(1993), 경희국제의료협력회(1993), 태평양아시아협회(1994), 유니세프한국위원회(1994), 국제개발협회(1995), 조계종복지재단(1995), 한국해비타트(1995), 한베문화교류센터(1995), 동서문화교류개발교류회(1996), 생명누리(1996), 프렌드아시아(1996), 플랜한국위원회(1996)[70], 월드쉐어(1997), 이웃을돕는사람들(1997), 글로벌케어(1997), 기쁜우리월드(1997), 국제옥수수재단(1998), 다일복지재단(1998), 지구촌나눔운동(1998), 푸른아시아(1998), 하나로(1998), 한국인권재단(1998), 함께일하는재단(1998), 굿피플(1999), 더나은세상(1999), 돕는사람들(1999), 위드아시아(1999), 코피온(1999), 아프리카어린이돕는모임(1999), 웰인터내셔널(1999), 팀앤팀(1999), 한울안운동(1999)	43개 단체

출처: KCOC, http://www.ngokcoc.or.kr/(검색일: 2014. 11. 3).

70) 플랜은 한국전쟁 직후인 1953년부터 양친회라는 이름으로 활동하다가 1979년 철수했으며, 이후 1996년 플랜한국위원회로 재출범하였다. 이에 본서에서는 플랜한국위원회의 설립을 1996년으로 규정한다.
http://www.plankorea.or.kr/plan/committee

많이 설립되었다. 글로벌케어, 대한한방해외의료봉사단 등이 대표적이다. 유니세프한국위원회, 한국해비타트와 같은 국제기관의 한국 파트너가 등장한 것도 이 시기이다. 1990년대에 한 가지 눈여겨볼 점은 1997년 IMF 구제금융 사태를 겪은 후에도 많은 개발NGO가 설립되었다는 점이다. 1998년 이후에 지구촌나눔운동, 코피온, 푸른아시아 등 현재 활발한 활동을 전개하고 있는 많은 단체가 설립되었다.[71] 이는 1990년대에 이미 한국사회에서 개발NGO들의 활동 기반이 되는 사회적 관심과 참여의 정도가 일정 수준에 올랐음을 보여주는 대목이다.

1990년대에는 한국 개발NGO 역사에서 중요한 위상을 차지하는 한국해외원조단체협의회가 설립하였다. 많은 개발NGO의 설립과 더불어 개발NGO협의체 구성의 필요성이 제기되었는데, 마침내 1999년 2월에 설립된 것이다. 한국해외원조단체협의회는 세계 분쟁지역과 기근지역에 대한 인도적 지원 및 개발원조 사업을 진행하는 한국 개발NGO의 협의체로서, 개발NGO 역량강화 및 협력네트워크 구축, 국내 개발협력 관련 정책제언 및 형성과정 참여, 국제기구 및 시민사회와의 연대, 국민을 대상으로 개발협력에 대한 이해증진, 민간단체 봉사단 파견 등의 활동을 펼치며, 한국 개발NGO의 성장에 중요한 역할을 하고 있다. 초기에는 회원단체 간 정보를 공유하고 정부나 타기관을 대상으로 개발NGO들을 대변하는 역할에 머물렀으나, 점차 많은 회원단체가 가입하며 다양한 활동을 수행하는 명실상부한 한국 개발NGO들의 유일한 대표적 협의체가 되었다. 2012년 8월, 한국해

71) https://www.gcs.or.kr:50010/load.asp?subPage=111_1998;
http://www.simin.org/greenasia/history;
http://www.copion.or.kr/

외원조단체협의회는 국제개발협력민간협의회(KCOC)로 그 명칭을 변경하였다.

1990년대는 개발NGO가 정부 지원을 통한 새로운 재원조달 방식을 시작한 시기이다. 1995년 KOICA가 19개국에서 활동하는 19개 NGO의 19개 사업에 4억 8천 9백만 원을 지원하는 내용의 민간단체지원 사업을 시행한 것을 필두로 개발NGO에게 ODA자금을 지원하는 프로그램이 진행되기 시작하였다.

5) 2000년대 이후

한국 개발NGO는 이 시기에 비약적으로 성장하였다. 2001년 아프가니스탄 전쟁, 2003년 이라크 전쟁, 2004년 남아시아 쓰나미, 2005년 파키스탄 지진, 2010년 아이티 지진 등 재난 및 전쟁으로 긴급구호가 필요한 곳에 많은 한국의 개발NGO가 적극적으로 참여하였다.[72] 또한 KOICA의 시민사회협력프로그램 지원이 확대되고 프로그램이 다양해졌으며, 개도국 빈곤문제에 대한 사회적 관심이 제고됨에 따라 기업의 사회적 책임에 따른 사회공헌도 증가하였다.

현재 국제개발협력 활동을 전개하는 개발NGO의 수를 정확히 파악하기는 어렵다. KCOC의 회원단체만이 국제개발협력 활동을 전개한다고 볼 수는 없기 때문이다. KCOC는 일정 자격을 충족하는 단체만을 회원으로 받는 심사제 방식이므로, 이 자격에 못 미치는 많은 신생 및 작은 규모의 단체들도 국제개발협력 활동을 전개하고 있다고 할 수 있다.

72) 한재광(2010), p. 187.

〈표 2-10〉 2000년대 이후에 설립된 KCOC 회원단체 현황(설립연도순)

단체명(설립연도)	단체 수
그린티쳐스(2000), 덴탈서비스인터내셔날(2000), 청수나눔실천회(2000), 세계가나안농군운동본부(2001), 서비스포피스(2001), 함께하는사람들(2001), 호산나(2001), 로터스월드(2002), 아름다운가게(2002), 국제의료협력단(2002), 환경재단(2002), 서울국제친선협회(2003), 지구촌공생회(2003), 행동하는의사회(2003), 국제아동돕기연합(2004), 나눔인터내셔널(2004), 새빛(2004), 써빙프렌즈인터내셔널(2004), 위스타트운동본부(2004), 한끼의식사기금(2004), 비전케어(2005), 월드투게더(2005), 한국희망재단(2005), 굿파트너즈(2006), 위드(2006), 고앤두인터내셔널(2007), 국경없는교육가회(2007), 더프라미스(2007), 라파엘클리닉인터내셔널(2007), 아데나문화사업회(2007), 아프리카미래재단(2007), 열매나눔인터내셔널(2007), 프렌즈(2007), 한베재단(2007), 삼동인터내셔널(2008), 아름다운동행(2008), 평화를이루는사람들(2008), 글로벌투게더(2009), 월드휴먼브리지(2009), 에코피스아시아(2009), 메디피스(2009), 캠프(2009), 글로벌호프(2010), 기쁨나눔재단(2010), 더멋진세상(2010), 월드샤프(2010), 비에프월드(2011), 피스빌리지네트워크(2011), 휴먼인러브(2011), 사랑나눔의사회(2012), 월드디아코니아(2012)	50개 단체

출처: KCOC, http://www.ngokcoc.or.kr/(검색일: 2014. 11. 3).

2010년 이후 한국 개발NGO의 활동 규모는 그들이 집행하는 자금의 규모를 통해 판단할 수 있다. 2014년 KCOC에서 발간한 『2013 한국 국제개발협력 CSO 편람』에 의하면 114개 개발NGO의 2013년 해외사업비 규모는 4,193억 원이다.[73] 이는 2013년 KOICA가 집행한 ODA규모 5,227억의 약 80%에 해당하는 규모이다.[74] 위의 해외사업비 규모는 설문조사에 응한 단체만을 대상으로 한 통계이므로 실제 규모는 더 클 것이다.

개발NGO는 이와 같은 양적 발전뿐만 아니라 국무총리실, 외교부, KOICA 등 주요 정부기관과 국제개발협력 관련 정책수립 과정에 활발히 참여하기 시작하면서 개발NGO의 역량을 발전시킬 수 있게 되었다. 정부와의 협업을 통해 보다 발전적인 정책과 사업을 수립하고

---

73) KCOC, 『2013 한국 국제개발협력 CSO 편람』(서울: KCOC, 2014a), p. 22.

74) KOICA, 『2013 KOICA 대외무상원조실적 통계』(성남: KOICA, 2014), p. 6.

이행할 수 있게 된 것이다. 정부 차원에서도 '비영리민간단체지원법'에 의거하여 NGO에 보조금, 사업지원, 조세감면, 우편요금 지원 등 NGO의 활동을 직·간접적으로 지원하고 있다. 우리나라 중앙정부는 2010년 NGO에 약 3,227억 원을 지원한 것으로 집계되었다.[75] 그러나 이는 선진국의 NGO 지원금에 비하면 매우 적은 규모이다. 정부가 보다 적극적으로 NGO지원을 확대할 필요가 있다.

2000년대에 KOICA가 개발NGO를 포함한 NGO에 지원한 ODA규모의 증대는 NGO의 국제개발협력에 대한 한국사회의 관심이 늘어났음을 시사한다. 〈표 2-11〉은 2000년부터 2012년까지의

〈표 2-11〉 KOICA의 NGO에 대한 ODA 지원 규모(2000~2012년)

(단위: 백만 원)

연 도	규 모
2000	618
2001	1,018
2002	1,734
2003	7,933
2004	1,502
2005	2,837
2006	2,726
2007	2,633
2008	7,201
2009	6,957
2010	9,100
2011	16,440
2012	30,939
합 계	91,630

출처: 한재광(2014), p 31을 토대로 재구성함.

75) 한국NPO공동회의, 『2010년 정부의 비영리민간단체 지원 백서』(서울: 한국NPO공동회의, 2011), p. 73.

KOICA의 NGO 재정지원 규모를 보여준다. 2012년의 경우 대학의 국제개발협력 사업에 대한 ODA지원액도 포함되어 순수한 개발 NGO에 대한 금액만으로는 보기 어렵지만, 그럼에도 ODA 지원금의 증가 추세는 중요한 의미가 있다.

국제적 차원에서도 2008년 아크라회의에서 NGO를 독립적인 개발주체로 인정함으로써 개발NGO가 보다 적극적으로 개발협력 논의의 장과 사업에 참여할 수 있는 기회의 폭과 공신력이 증대되었다. 이제 한국사회에서도 개발NGO는 국제개발협력에 있어서 부차적인 존재가 아니라 개발NGO와의 협업 없이는 개발효과성을 담보하기 어려울 정도로 중심적이고 중요한 위치를 점하게 되었다.

2010년을 전후로 국제개발협력에 참여하는 한국 시민사회에 중요한 변화가 발견되고 있다. 지난 20여 년 동안 국제개발협력에 참여하는 한국 시민사회의 대표주자는 개발NGO였으나, 최근 이들 이외의 다양한 NGO들이 등장하고 있다. 환경단체, 인권단체, 여성단체, 주민운동단체 등 그동안 국내 이슈에 집중하던 단체들이 자신들의 경험을 살려 국제개발협력 사업을 시작하고 있는 것이다. 또한 과학기술자단체, 청년단체, 교사단체 등 자신의 전문영역에서 활동하던 영역별 전문단체들의 국제개발협력 활동 참여도 증대하고 있다. 그리고 기존의 개발NGO들도 사회적 기업, 협동조합의 형태로 국제개발협력 사업을 전개하는 등 사업수행 방식이 다양해지고 있다. 그리고 2010년을 전후로 구호, 개발, 개발교육사업이 아닌 정책 애드보커시 활동만을 수행하는 ODA Watch 같은 단체도 설립되어 활발하게 활동하고 있으며, 경제정의실천시민연합, 참여연대 같은 전통적인 시민단체들도 ODA 정책 애드보커시 운동을 전개하고 있다.

2000년대의 특징은 시민사회 연대체가 활발한 활동을 펼치고 있다는 점이다. 2005년 경제정의실천시민연합, 월드비전, 지구촌나눔운동 등 20여 개의 개발NGO와 시민사회단체들은 빈곤퇴치를 위한 국제적 캠페인단체인 GCAP의 한국 운동체인 GCAP Korea를 결성하여 매년 국민과 정부를 대상으로 빈곤퇴치캠페인을 전개하고 있다. 부산총회를 앞둔 2010년에는 개발NGO들과 시민단체들이 협력하여 부산총회 준비 및 국내외 국제개발협력 이슈에 대한 시민사회의 개입을 목적으로 국제개발협력시민사회포럼(Korea Civil Society Forum on International Development, 이하 KoFID)을 설립하여 활발한 국내외 정책 애드보커시 및 연대 활동을 수행하였다. 이와 같이 2000년대 이후 한국 시민사회에서는 다양한 주체가 다양한 분야에서 다양한 방식으로 국제개발협력에 참여하고 있다.

지금까지 살펴본 한국 개발NGO의 성장과정은 서구 개발NGO의 발전경로와 유사성과 차별성을 모두 보여준다. 서구 NGO들은 해외구호와 자선활동으로 출발해서, 지역개발, 옹호활동, 인권과 환경 등의 NGO 어젠다의 개발담론 주류화, 초국적 네트워크 형성 등으로 활동 영역을 확대해 왔다. 즉, 코르텐이 분류한 1세대에서부터 4세대까지의 성격을 순차적으로 확대해 온 것이다. 우리의 경우도 한국전쟁 전후 해외원조단체나 선교사가 설립한 NGO들이 국내에서 구호활동과 사회복지 서비스 제공으로 출발해, 1990년대 르완다 내전의 긴급구호요원 파견을 시작으로 개발NGO의 활동이 본격화되었다. 이후 구호와 지역개발사업에 집중하다가 2000년대에 들어서 GCAP와 KoFID 결성을 통해 옹호, 정책 애드보커시, 초국적 네트워크 활동을 시작하였다. 그러나 좀 더 자세히 살펴보면, 서구 NGO의 100여 년의 장기간에 걸친 활동 영역 확대와는 다르게 우리 개발NGO는 10여 년이라는 초단기간에 코르텐의 1세대에서 4세대까지를 모두 포함하는 활동을 하였다. 우리의 경제성장이 후발주자로서의 이점을 살려 단기간 압축적으로 이루어진 것과 유사한 양상이 개발NGO에서도 나타났다. 또 다른 차별성은 개발NGO 활동영역 확대의 계기이다. 옥스팜이나 월드비전 등의 서구단체가 단체 내에서 빈곤 원인의 구조적 문제에 대한 인식과 자기성찰을 통해 구호와 지역개발에서 옹호와 초국적 네트워크 활동으로 사업영역을 확대해 나갔다면, 한국은 기존 개발NGO가 개도국 빈곤의 구조적 문제에 대한 인식을 전환했다기보다는 참여연대, 경실련, YMCA전국연맹, 인권재단과 같은 국내 애드보커시 NGO가 국제개발협력 활동을 새롭게 시작하면서 활동영역 확대를 촉진시켰다.

사실 현재의 우리 개발NGO는 서구 개발NGO의 오랜 역사에 걸친 진행 경로를 비교적 짧은 기간 안에 압축적으로 실행해 오고 있다. 따라서 서구 이론과 발전 모형의 수용차원을 넘어 우리 개발NGO의 현재 진행형에서 새로운 적용 방식을 발전시킬 과제를 안고 있다. 이에 대해서는 제7장의 한국 개발NGO 발전방향에서 좀 더 구체적으로 논의한다.

4. 한국의 개발NGO 현황

1) 한국 개발NGO의 활동 유형

한국의 개발NGO는 국제개발협력 활동을 한다는 공통점이 있지만, 그 기원이나 특성을 기준으로 본다면 서로 다른 다양한 단체들의 집합체라고 할 수 있다. 한재광은 개발NGO의 특성에 따라 유형화를 시도하였다.[76] 이들 유형은 상호 배타적이지 않아, 몇몇의 개발NGO는 여러 유형의 특성을 보유하기도 하며, 한 유형에 속한 개발NGO가 다른 유형의 특성을 갖기도 한다. 그럼에도 이들 유형을 통해 한국 개발NGO의 특성을 이해하는 데 시사점을 찾을 수 있다.

첫째, 수원기관에서 공여기관으로 변화한 유형이다. 어린이재단, 월드비전과 같이 한국전쟁 이후 한국에서 개발 프로그램을 진행한 후 그 경험을 살려 해외로 사업을 확장해간 단체이다. 원조 수혜자에서 공여자로 바뀐 한국과 유사한 경로라고 할 수 있다.

둘째, 국제 개발NGO의 한국 파트너형이다. 세이브더칠드런코리아, 유니세프한국위원회, 플랜한국위원회, 한국해비타트 등이 이에 해당한다.

셋째, 한국 개발경험의 세계 확산형이다. 과거 한국의 발전과정 도상에서 전개되었던 가족계획, 기생충박멸, 농촌지역개발운동 등의 개발경험을 개발도상국과 공유하는 단체들이 이에 해당한다. 새마을운동중앙회, 인구보건복지협회, 한국건강관리협회가 이 유형에 속하는 대표적인 단체들이다.

넷째, 종교기반단체 유형이다. 이들 단체들은 종교적 이념에 따라 설립되어 박애정신을 실천하기 위해 국제개발협력 사업을 수행하고 있는데, 이는 한국 개발NGO의 큰 특징이기도 하다. 이러한 단체의 예로는 개신교 기반의 가나안농군학교, 기아대책, 아시아협력기구, 장미회 등이 대표적이다. 불교를 기반으로 하는 로터스월드, 지구촌공생회, 한국JTS 등도 활발한 활동을 펼치고 있다. 원불교를 바탕으로

76) 한국 개발NGO의 열 가지 활동 유형은 ODA Watch 사무총장인 한재광 박사와의 인터뷰 자료를 기반으로 작성되었다.

활동하는 아프리카어린이돕기모임과 가톨릭 기반의 한마음한몸운동 본부도 있다. KCOC의 『2013 한국 국제개발협력 CSO 편람』에 따르면 〈표 2-12〉와 같이 설문에 응답한 113개 단체 중 37.2%를 차지하는 42개의 단체가 개신교 관련 단체라고 답하였다. 그 다음으로 불교가 8개 단체로 7.1%, 원불교와 천주교가 각 4개 단체로 3.5%로 집계되었다.77)

다섯째, 국제개발협력 NGO유형이다. 이들은 1990년대 지구촌화의 흐름에 발맞추어 국제사회의 빈곤한 국가의 발전을 지원하는 국제개발협력 활동을 위해 한국에서 설립된 개발NGO들이다. 굿네이버

〈표 2-12〉 개발NGO의 종교 관련성

구 분	단체 수	비율(%)
관련종교 없음	55개	48.7%
개신교	42개	37.2%
불교	8개	7.1%
원불교	4개	3.5%
가톨릭	4개	3.5%
전체(1개 단체 무응답)	113개	100.0%

출처: KCOC(2014a), p. 17.

77) KCOC에 따르면 '관련종교 없음'이라고 응답한 단체들 중에는 설립자 및 설립배경에 특정 종교와 관련이 있는 단체도 일부 포함되어 있다. KCOC(2014a), p. 17. 한재광의 연구에 따르면 2012년 KCOC의 94개 회원단체 중 신앙을 기반으로 하지 않는 일반단체는 31개로 33%이며, 종교기반단체가 63개로 67%이다. 종교기반단체 중 개신교를 기반으로 하는 단체는 48개로 KCOC 회원 대비 51%, 종교기반단체 대비 76.2%이다. 가톨릭을 기반으로 하는 단체 수는 6개로 전체 대비 6.4%, 종교기반단체 대비 9.5%, 불교기반단체는 5개로 각각 5.3%, 7.9%이다. 마지막으로 원불교를 기반으로 하는 단체 수는 4개로 전체 대비 4.3%이고, 종교기반단체 중에서는 6.4%이다. Han Jae Kwang, "A Study on Protestant Faith-Based Development NGOs(PFBDOs) in Korea: With Special Reference to Attribute and Typology"(Dissertation to Kyung Hee University, 2013), p. 6.

스, 지구촌나눔운동, 코피온, 한국희망재단 등이 이에 해당한다.

여섯째, 전문가 단체형이다. 의료분야에서 활동하는 단체로는 국제의료협력단, 글로벌케어, 메디피스가 있으며, 영양분야의 위드, 교육분야의 국경없는교육가회 등이 이 유형에 해당한다고 할 수 있다.

일곱째, 특정지역 지원형이다. 아시아・아프리카 혹은 특정 지역만을 지원하는 단체들이 있다. 아시아포커스, 아프리카미래재단, 아프리카어린이돕기모임 등이 이 유형에 해당한다.

여덟째, 시민사회단체형이다. 이 유형의 단체들은 기존의 시민사회운동을 기반으로 국제개발협력 사업에 접근하는 성격을 띤다. 한국YMCA전국연맹이 대표적이며, 피스빌리지네트워크도 이에 해당한다. 최근 KCOC 회원단체는 아니지만 여성운동활동가들이 설립한 아시아위민브릿지 두런두런, 환경・에너지 운동가들의 단체인 에너지기후정책연구소 등도 활발하게 국제개발협력 활동을 전개하고 있다. KCOC 회원단체는 아니지만 정책 애드보커시 전문단체인 ODA Watch도 이 유형에 속한다고 할 수 있다.

아홉째 유형은 국제 사회복지단체이다. 오랜 기간 동안 한국의 사회복지를 위해 활동한 단체들이 이제 그 경험을 가지고 국제개발협력에 참여하는 경우이다. 엔젤스헤이븐, 월드쉐어, 태화복지재단, 하트하트재단 등이 이에 해당한다.

마지막으로 연대체형을 들 수 있다. 2000년대 이후 한국 시민사회는 연대체를 결성하여 국내외 정책 애드보커시 및 다양한 연대 활동을 전개해왔다. KCOC, KoFID, GCAP가 이에 해당한다. 위의 열 가지 유형 이외에도 최근 방글라데시나 네팔 등지에서 한국에 본부를 두지 않고 한국선교사가 중심이 되어 현지 개발NGO를 설립하는 유형도 있다.

이처럼 열 가지 유형으로 구분할 수 있는 한국 개발NGO들은 교

〈표 2-13〉 2013년 한국 개발NGO의 사업 분야 및 사업 개수

DAC코드	분야	사업 개수
111 교육	교육시설 및 특별연수, 초등교육 등	360개
120 보건	의료서비스, 기초보건진료, 영양 등	186개
130 인구정책/시책 및 생식보건	성병대책(HIV AIDS 포함) 등	17개
140 식수공급 및 위생	기초식수 공급 및 기초위생 등	87개
151 공공행정 및 시민사회	인권감시 및 교육 등	19개
152 분쟁, 평화, 치안	지뢰제거	1개
160 기타 사회 인프라 및 서비스	사회복지 서비스, 문화 및 레크레이션 등	199개
220 통신	정보통신기술, 통신정책 및 행정관리	11개
230 에너지 개발 및 공급	태양에너지, 에너지교육/훈련 등	23개
240 금융 및 재무서비스	비정규/유사금융기관, 금융 및 재무부문 교육	3개
311 농업	농업개발, 농업협동조합, 축산 등	32개
312 임업	임업개발	1개
321 공업	중소기업개발, 농수산물 가공업 등	6개
410 환경보호	생물다양성, 환경교육/훈련	8개
430 기타 다부문	다부문원조, 농촌개발, 연구/과학기관 등	158개
520 개발식량원조/식량안보	식량원조 식량안보프로그램	28개
720 긴급구호	구호물자지원 및 서비스 등	93개
730 재건구호	구호물자지원	20개
740 재난방지 및 대비	재난방지 및 대비	3개
998 비배분/비특정	비특정분야, 개발인식 증진	61개
총 합계		1,316개

출처: KCOC(2014a), pp. 69-70을 토대로 재구성.

육, 보건, 긴급구호, 사회 인프라 및 서비스, 식수공급 및 위생, 에너지 개발 및 공급, 농업 등 다양한 사업 분야에 걸쳐 활동을 전개하고 있다.

한국 개발NGO의 활동유형을 법인등록 형태와 등록 부처 현황의 측면에서 살펴보기로 한다. KCOC의 『2013 한국 국제개발협력 CSO 편람』에 따르면 조사에 참여한 114개 개발NGO 중 법인등록 형태로는 사단법인이 80개로 가장 많고 재단법인과 비영리민간단체 형태

가 그 다음으로 많았다(복수응답 포함). 미등록 단체는 1개로 대부분의 단체가 법인등록 형태인 것으로 나타났다.(〈표 2-14〉 참조) 등록 부처별로 보면 중앙행정 부처에 등록한 단체가 100개(84%), 지방자치단체에 등록한 단체가 19개(16%)이다(중복응답 포함).[78)]

〈표 2-14〉 법인등록 형태

구 분	단체 수	비율(%)
재단법인	13개	10.8%
사단법인	80개	66.7%
비영리민간단체	14개	11.7%
기 타	12개	10%
미등록	1개	0.8%
전 체	120개	100.0%

출처: KCOC(2014a), p. 16을 토대로 재구성.

〈표 2-15〉 단체설립 연도 및 국제개발협력사업 시작 연도

구 분		단체 수	비율(%)
단체설립 연도	1960년 이전	6개	5.4%
	1960~1969년	3개	2.6%
	1970~1979년	3개	2.6%
	1980~1989년	11개	9.6%
	1990~1999년	23개	20.2%
	2000~2009년	51개	44.7%
	2010년 이후	17개	14.9%
전 체		114개	100.0%
국제개발협력사업 시작 연도	1960~1969년	1개	1.0%
	1980~1989년	4개	3.7%
	1990~1999년	25개	23.1%
	2000~2009년	54개	50.0%
	2010년 이후	24개	22.2%
전 체		108개	100.0%

출처: KCOC(2014a), p. 15.

78) KCOC(2014a), p. 16.

한국 개발NGO의 설립 및 국제개발협력사업 시작 연도를 보면, 114개 개발NGO 중 국제개발협력사업 시작 연도에 대해 응답하지 않은 단체 6개를 제외하고 2000년대 이후 설립된 단체가 68개(59.6%)이며, 2000년대 이후 국제개발협력사업을 시작한 단체가 78개(72.2%)로, 한국 개발NGO는 2000년대 이후에 본격적으로 설립되고 또 국제개발협력사업을 시작하였다는 것을 알 수 있다.

2) 한국 개발NGO의 재정

개발NGO의 2013년도 수입 규모 현황을 통해 개발NGO의 재원 조달 현황 및 규모를 파악해보았다. 〈표 2-16〉에서 나타나듯이 2013년도 한 해 동안 114개 개발NGO의 총 수입은 1조 4천 5백억 원으로 집계되었으며, 개인후원금 비중이 38%로 다른 종류의 후원금 또는 재원조달에 비해 많은 비중을 차지하였다. 정부지원금은 약 1천 5백억 원으로 기업후원금인 약 2천억 원보다 적었으며, 개인후

〈표 2-16〉 개발NGO의 2013년도 수입결산 현황* (단위: 백만 원)

구 분	금 액	비율(%)
개인후원	547,940	38%
정부지원	152,054	10%
기업후원	203,991	14%
기타기관후원(사랑의 열매 등 재단포함)	52,456	4%
해외기관 후원	8,788	1%
기타 수입	485,396	33%
총 합계	1,450,625	100%

* '정부지원금'은 국내사업(예: 복지기관운영)에도 지원하는 지원금이 포함되어 있기 때문에 보건복지부 · 여성가족부 등 다양한 부처에서 지원받은 금액을 합산한 것이며, '기타수입'은 병원(건강관리사업), 사회복지관, 나눔가게 운영수입 등을 포함한 것이다.

출처: KCOC(2014a), p. 18.

원과 기업후원을 합한 비율이 52%에 달하는 등 개발NGO의 재원조달에서 민간부문의 역할이 크게 나타났다.

기관별 개인 후원금 규모 현황을 살펴보자. KCOC의 『2013 한국 국제개발협력 CSO 편람』에 따르면 조사에 응답한 114개 개발NGO의 개인 정기후원자는 총 2,381,870명으로 집계되었다. 정기후원 및 비정기후원 포함 개인회원 수 상위 10개 단체의 후원자가 2,672,475명으로 전체의 86%에 달해 상위 10개 단체의 후원자 수가 총 후원자의 절대다수를 차지하고 있다.

개발NGO의 총 국제개발협력 사업비 규모를 살펴보았다. KCOC의 『2013 한국 국제개발협력 CSO 편람』에 따르면 조사에 응답한 114개 개발NGO(1개 단체는 사업비 규모를 밝히지 않음) 중 국제개발협력 사업비로 100억 원 이상 지출한 단체가 7개에 이르는 반면, 1억 원 미만 지출 단체가 20개, 50~100억 원 지출 단체는 없는 것으로 나타나는 등 단체 간 사업비 지출 규모의 편차가 큼을 알 수 있다.

〈표 2-17〉 후원회원 현황

구 분	합계(명)	
개인 정기후원자	2,381,870	
개인 비 정기후원자	729,188	
총 개인회원 수	3,111,058	
후원단체	68,708단체	
누적 개인회원 현황		
구 분	누적 개인회원 수 (정기, 비정기 포함)	총 개인회원 수 대비 비율(%)
상위 3개 단체	1,289,663	41%
상위 5개 단체	1,883,204	61%
상위 10개 단체	2,672,475	86%

출처: KCOC(2014a), p. 18.

〈표 2-18〉 국제개발협력 사업금액 규모별 단체 개수

총 국제개발협력 사업금액 규모	단체 개수
1억 원 미만	20개
1~3억 원 미만	31개
3~5억 원 미만	14개
5~10억 원 미만	20개
10~50억 원 미만	21개
50~100억 원 미만	-
100억 원 이상	7개
총 합계	113개

출처: KCOC(2014a), p. 40.

위의 분류에 따라서 개인후원과 정부지원, 기업후원, 기타기관후원, 해외기관 후원 비율을 살펴보았다. 〈표 2-19〉에서 볼 수 있듯이 국제개발협력 사업비로 100억 원 이상을 지출하는 7개의 대형단체들이 개인후원의 82.6%, 정부지원의 65.7%, 기업후원의 76.6%를 차지하고 있다. 또한 이들 대형단체들은 기타기관후원의 44.8%, 해외기관 후원의 82.1%, 전체 수입의 절반 이상을 차지하는 등 대형단체 편중 현상이 뚜렷하게 나타난다.79)

조사결과에 나타난 7개 대형단체의 후원회원 수를 기준으로 파악해 보았을 때에도 편중 현상이 나타났다. 〈표 2-20〉에서처럼 7개 단체의 개인 정기후원자 수는 전체 개인 정기후원자 수의 77%에 달한다.

단체 유형에 따라 수입 규모를 분류하면, 한국자생단체의 수가 INGO(International Non-governmental Organization) 파트너단체 수보다

79) 1~3억 원 규모의 국제개발협력사업을 시행하는 소형 단체들 중에서 '기타수입'이 많은 것은 1개 단체에서 상당히 많은 금액을 건강검진 수익사업으로 올렸기 때문이다. KCOC(2014a), p. 40.

〈표 2-19〉 국제개발협력 사업금액 규모별 기관수입 현황*

(단위: 백만 원, 괄호 안은 비율)

규모	개인 후원	정부 지원	기업 후원	기타기관 후원	해외기관 후원	기타 수입	총 합계
1억 원 미만	3,432 (0.6%)	179 (0.1%)	5,615 (2.8%)	1,200 (2.3%)	28 (0.3%)	3,597 (0.7%)	14,051 (1.0%)
1~3억 원 미만	9,960 (1.8%)	14,842 (9.8%)	15,199 (7.6%)	4,210 (8.0%)	104 (1.2%)	330,294 (68.0%)	374,609 (26.0%)
3~5억 원 미만	6,370 (1.2%)	21,192 (13.9%)	988 (0.5%)	7,370 (14.0%)	255 (2.9%)	24,890 (5.1%)	61,065 (4.0%)
5~10억 원 미만	26,509 (4.8%)	5,125 (3.4%)	5,891 (3.0%)	6,794 (13.0%)	830 (9.4%)	38,723 (8.0%)	83,872 (6.0%)
10~50억 원 미만	50,075 (9.1%)	10,745 (7.1%)	18,798 (9.4%)	9,388 (17.9%)	353 (4.0%)	13,864 (2.9%)	103,223 (7.0%)
100억 원 이상	456,556 (82.6%)	99,910 (65.7%)	152,493 (76.6%)	23,496 (44.8%)	7,217 (82.1%)	74,028 (15.3%)	813,700 (56%)
총 합계	552,902 (100%)	151,993 (100%)	198,984 (100%)	52,458 (100%)	8,787 (100%)	485,396 (100%)	1,450,520 (100%)

* 이 통계는 113개 단체 기준이므로 〈표 2-16〉과 〈표 2-21〉의 금액 데이터와는 차이가 있다.

출처: KCOC(2014a), p. 41.

〈표 2-20〉 국제개발협력 사업금액 규모별 개인 정기후원자 현황

총 국제개발협력사업비 규모(단체 수)	개인 정기후원자 수(명)	비율(%)
1억 원 미만(20개)	17,678명	0.8%
1~3억 원 미만(31개)	32,850명	1.4%
3~5억 원 미만(14개)	22,525명	0.9%
5~10억 원 미만(20개)	66,823명	2.8%
10~50억 원 미만(21개)	404,435명	17.0%
100억 원 이상(7개)	1,837,429명	77.1%
총 합계(113개)	2,381,740명	100%

출처: KCOC(2014a), p. 41.

〈표 2-21〉 한국자생단체와 INGO 파트너단체의 수입 규모 비교 (단위: 백만 원)

단체유형 (단체 수)	개인 후원	정부 지원	기업 후원	기타 기관	해외 기관	기타 수입	총 합계
한국자생단체 (99개)	172,136	44,619	67,237	27,271	2,758	96,453	410,475
	32%	29%	34%	52%	32%	20%	28%
INGO 파트너단체 (13개)	279,140	107,435	127,560	23,727	1,780	152,398	692,041
	50%	70%	64%	45%	20%	31%	48%
기타(2개)	101,655	1,362	4,202	1,457	4,250	235,182	348,108
	18%	1%	2%	3%	48%	49%	24%
총 합계(114개)	552,931	153,416	198,999	52,455	8,788	484,033	1,450,624

출처: KCOC(2014a), p. 56.

7.6배 많음에도 INGO 파트너단체의 수입 규모가 한국자생단체의 수입 규모보다 약 2,800억 원 더 많은 것으로 집계되었다. 뿐만 아니라 정부지원금, 기업후원금의 항목에서도 INGO 파트너단체가 한국자생단체보다 그 규모가 큰 것으로 나타났다. 또한 INGO 파트너단체들은 114개 개발NGO 중 13개밖에 되지 않지만 개인후원의 50%, 정부지원의 70%, 기업후원의 64%를 차지하는 등 INGO 파트너단체로의 후원금 집중 현상이 나타났다.

개발NGO에게 재정을 지원하는 원천인 재원을 좀 더 다각도로 파악해 보기 위해 2012년 한 해 개발NGO를 포함한 NGO의 국제개발협력 사업에 지원된 재정을 재원별로 살펴보았다. 정부 내에서도 KOICA 외에 다양한 그룹이 개발NGO에게 재정을 지원하고 있으며, 민간재단의 지원도 증대하는 등 재원이 점차 다양해지는 추세이기 때문이다. 2012년 한 해 한국 NGO의 국제개발협력 사업에는 약 578억 원의 자금이 지원되었다. 외교부 산하기관인 KOICA가 가장 큰 규모인 약 426억 원을, 보건복지부 산하기관인 한국국제보건의료재단이 약 8억 원을 NGO에게 지원하였다. 중앙정부기관인 안전행정부는 '비영리민간단체공익활동지원사업'을 통해 약 15억 원을 지원하였다. 보건복지부는 한 의료봉사단체에게 매년 2억 원씩을 지원하고 있다. 지방자치단체들 중에는 경기도와 부산시가 NGO의 국제개발협력 사업에 재정을 지원한다고 밝혔는데, 그 규모는 각각 약 4억 원과 약 8천만 원이다. 마지막으로 민간자선재단의 지원규모도 새로운 사업재원이 되고 있다. 사회복지공동모금회는 조사 대상기관 중 KOICA에 이어 두 번째로 큰 규모의 자금을 NGO의 국제개발협력 활동에 지원하는데, 그 규모가 약 114억 원에 달한다. 교육 분야만을 지원하는 삼성꿈장학재단은 2012년 약 5억 원 정도를 NGO에게 지원하였다.[80)]

NGO에 대한 정부의 보조금 및 지원금이 늘어나는 추세이지만 정부의 재정적 지원만으로 개발NGO의 재정을 운영하는 것은 불가능

〈표 2-22〉 2012년 NGO 개발재원의 종류별 규모 (단위: 백만 원)

NGO 개발재원 종류		2012년 규모
정부 산하기관	KOICA	42,674
	한국국제보건의료재단	883
중앙정부기관	안전행정부	1,588
	보건복지부	200
지방자치단체	경기도	441
	부산시	83
민간재단	사회복지공동모금회	11,463
	삼성꿈장학재단	562
합 계		57,894

출처: 한재광(2014), pp. 47-48.

80) 한재광(2014), pp. 47-48.

하며, 재정안정화를 실현하기 어려운 현실이다. 정부의 지원으로 추진되는 사업은 예산 수립에 따라 지속성을 확보하기 어려워 개발협력 관련 사업 분야가 계속 유지될지 예측하기 어렵다. 또한 개별사업당 지원 금액이 최대 5천만 원 정도로 프로젝트의 성격이 단기 개발사업에 국한되는 한계도 있다. 이런 이유로 개발NGO에게는 정부 보조금을 통한 방법보다 개인 후원금, 기업 후원금 등 기타 재원을 통한 재정 계획을 마련하는 것이 더욱 중요하다. 앞에서 살펴본 것처럼 실제로 개발NGO의 개발재원 구성에서도 후원금 비중이 높게 나타났다. 향후 민간부문을 통한 재정 수립의 중요성이 더욱 증대될 것으로 보인다.

재정 자립도는 개발NGO뿐만 아니라 모든 NGO의 지속가능성에 가장 중요하게 영향을 미치는 요소이다. 정부의 보조금에 지나치게 많은 부분을 의존하거나 의존하게 하는 정책은 개발NGO의 자립도를 크게 떨어뜨려 기관의 지속가능성과 사업의 개발효과성을 저해할 수 있으므로 정부보조금의 양면적인 특성을 잘 이해하여 긍정적인 방향으로 활용하는 것이 필요하다. 한국의 마이크로 파이낸스(Microfinance) NGO의 경우, 미소금융이라는 정책으로 정부가 기관의 재정에 크게 개입함으로써 사업 재정의 대부분을 정부에 의존할 수밖에 없는 환경이 조성되었다. 마이크로 파이낸스 사업에 정부가 재정적으로 적극 개입함에 따라 마이크로 파이낸스 사업의 총 재원 규모는 정부가 개입하기 이전보다 증가하였지만, 정부가 NGO에게 사업 재원만 지원할 뿐 운영비는 지원하지 않아 사업의 효과성뿐만 아니라 NGO의 재정자립도를 낮추어 기관의 지속가능성을 저해할 수 있다는 비판이 제기되기도 하였다.

따라서 NGO들이 재정자립도를 높이기 위해서는 정기적인 후원금

조성 등 사업의 재원 마련을 위한 노력이 요구되지만, NGO의 재정에 개입하는 정부 또한 무조건적으로 재원의 규모만 늘릴 것이 아니라 지원하는 기관과 사업의 특성을 잘 파악하여 장기적으로 NGO의 지속가능성을 높이고 재정자립도를 저해하지 않는 범위 내에서 정책을 수립하는 것이 필요할 것이다.

3) 한국 개발NGO의 해외사업 현황

KCOC의 『2013 한국 국제개발협력 CSO 편람』에 따르면, 2013년 114개 한국 개발NGO의 총 사업비 규모는 1조 3,700억 원이며, 그 중 국제개발협력사업이 차지하는 비율은 30.6%, 국내사업(대북사업 포함) 41.1%이다. 2011년 KCOC가 87개 개발NGO를 대상으로 한 설문조사에서 사업비의 28%가 해외에서, 52%가 국내에서 사용된 것과 비교하면 국제개발협력사업비 비중이 증가하였음을 알 수 있다.

2013년 기준 114개 한국 개발NGO들은 103개 국가에서 1,316개 사업을 시행하였으며, 사업비 규모는 3,900억 원 수준이었다. 아시아 지역에서의 사업 개수가 732개(55.5%)로 가장 많았고, 이어서 아프리카 지역 410개(31.2%), 중남미 74개(5.6%)의 순이었다. 사업비 기준

〈표 2-23〉 2013년 한국 개발NGO의 총 사업 규모 (단위: 백만 원)

구분		총 사업비	비율(%)
국제개발협력 사업		419,342	30.6%
국내사업	일반사업	544,199	39.6%
국내사업	대북사업	20,333	1.5%
기타		388,882	28.3%
총 합계		1,372,756	100.0%

출처: KCOC(2014a), p. 21.

〈표 2-24〉 대륙별 국제개발협력사업 개수 및 사업비* (단위: 백만 원)

구분	사업 수(개)	비율(%)	사업비	비율(%)
아시아	732	55.5%	123,301	31.1%
아프리카	410	31.2%	125,653	31.7%
중남미	74	5.6%	15,199	3.8%
중동	35	2.7%	6,633	1.7%
오세아니아	4	0.3%	537	0.1%
다국가	27	2.1%	120,277	30.4%
유럽	10	0.8%	3,779	1.0%
기타	24	1.8%	671	0.2%
총 합계	1316	100.0%	396,049	100.0%

* 몇몇 단체에서는 국가와 지역을 특정하지 않은 다국가사업으로 답변하여서 실제 사업시행국가는 103개보다 많을 수 있다. 이번 조사에서는 다국가로 응답한 사업들의 사업비 규모가 커서 대륙별로 어느 정도 사업을 시행하는지 정확하게 알기에는 어려움이 있었다. 이런 경우는 사업비를 모금해서 국제사업본부 등에 보내는 형태로 시행되는 사업으로 한국에서도 어느 쪽으로 특정하게 사업비가 사용되는지 정확히 알 수 없는 경우와 다국가봉사단, 다국가사업처럼 사업비와 시행 국가를 나누어서 집계하지 않은 경우에 해당한다

출처: KCOC(2014a), pp. 22-23.

〈표 2-25〉 대륙별 ODA를 통한 자금지원 및 단체 자체/기타 후원금 규모

(단위: 백만 원)

구 분	ODA지원금	ODA지원금 (비율)	자체모금	자체모금 (비율)	총 금액
아시아	11,071	9%	112,230	91%	123,301
아프리카	9,886	8%	115,766	92%	125,653
중남미	587	4%	14,612	96%	15,199
중동	439	7%	6,194	93%	6,633
오세아니아	110	21%	427	79%	537
다국가	646	1%	119,631	99%	120,277
유럽	128	3%	3,651	97%	3,779
기타	149	22%	522	78%	671
총 합계	23,017	100%	373,032	100%	396,049

출처: KCOC(2014a), p. 24.

으로 살펴보면 개발NGO들이 가장 사업을 많이 진행하고 있는 지역은 아프리카로 전체 사업비의 31.7%인 약 1,250억 원이 집행되었다.

2013년 한국 개발NGO의 해외사업비 재원조달을 살펴보면, ODA를 통한 자금지원 비중이 단체 자체/기타 후원금 비중에 비해 매우 낮음을 알 수 있다. KCOC의 조사결과에 의하면 설문에 응답한 113개 개발NGO의 국제개발협력 사업비 중 ODA를 통한 지원금 대 단체 자체/기타 후원금 비중은 6:94였다. 다만 아시아 및 아프리카 지역과 같이 한국의 개발협력사업이 많이 시행되는 곳에서는 ODA를 통한 자금지원 비율이 각각 9%, 8%로 전체 평균보다 높게 나타났다.

한국 개발NGO의 국제개발협력사업 규모별 ODA지원과 자체자금 비율을 보면, 100억 원 이상의 해외사업비 규모를 가진 단체들의 전

〈표 2-26〉 국제개발협력 사업금액 규모별 ODA지원, 단체 자체자금 비율

(단위: 백만 원)

국제개발협력 사업비 규모 (단체 수)	ODA지원금	자체자금	합계	총 사업비 대비 ODA지원금	총 사업비 대비 자체자금
1억 미만 (20개)	165	830	995	17%	83%
1~3억 미만 (31개)	2,907	4,904	7,811	37%	63%
3~5억 미만 (14개)	2,321	2,959	5,279	44%	56%
5~10억 미만 (20개)	2,637	9,704	12,341	21%	79%
10~50억 미만 (21개)	6,772	26,862	33,633	20%	80%
100억 이상 (7개)	8,215	327,773	335,988	2%	98%
총 합계 (113개)	23,017	373,032	396,047	6%	94%

출처: KCOC(2014a), p. 43.

체 사업비 중 ODA지원금 비중은 2%에 불과했다. 또 1억 미만의 국제개발협력사업을 하는 단체들보다는 1~3억 원 미만, 3~5억 원 미만의 구간에 있는 단체들이 더 많은 ODA지원금을 사용했는데, 이에 대해 KCOC는 KOICA 등의 정부 지원을 받기 위해서는 어느 정도 규모가 있는 단체들이어야 한다고 분석한다.

제3장

개발NGO의 역량

제 3 장 개발NGO의 역량

1. 이론적 접근[1]

1) 역량개발의 필요성

1980년대 이후 국제개발협력 분야에서 역량(capacity)과 역량개발(capacity development) 이슈는 중요한 화두가 되었다.[2] 개발효과성과 새천년개발목표(MDGs)를 달성하는 데 핵심적 요소인 역량개발은 장기적으로는 정책을 체계화하고 시행 및 검토한다는 측면에서 경제・사회 발전에 매우 중요하며, 현 시점에서는 빈곤 해소를 위해 시급하게 요구된다.[3]

---

1) 이 절은 손혁상・신재은・이주희가 2011년 제출한 『한국 개발NGO 역량현황 기초조사 및 역량강화 방안 연구』 연구용역보고서의 일부를 바탕으로 수정・보완하였음.

2) Heather Baser and Peter Morgan, *Capacity, Change and Performance*(Maastricht: ECDPM, 2008).

3) UNDP, *Capacity Development: A UNDP Capacity Development Resource*(New York: UNDP, 2006).

2010년 3월 UNDP가 주관한 고위급 회담에서는 경제 · 사회 발전을 위해 개인과 사회제도의 역량, 굿거버넌스(good governance), 그리고 적절한 경제개혁을 중요한 항목으로 선정하고, 이 중에 첫 번째 항목인 개인과 사회제도의 역량이 굿거버넌스와 사회 발전의 성공을 위해서 가장 중요한 요소임을 강조하였다.[4] 이 회담에 참가하였던 ActionAid의 싱(Ramesh Singh) 대표도 빈곤과 인권문제를 해소하기 위해서 역량개발이 우선되어야 한다고 주장하였다. 역량과 역량개발에 관한 논의는 당시 고위급 회담에서 처음으로 다루어진 것은 아니었으며, 지난 20년 동안 꾸준히 이루어져 왔다. 이제는 그간 축적된 전문지식을 재확인하고 종합하여 체계화할 때이다.

국제개발협력 분야에서 개발NGO의 중요성과 역할이 지속적으로 확대되면서 그간 수원국에서 활동하는 NGO를 대상으로 한 역량과 역량개발에 관한 관심이 최근에는 공여국 NGO에 대한 관심으로 확대되고 있다.[5] 이는 공여국 NGO의 개발협력 사업의 효과성을 높이기 위한 노력의 일환이기도 하지만, 동시에 이들 사업의 재정기반이 되는 기부자들의 다양한 요구에 맞춘 소통능력 제고의 필요성도 커졌기 때문이다.

한편, 영국의 NGO연구 및 컨설팅기관인 INTRAC(International NGO Training and Research Centre)는 〈그림 3-1〉에서와 같이 개발NGO의 역량개발이 시민사회에 어떠한 영향을 미치는지를 보여줌으로써 역량개발의 필요성을 주장하였다.[6] 개발NGO의 역량개발을 통해

---

4) UNDP, 'Global conference calls on countries to invest in strong institutions' (2007. 3. 17. 뉴스브리핑) 참조

5) P. C. Light, *Sustaining Nonprofit Performance*(Washington, D.C.: Brookings Institution, 2004).

6) Nigel Simister, "Monitoring and Evaluating Capacity Building: Is it really that

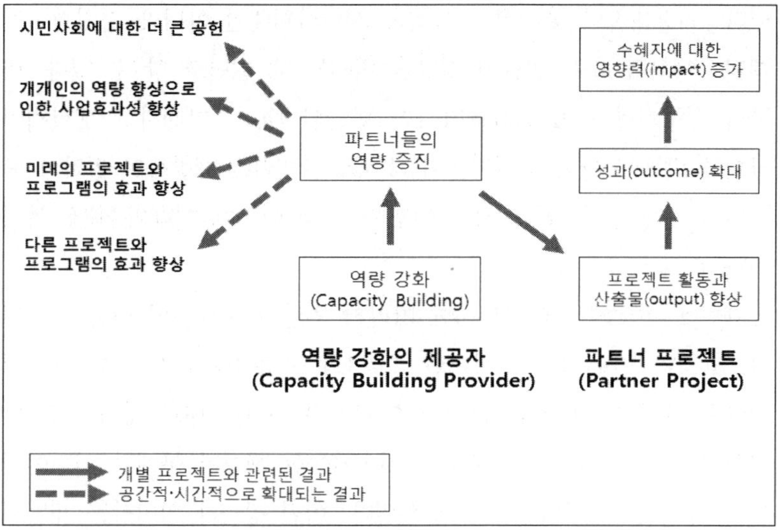

출처: 손혁상 외(2011b), p. 82의 〔그림 28〕을 바탕으로 수정함.

〈그림 3-1〉 개발NGO의 역량개발이 시민사회에 미치는 영향

파트너들의 역량도 함께 개발되고, 이는 프로젝트 사업효과성 향상으로 이어진다. 또한 수혜자에 대한 영향력이 증가하면서 궁극적으로 개발효과성이 향상된다. 이러한 과정을 통해 역량개발의 영향은 공간적 · 시간적 영역으로 확대된다. 개개인의 늘어난 역량은 사업효과성 향상뿐만 아니라 연관 사업과 향후 사업의 효과성도 함께 향상시킴으로써 시민사회에 대한 더 큰 공헌 등으로 이어지게 된다.[7)]

결론적으로 역량개발은 단순히 프로젝트 수행의 성과를 높이는 것뿐만 아니라, 시민사회 전반에 영향을 미치고, 동시에 환경의 변화에 적응하고 지속적으로 프로젝트를 수행하기 위한 기본 요소임을 알 수

---

difficult?" *INTRAC Praxis Paper* 23(2010).

7) 손혁상 외(2011b), pp. 82-83.

있다. 역량개발의 궁극적인 목적은 시민사회뿐만 아니라 정치적 · 경제적 · 사회적 요소 전반에 영향을 미치는 데 있다고 할 수 있다. 미국의 연구기관 Urban Institute가 언급한 대로 "안전하고 생산적인 사회를 만들어 사회 구성원들이 그들의 잠재력을 개발하고 일하고 즐기면서 살아갈 수 있는 사회를 만드는 것"이 역량개발의 최종 목적이다.[8)]

개발을 어떻게 바라보느냐에 따라서 역량의 중요성이 더욱 강조된다. 코르텐(Korten)은 "개발이란 그 사회 구성원들이 개인적 · 제도적 역량을 발전시켜 나가는 과정이며, 각자가 원하는 대로 삶의 질을 향상시키기 위해 자원을 활용하여 지속가능한 생산과 분배가 이루어지도록 하는 것을 의미한다"[9)]고 하였다. 이런 정의가 의미하는 개발의 가장 큰 특징은 정부 주도의 '하향식 방식(top-down)'이 아닌 주민이 직접 참여하는 '상향식 방식(bottom-up)'에서 찾을 수 있다. 여기서 중요한 점은 주민의 참여와 실천을 이끌어내기 위해서 개발NGO는 어떤 노력을 기울여야 하는가이다.

흔히 NGO의 개발 사업을 '물고기 한 마리를 주면 하루밖에 살지 못하지만, 물고기 잡는 법을 가르쳐주면 평생을 살 수 있을 것이다'라는 유태인 속담에 비유하곤 한다. 이와 같은 비유는 개발NGO에게 두 가지 사항을 고려하게끔 한다.[10)] 첫 번째는 물고기를 잡을 권리가 동등하게 있는지를 따져 보는 것이다. NGO는 제도와 법을 만

---

8) http://www.urban.org/(검색일: 2011. 6).

9) CDRA, "Capacity building: In the name of development?: Exploring issues of consultancy and fieldwork," Annual Report 1993/94(Cape Town: CDRA, 1994).

10) CDRA, "Capacity Building: Myth or Reality?," Annual Report 1994/95(Cape Town: CDRA, 1994).

들기 위한 노력, 즉 권리를 합법화하기 위한 애드보커시 운동을 진행해야 한다.[11] 두 번째 고려할 사항은 물고기 잡는 방법을 가르치는 교사가 물고기 잡는 방법에 대해서 얼마나 잘 알고 있느냐이다. 어쩌면 단 한 번도 '실제로' 물고기를 잡아본 경험이 없는 교사가 있을 수도 있다. 많은 NGO가 현장에서 수행하는 사업의 전문가라고 할 수 없다면 그 현장에 유의미한 영향력을 미친다고 하기 어렵다. 따라서 스스로 물고기 잡는 법에 대해서 충분히 익힌 후에 다른 이들을 가르치는 것이 적절한 접근이다.

NGO의 역할 변화 역시 역량개발과 관련하여 큰 시사점을 주고 있다. 개발NGO를 포함한 시민사회는 정부의 역할을 보완하여 서비스 제공, 애드보커시, 혁신자, 감시자, 파트너 등 다양한 역할을 수행해왔다. NGO가 이렇게 다양한 역할을 맡을 수 있었던 데에는 NGO가 기존의 다자 간, 양자 간 원조기구와는 차별화된 전략적 강점을 보유하고 있다는 점이 인정되었기 때문이다. 현재에도 국제개발협력 분야에서 시민사회의 참여 및 기여 확대는 긍정적으로 평가받고 있다.[12] 그러나 종종 NGO가 수행하는 역할은 규모면에서 볼 때 정부나 국제기구의 활동에 비해 크지 않다. 사업은 주로 현지 중심 혹은 수요자 중심으로(demand-led approach) 이루어진다. 카드자미라와 쿤제(Kadzamira and Kunje)는 말라위(Malawi)에서 진행한 연구 보고서를 통해 많은 NGO가 사업의 우선순위를 정할 때 첫 번째로 '마을조사'를 하는 특징이 있다고 하였다.[13] 하지만 NGO의 이러한 사업

---

11) 던컨 그린 지음, 주성수 옮김, 『빈곤에서 권력으로』(서울: 이매진, 2010) 참조.
12) Lewis and Kanji(2009).
13) E. C. Kadzamira and D. Kunje, "The changing roles of non-governmental organizations in Malawi," *Centre for Educational Research and Training*(Malawi: University of Malawi. 2002).

진행 방식은 NGO의 사업 규모를 키우거나 NGO가 지속적으로 성장하는 데 걸림돌이 되기도 한다. 그 이유는 NGO의 역할이 지역의 작은 규모 사업에 적합한 것으로 고정되는 경우가 많기 때문이다. NGO가 수행하는 대부분의 프로젝트가 단기간 프로젝트라는 점도 한계로 작용한다. 따라서 NGO에게는 사업의 지속성과 조직의 성장을 위해서 새로운 접근법이 필요하다. 이때 새로운 접근법을 통틀어 역량개발이라고 할 수 있다.[14] 파울러(Fowler)는 협상능력, 분석능력, 준법, 혁신 등 역량개발 그 자체가 NGO의 새로운 역할이 될 수 있다고 설명하였다.[15] 이런 점에서 NGO는 조직의 역량개발뿐만 아니라 개발협력에 참여하는 주체들의 역량개발에도 힘을 써야 할 것이다. 이런 노력은 결과적으로 NGO의 지속적인 성장에 도움이 된다고 할 수 있다.

한편, 수원국NGO의 규모와 역량이 증가함에 따라 1980년 이후부터 수원국NGO로 직접 전달되는 기금이 증가하고 있고,[16] 이는 불가피하게 기금 모금에서 경쟁이라는 결과를 낳는다.[17] 이에 따라 공여국NGO에게는 미래를 위한 역할의 변화와 그에 따른 역량개발이 시급하게 요구되는데, 중요한 역량개발의 내용은 다음과 같다. 첫째, 공여국NGO는 급변하는 현지 사정에 적응할 수 있는 역량을 개발해야 한다. 동시에 수원국NGO와의 관계에서 교육, 정보제공, 국

---

14) Inger Ulleberg, *The Role and Impact of NGOs in Capacity Development*(Paris: UNESCO, 2009).

15) Allan Fowler, "NGO Futures: Beyond Aid: NGDO Values and the Fourth Position," *Third World Quarterly* 21-4(2000), pp. 589-603.

16) Allan Fowler, "Distant Obligations: Speculations on NGO funding and the global market," *Review of African Political Economy* 55(1992).

17) Mary Jennings, "New Challenges for Northern NGOs," *Trocaire Development Review*(1995). pp. 12-27.

제적인 네트워크에 힘을 써야 한다. 둘째, 공여국NGO는 수원국 NGO와 함께 기금을 모으는 방식을 좀 더 다각화해야 한다. 셋째, 공여국NGO는 자국의 시민과 국제개발협력을 이슈화하는 데 좀 더 유리한 입장이므로, 이를 잘 활용하여 개발협력 교육, 네트워킹, 정부를 설득하는 역할에 좀 더 집중할 필요가 있다. 넷째, 공여국NGO는 개발효과성과 책무성을 좀 더 고민해야 한다.18)

그러나 서구의 경험을 중심으로 한 역량개발에 대한 비판적 시각도 존재한다. 이드(Eade)는 서구의 개발NGO가 수혜자나 수혜단체의 역량을 개발하는 능력을 선천적으로 가지고 있지 못하며, 선의를 가진 개발NGO조차 수혜주민의 역량을 무시 또는 오해하거나 잠재적 역량을 대체하고 약화시킬 위험성이 있다고 지적하였다.19) 다시 말해 공여국 개발NGO의 역량개발 프로젝트는 현지 시민사회의 맥락을 충분히 고려하기보다는 대부분 선진국의 방식을 그대로 이식하는 경향을 보인다는 비판을 하면서 역량강화에 대한 근본적인 인식체계의 변화가 있어야 한다는 주장도 있다.20)

2) 역량개발의 개념

역량의 개념이 다양한 것처럼 역량개발의 개념 역시 다양하다. INTRAC의 연구에 따르면 역량개발의 개념은 북미와 유럽에서 처

---

18) A. Bebbington and R. Riddell, "The Direct Funding of Southern NGOs by Donors: New Agendas and Old Problems," *Journal of International Development* 7-6(1995), pp. 879-894.

19) Deborah Eade, "Capacity-building: An Approach to People-centred Development," *Development in Practice* 17(4-5)(2007), pp. 630-639

20) Jonathan J. Makuriwa, *Non-Governmental Development Organizations and the Poverty Reduction Agenda: The moral crusaders*(New York: Routledge, 2014).

음 사용하였다. 프랑스에서 역량개발은 주로 개인에 초점이 맞춰져 있는 반면, 영어권 국가에서는 상식적인 의미를 그대로 사용하고 있다.[21] 역량개발에 관한 많은 연구가 역량개발의 의미와 영향력에 대한 이해가 부족한 채 역량개발의 기술적이고 실용적인 측면만을 강조하고 있으며, 문화적인 '개념 혹은 견해' 정도로 간과하기도 한다.[22] 역량개발을 위해서 무엇을 해야 하고 무엇을 하지 말아야 할지에 대한 가이드라인도 불분명하다. 전체적으로 조망해볼 때, 개발NGO의 역량과 역량개발에 관한 명확한 정보는 많이 부족한 편이라고 할 수 있다. 이 때문에 역량개발을 무조건 긍정적으로 받아들이기도 하며, 다른 한편에서는 실질적으로 유용하지 않은 것으로 이해하기도 한다.[23]

개발NGO의 많은 실무자는 역량을 이상적인 아이디어로 간주하거나, 유용한 교육이나 기술적인 지원과 같이 업무를 좀 더 효과적으로 수행하기 위한 것으로 이해하는 경향도 있다. 대체로 개발NGO 실무자들에게는 역량과 역량개발보다 사업 실행, 모금, 회의, 직원 채용 등의 현실적인 문제를 해결하는 것이 더 시급한 과제가 되었다.[24] 더욱이 개발NGO의 역량개발을 위한 기부자의 적절한 지원도 부족한

21) 미국의 사례를 보면 개발NGO의 역량이란 "효과적인 방법으로 임무를 수행하는 것"(C. J. D. Vita & C. Fleming(eds.), 2001), pp. 1-3), "조직의 임무 수행을 돕거나 가능하게 하는 것"(P. Eisinger, "Organizational Capacity and Organizational Effectiveness Among Street-Level Food Assistance Programs," *Nonprofit and Voluntary Sector Quarterly* 31-1(2002), pp. 115-130)을 의미한다.

22) K. Sen and B. Pratt, "Capacity Building in the Context of New Aid Effectiveness Programmes," Capacity Building Conference Paper(Oxford: INTRAC, 2006).

23) Rick James and John Hailey, *Capacity Building for NGOs: Making it Work* (Oxford: INTRAC, 2007).

24) Peter Morgan, *The Concept of Capacity*(Maastricht: ECDPM, 2006).

실정이다.[25)]

역량개발을 의미하는 용어는 역량강화(Capacity Strengthening), 역량구축(Capacity Building), 역량개발(Capacity Development), 역량향상(Capacity Enhancement), 역량함양(Capacity Cultivation) 등이 혼재되어 사용되는 실정이다. 이런 용어들은 개발 행위를 효과적으로 실행하고 평가하는 기관의 능력 강화라는 의미에서부터 그 내부의 인적 자원의 지속적인 관리의 의미까지 포함하며, 나아가 외부와의 관계 구축을 통해 정책적인 결정에 영향을 미치는 것까지 그 개념 범위가 확장되기도 한다. 동일한 기관에서 역량개발, 역량구축 등의 용어에 대해 각각 다른 정의를 내려 사용하기도 한다. 다양한 용어 가운데 가장 대중적으로 사용되는 용어는 역량구축과 역량개발이다. 역량구축과 역량개발은 의미가 비슷하게 보이지만 내면에 함축된 의미에는 분명한 차이가 있어서 상황에 맞게 적절하게 사용할 필요가 있다.

역량구축과 역량개발에 관한 다양한 정의를 짚어보며 개발NGO에서 주목해야 할 내용을 찾아보고자 한다. INTRAC는 역량구축을 '목적 지향적이며 역량을 강화하기 위해 외부의 개입이 있는 것'이며, 역량개발은 '주요 행위자가 변화의 과정을 위해 최우선의 책임을 지는 것을 포함하는 내부적 프로세스'라고 설명하였다.[26)] 역량구축이 '무엇을 위한 역량(capacity for what?)'인가에 따라 특정한 목적이 있는 경우에 사용한다면, 역량개발은 능력(ability)과 권한(power)이 증진되는 것 혹은 자기 복원력, 자발성이 증가하는 것을 의미하는 데 보다 적절한 표현이다. 역량개발이 좀 더 포괄적인 개념을 담고 있다고 할

---

25) Mckinsey and Company, *Effective Capacity Building in Nonprofit Organizations* (Reston: Venture Philanthropy Partners, 2001).

26) NIgel Simister(2010).

수 있다.[27)]

UNDP는 역량구축이란 역량이 없다는 가정 하에 역량을 구축하는 초기 단계이며, OECD DAC가 정의한 역량구축의 개념처럼[28)] 내전 혹은 자연재해로 인해 기존에 존재했던 역량이 사라져 즉각적으로 역량이 필요할 때 사용하는 것이 적합하다고 설명하였다. 반면에 역량개발은 역량구축 이후의 과정으로, 이미 구축된 역량을 좀 더 발전시키고 유지시키는 개념으로 내부의 동력으로 추진되는 과정이라고 설명하였다. 하지만 역량개발 단계에서도 기존의 역량 외에 새로운 역량이 필요할 때에는 역량구축이라는 용어를 사용할 수 있다.[29)]

노스(North)는 "역량구축과 역량개발은 동의어로 간주할 수 있으나 최근 역량구축은 제도 마련, 인간 계발 등 좀 더 상위개념으로 이해할 수 있다"고 하였다.[30)] 버그(Berg)는 역량구축은 모든 종류의 기술 진보와 과정에서의 변화를 포함하기 때문에 조직개발(Organizational Development)보다는 좀 더 포괄적인 의미라고 덧붙였다.[31)] 한편, 모간

---

27) Brenda Lipson and Martina Hunt. *Capacity Building Framework: A values-based programming guide*(Oxford: INTRAC, 2008).

28) "아무것도 없는 평평한 곳에 계획대로 새로운 구조물을 세우는 과정"(a process starting with a plain surface and involving the step-by-step erection of a new structure, based on a preconceived design).

29) UNDP, "Capacity Development Practice Note"(New York: UNDP, 2008).

30) W. H. North, *Capacity Building and Technical Cooperation: Managing the Connection* (New York: UNDP, 1992).

31) E. Berg, *Rethinking Technical Cooperation: Reforms for capacity building in Africa* (New York: UNDP, 1993). 반면, 힐더브랜드와 그린들(Hilderbrand and Grindle)은 이러한 역량구축 개념을 현실적으로 실현하는 것은 불가능하다고 비판한다. M. Hilderbrand and M. Grindle. "Building Sustainable Capacity: Challenges for the Public Sector," UNDP Report on Project INT/92/676(New York: UNDP, 1994).

(Morgan)은 역량구축이란 제도적인 인간자원 개발, 조직경영 교육, 환경 변화 등을 포함하는 광범위한 개념인 반면에 역량개발은 장기적인 집중이 필요한 것이 특징이라고 덧붙였다.32) 따라서 역량구축이 '배우는 과정'에 관한 것이라면, 역량개발은 역량구축 위에 '지속성'이라는 점이 강조된다.33) 역량개발과 지속성은 종종 동등한 개념으로 설명되기도 하는데, 지속성은 주로 외부의 지원 없이 자기 자본으로 운영되는 것을 의미한다.34)

캐나다 국제개발청 CIDA(Canadian International Development Agency)는 역량개발을 두 가지 개념으로 나누어 이해할 필요가 있다고 하였다. CIDA에 의하면 역량개발의 첫 번째 개념은 '변화와 진화의 과정'으로 권력, 조절능력, 영향력, 새로운 가치 등과 관련이 있으며, 두 번째는 '기부자 개입에 의한 변화 과정'으로 기술지원, 프로젝트, 결과 중심, 평가 등과 관련이 있다.35) 전자가 조직의 내적인 성장에 초점이 맞춰져 있다면, 후자는 조직의 활동과 사업에 초점이 맞춰져 있다고 할 수 있다.

CDRA(Community Development Resource Association)36)의 카플란(Kaplan)은 역량개발은 기관 내에서 눈에 보이는 자산과 보이지 않는

32) P. Morgan, "Capacity Building: An Overview," Workshop on Capacity Development at the Institute on Governance(Ottawa, 1993).

33) Christer Gunnarsson, "Capacity Building Institutional Crisis and the Issue of Recurrent Costs," *Almkvist & Wiksell International*(Sweden, 2001).

34) Lisanne Brown, Anne LaFond and Kate Macintyre, "Measuring Capacity Building," *MEASURE Evaluation*(2001).

35) Peter Morgan, "Capacity and Capacity Development: Some Strategies"(Ottawa: CIDA, 1998).

36) CDRA는 1987년에 설립된 역량개발훈련 NGO로서 본부는 남아프리카공화국 케이프타운에 있다.

자산 모두를 형성하는 것이라며 다음과 같이 주장하였다. "역량요소 프레임워크의 맨 아래쪽을 보면 양적인 것, 측정 가능한 것, 조직적인 생활에 필요한 것들 등 손에 잡을 수 있고, 또한 그것들을 가지고 일하는 것들이 대부분이다. 물질, 재정, 기술, 건물이나 구조물 등은 모두 보이는 것들이다. 하지만 이제는 가장 상위 단계에 자리한 것, 즉 보이지 않는 것에 관심을 가져야 할 때이다. 대부분의 조직에는 문서화된 비전이나 전략 등이 있지만, 그 문서가 조직이 실제로 그 비전이나 전략을 이해하고 실천하고 있다는 것을 의미하지는 않는다. …(중략)… 역량이 잘 개발된 조직에서는 보이는 요소와 보이지 않는 요소가 모두 잘 나타나고 있다. 이를 위해서 우리는 우리가 생각하기에 좋은 방향으로 조직을 변화시키려고 노력해야 하며, 용이하게 도달할 사업적인 것으로 역량개발을 해서는 안 된다."[37] 카플란은 이 두 가지 성격의 요소가 서로 상호작용할 때 결정적인 능력을 발휘할 수 있게 되며, 결과적으로 보다 나은 결과를 가져올 것이라고 보았다.[38]

이 외의 국제기구 및 연구기관 등이 정의한 역량개발의 다양한 개념은 〈표 3-1〉과 같다.

---

37) Allan Kaplan, "Capacity Building: Shifting the Paradigms of Practice," *Development in Practice* 10(3/4)(10th Anniversary Issue)(2000), pp. 517-526 참조.

38) Allan Fowler and Jan Ubels, "The Multi-faceted Nature of Capacity: Two Leading Frameworks," *Capacity development in practice*(London: Earthscan Publications Ltd., 2010), pp. 11-24.

〈표 3-1〉 역량개발의 정의

개 념	기 관	정 의
역량구축 (Capacity Building)	UNCED	국가의 인적 · 과학적 · 기술적 · 조직적 · 제도적 자원을 아우르며, 국민들의 필요에 대한 환경적 잠재성과 제약을 이해하는 것을 바탕으로 개발 옵션 간의 실행방식을 선택하는 등의 정책결정과 관련된 중대한 문제를 해결하는 능력을 키우는 것[39]
	Peter Morgan (CIDA)	개인, 그룹, 기관, 조직, 그리고 사회가 개발과제를 지속가능하게 정의하고 수행하는 데 그들의 능력을 증대시키는 과정[40]
	UNICEF	미션에 따라 개발 행위를 효과적이고 효율적으로 디자인, 실행, 평가하는 기관의 능력을 강화하기 위한 지원[41]
	Rick James (INTRAC)	개인, 조직, 사회가 더 나아질 수 있고 변화에 더 잘 적응할 수 있도록 의식적으로 돕는 것[42]
	Aga Khan Foundation	개인이나 조직이 그들의 미션, 맥락, 자원, 지속성과 관련하여 성과를 향상시키는 과정[43]
역량개발 (Capacity Development)	INTRAC	주요 행위자가 변화의 과정을 위한 최우선의 책임을 지는 것을 포함하는 내부적 프로세스. 가치와 신념, 믿음에 기반을 둔 복잡한 사람 간의 절차이며, 조직 내 힘의 이동과 재정의 과정, 다른 행위자와의 관계 등을 포함[44]
	Cohen	시스템, 노력 또는 프로세스. 커뮤니티에서 사회적 영향을 주기 위한 정책이나 전략 또는 프로그램의 계획과 실행 및 관리, 평가를 위해 이를 시행하는 행위자들의 능력을 강화하는 것이 주요 목표. 이 행위자에는 정부, 최고경영자, 수석행정임원, 부서 및 기관의 대표 및 관리자 등이 포함됨[45]
	UNDP	개인과 조직, 사회가 서로 상호작용하는 통합적인 배경, 환경, 시스템에 대한 강조를 하게 된 이래로 조직적 개발을 확장시킨 개념임[46]
	OECD	사람, 조직, 사회가 역량을 촉발, 강화, 창조, 적응, 유지하려는 과정[47]
	IDRC[48]	목표를 설정하고 도달하는 능력을 키우는 과정이며 동시에 조직을 운영하고 적응력을 강화시키는 것[49]

39) UNCED, “Agenda21 Earth Summit” Ch. 37(New York: UN, 1992).

40) Ann Qualman and Peter Morgan, *Applying Result-Based Management to Capacity Development*(Ottawa: CIDA. 1996).

41) UNICEF, *Sustainability of Achievement: Lessons Learned from Universal Child Immunizatio*(New York: UNICEF, 1996).

42) Lipson and Hunt(2008).

위에서 언급했던 역량개발에 관한 다양한 정의를 살펴보면 몇 가지 공통적인 특징을 발견할 수 있다. 첫째, 대부분의 기관은 역량개발이 질적인 향상을 가져온다는 데 동의하고 있다. 하지만 변화의 원인과 동력을 바라보는 입장에는 차이가 있다. OECD는 역량개발이 역량을 '촉발'하려는 노력에서 시작된다고 보는 반면, CIDA와 Aga Khan Foundation은 더 나은 '성과'에서 찾고 있다. 하지만 역량개발이 결과를 지향하면서 동시에 과정으로서의 의미가 있음은 명확하다. 둘째, 역량개발이 지속적으로 노력하는 것이라는 점을 강조하고 있다. 대부분의 정의는 사업의 지속성뿐만 아니라 조직의 지속성을 위해서라도 역량개발이 필요하다고 주장한다.

그렇다면 과연 개발NGO는 역량개발에 어떤 가치를 두고 있으며, 그들 나름의 정의를 어떻게 만들어 가고 있을까? 2006년 영국 옥스포드에서 열린 '시민사회 역량강화 컨퍼런스'[50]에서 발표한 INTRAC의 립슨과 워런(Lipson and Warren)의 국제NGO 역량개발 인식에 관

---

43) Lipson and Hunt(2008).

44) NIgel Simister(2010).

45) John M, Cohen. "Building Sustainable Public Managerial, Professional and Technical Capacity: A framework for Analysis and Intervention," HIID Development Discussion Paper 473(Harvard Institute for International Development, 1993).

46) UNDP, *Capacity Assessment and Development*(New York: UNDP, 1998).

47) OECD DAC, "The Challenge of Capacity Development: Working towards Good Practice" OECD DAC Network on Governance(Paris: OECD, 2006), p. 7.

48) IDRC(International Development Research Centre)는 캐나다 국제개발협력 관련 연구센터이다.

49) Douglas Horton et al., *Evaluating Capacity Development Experiences from Research and Development Organizations around the World*(Ottawa: IDRC, 2003).

50) 회의 제목은 "INTRAC Conference on Civil Society and Capacity Building Changes, Challenges and Charting the Future"이다.

한 조사에 따르면, 총 63개 단체 중 20%는 역량개발에 관한 공식적인 정의를 내리고 있지 않다. 역량과 관련된 사업수행 과정, 목적, 조직의 유형에 관해서 언급한 조직은 단지 25%뿐이었다. 그러나 유네스코는 많은 개발NGO가 아직까지 역량개발에 대한 명확한 정의를 내리고 있지 않지만, 대다수의 개발NGO는 그들의 활동이나 권한에 대해서 언급할 때 역량개발이라는 용어를 명확하게 사용하고 있다고 밝혔다. 또한 NGO에게서 역량개발의 가치는 상향식(bottom-up) 조직 변화, 지속가능한 개발 전략을 찾기 위한 변화의 동력, 참여와 주인의식 가치에 기반을 두고 있다고 하였다.[51)]

개발NGO가 자체적으로 진행한 역량에 관한 연구 사례로는 지난 2010년에 네덜란드 봉사자재단인 SNV(Stichting Nederlandse Vrijwilligers)가 발간한 '*Capacity Development in Practice*'를 들 수 있다. SNV는 역량이란 "조직의 수행, 유지, 새로워지는 능력(Capacity is the ability of a human system to perform, sustain itself and self-renew)"이라고 정의하였다. 즉, 역량은 고정된 상태가 아니라 새로운 가치를 창출하는 것이며(perform), 죽어 있는 것이 아닌 살아 있는 상태, 즉 활동적인 것이어야 하며(sustain), 환경에 적응하고 발전하는 과정(self-renew)이라는 것이다.[52)]

한편, 유럽의 많은 NGO는 역량개발을 수원국 사업의 일환으로 인식하는 경우가 많다. 영국의 사례를 보면 영국의 개발NGO들은 1996년에 역량개발의 정의를 '파트너 기관의 조직을 강화하고 효율성을 증진시킬 방안을 찾는 것이며 동시에 임무, 맥락, 자원과 관련

---

51) Inger Ulleberg(2009).

52) Jan Ubels, Naa-Aku., Acquaye-Baddoo and Alan Fowler, *Capacity Development in Practice*(Oxford: Earthscan Publications Ltd., 2010).

된 영향력을 미치는 것'이라고 정의한 바 있다. 영국 NGO의 역량개발에 관한 정의는 다양한 분야에서 개발전략을 수립하고 파트너십을 위한 사업의 지침이 되어 왔지만, 여전히 대부분의 실무자는 역량개발의 정의가 무엇인지 명확하게 알지 못하고 있다. 그 결과 사업전략을 세울 때 실제적으로 역량개발을 어떻게 적용해야 할지 모르고 있으며, 대부분의 단체는 실무자 역량개발 교육 시스템을 갖추고 있지 못하고 있다. 이는 많은 실무자의 이직 원인이 되기도 한다.[53]

3) 역량 요소 분석

효과적인 역량개발을 위해서는 역량개발의 요소와 특징에 대해서 분석할 필요가 있다. 역량분석은 크게 단계별 · 형태별, 적용 분야별, 구성 요소별 등으로 분석이 가능하다.

(1) 단계별 · 형태별 역량 분석

파울러는 역량의 단계별 성장을 '조직-커뮤니티-시민사회 전체'의 순서로 설명하였다. 내부 조직은 세 가지로 세분화할 수 있는데, 이는 각각 정체성(조직의 비전 · 미션 · 전략), 자원(인적 · 물리적 · 재정적), 시스템 및 구조이다. 내부 조직의 역량은 내적으로는 직원이나 자원봉사자들이 필요한 전문성을 가지고 적절한 방식으로 상호작용할 때 발현될 수 있으며, 외적으로는 시민단체, 정부, 시장 등과의 네트워크를 통해서 개발될 수 있다. 즉, 조직이 건강해지려면 내적 경험을 축적

53) James and Hailey(2007).

〈표 3-2〉 역량의 단계별 성장 개념

변화 정도 / 조직 규모	방 법	과 정	결 과
조직 (organizational development)	특정 분야의 능력 강화 (예: CBO(Community-based Organization))	지속적인 학습과 적응을 통한 일관성 유지	기관의 생존능력 및 사업에 대한 지속성, 영향력 향상
커뮤니티 (sectoral development)	총체적인 시민사회의 영향력을 증진시키기 위한 분야별 강화	상호 협조적 관계 형성 및 이해	상호간 전략과 학습을 통한 신뢰 및 건강한 관계 형성
시민사회 전체 (institutional development)	문제를 인식하고 해결하기 위한 이해관계자들의 능력을 향상	건강한 시민사회를 고무시키고 갈등 완화 및 해소를 통해 사회적 자본 증강	정치적·사회경제적 영역으로의 영향력 증대

출처: Alan Fowler, *Striking a Balance*(Oxford: Earthscan Publications Ltd., 1997).

하고 외부 환경에 적응하는 과정이 필요하다. 이러한 과정은 각 단계마다 기계적이기보다는 개인과 조직의 '관계' 속에서 성장이라는 변화를 통해 이루어진다. 〈표 3-2〉는 파울러가 설명한 역량의 단계별 성장 과정을 요약한 것이다.

카플란은 역량을 형태별 차원에서 '보이는 자산'과 '보이지 않는 자산'으로 구분하였다. 보이는 자산이란 기술적, 기능적, 유형 혹은 볼 수 있는 것으로 하드(hard)한 속성이 있다. 보이는 자산은 양적인 것으로, 재정, 건축물, 장비, 서류 등 물질적인 것을 의미하지만 이 자체를 "~의 역량"이라고 말하기는 어렵다. 보이는 자산은 법률, 정책, 전략 등 환경적인 것, 운영, 계획, 재정, 인력, 모니터링과 평가, PCM(Project Cycle Management) 등 시스템 및 절차적인 것, 자원 동원, 조직의 구조, 기술적인 능력, 업무 능숙도 등 조직적인 것 등이 있다. 보이지 않는 자산은 사회적, 관계적, 무형 혹은 볼 수 없는 것으로 소프트(soft)한 속성이 있다. 주로 질적인 가치를 나타내며 환경을 해석하고 새로운 의미를 부여할 수 있는 능력을 의미한다. 보이지 않는 자산에는 배우려는 의지 및 태도, 분석력, 적응력, 관습에 따른 지식 및 경험, 자신감, 관계 및 소통 능력, 협상력, 팀워크, 갈등 해소 능력, 리더십, 변화 수용력, 참여 및 의사소통, 조직의 가치와 문화 등이 포함된다. 카플란의 형태별 분석은 보이지 않는 자산의 중요성과 보이는 가치와의 조화를 강조하였다는 점에서 큰 의미가 있다. 하지만 이 둘을 명확하게 구분하는 것이 힘들며, 구분하는 것이 무의미할 때도 있다. 가령 조직 구성원들을 위한 복지체계는 현상적으로 보이는 것이지만, 그 체계가 만들어지기 위해서는 조직과 구성원들의 복지에 대한 철학이 내재되어 있어야만 가능하다.

(2) 구성 요소별 역량 분석

카플란은 조직은 우선적으로 개념적 틀을 정하고, 이 틀을 바탕으로 사회에 어떻게 영향을 미칠 수 있는지에 대한 자신감을 가져야 한다고 강조하였다. 개념적 틀이란 세상을 이해하고 세상과의 관계 속에서 어떤 결정을 내릴지에 대한 기관의 중심적인 철학을 의미한다. 개념적 틀을 정하기 위해서는 사회적인 상황에 대한 책임감을 갖는 태도가 중요하다. 이러한 이해, 자신감, 책임감이 명확해지면 자연스럽게 가치는 비전과 미션으로 발전할 수 있으며, 문제에 대응하기 위한 계획 및 실행이 쉬워질 수 있다. 반대로 명확성이 없다면 여러 가지 문제 속에서 갈피를 잡지 못할 가능성이 크다.[54]

〈그림 3-2〉에서 보듯이, 파울러의 개발NGO 역량 프레임워크는 보편적인 역량 요소들을 제시해준다.

---

54) Kaplan(2000), pp. 517-526.

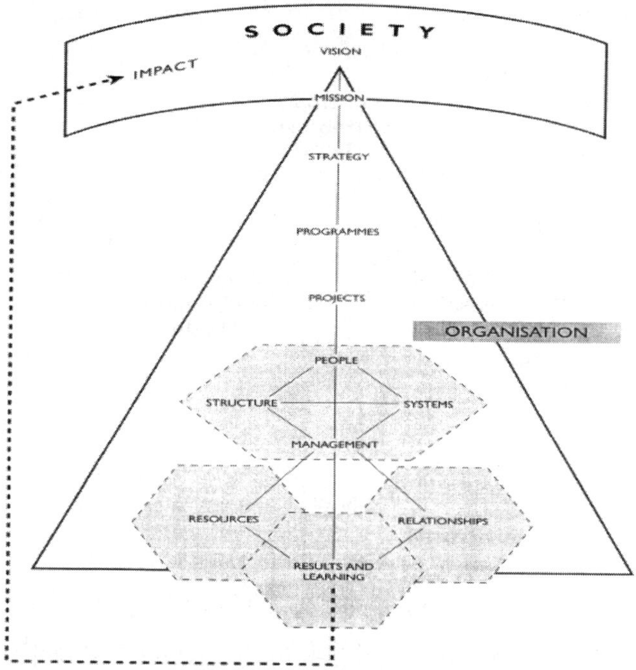

출처: Fowler(1997).

〈그림 3-2〉 파울러(Fowler)의 개발NGO 역량 프레임워크

영국의 INTRAC는 파울러의 '3개의 원(Three Circles)'을 바탕으로 조직의 역량에 대해 설명하였다. 중심에 조직을 놓고 '내부 조직 요소(To Be)', '외부 행위자와의 관계(To Relate)', 그리고 '사업 및 그 영향력(To Do)'으로 나누었다. 개발NGO가 개발을 잘 수행해 내기 위해서는 사업 및 그 영향력을 넘어서 이를 뒷받침하기 위한 포괄적인 역량이 필요하며, 이 포괄적인 역량은 내부 조직 요소와 외부 행위자와의 관계라고 설명하였다. 프로그램의 성과는 각 단체의 활동이 얼마나 효과적인가에 관련되어 있고, 프로그램의 효과성은 조직이 추구

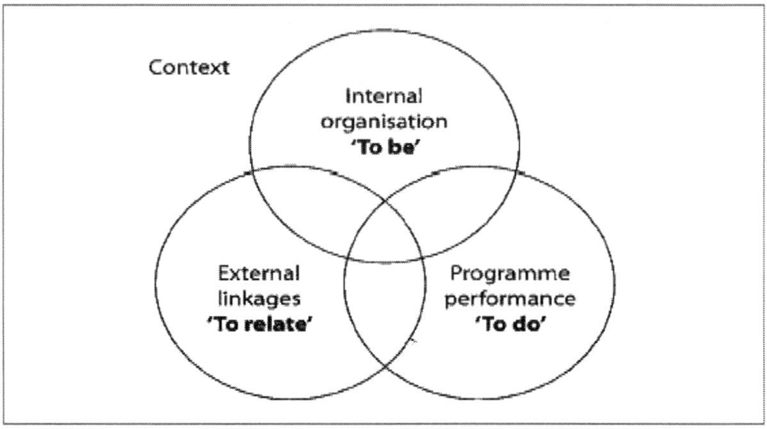

출처: Lipson and Hunt(2008).

〈그림 3-3〉 INTRAC의 조직 역량의 구성

하는 비전과 가치가 얼마나 분명한지에 달려 있다.(〈그림 3-3〉 참고)

미국의 Urban Institute는 비전과 미션은 NGO가 존재하는 이유를 직접적으로 설명해주며, 이에 대한 명확한 표현은 조직의 독특함과 고유함을 뚜렷하게 나타내주는 지표가 된다고 하였다. 또한 비전과 미션은 조직이 수행하는 프로그램을 반영하는 지표가 될 뿐만 아니라 역량개발을 위한 평가 지표가 된다. 〈그림 3-4〉는 Urban Institute가 발표한 NGO를 위한 역량 프레임워크이다. 그림에서 보듯이 비전과 미션은 리더십과 직접 관련되어 있으며, 다른 역량요소들(자원, 주민봉사, 서비스 등)과 상호작용하고 있다. 예를 들어 직원을 고용하거나 기부자를 모집할 때 비전과 미션은 가장 중요한 역할을 하게 된다. 또한 다른 기관과 네트워킹, 정보를 공유하거나 어떤 목표를 가지고 누구와 함께 할지를 결정할 때 조직의 비전과 미션에 따라 다양한 선택이 가능해진다. 이는 대부분의 조직이 기본적으로 사

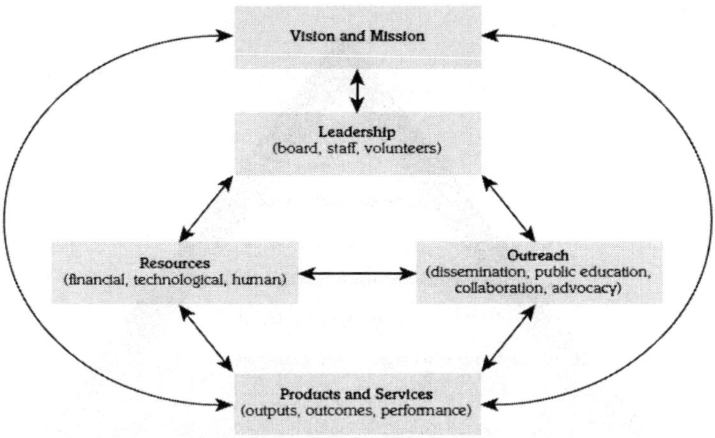

출처: Vita and Fleming(2001).

〈그림 3-4〉 Urban Institute의 NGO를 위한 역량 프레임워크

회를 변화시키고자 하는 단순한 열망보다는 구성원들의 구체적인 관심과 활동 방향에 의해 설립되는 특징이 있기 때문이다. 따라서 비전과 미션은 조직이 하고자 하는 일의 방향과 맥락을 결정해 주는 역할을 하게 된다.

그러나 비전과 미션으로 사업 결과를 측정하고 평가하기란 쉽지 않으며 동시에 그 자체의 가치를 평가하는 것도 어렵다. 그렇기 때문에 비전과 미션이 '내적인 가치'를 포함하고 있다 하더라도 필요에 따라서 재정립할 필요가 있다. 조직은 본래 추구하고자 했던 목표를 일상의 활동에 반영할 수 있도록 새로운 기회를 지속적으로 만들어 내야하며, 이때 "무엇을 위한 역량"인가에 대한 질문을 항상 염두에 두어야 한다.

미국의 컨설팅 회사 맥킨지(Mckinsey & Company)도 NGO의 역량 개발에 대한 프레임워크와 평가 틀을 제시한 바 있다. 맥킨지는

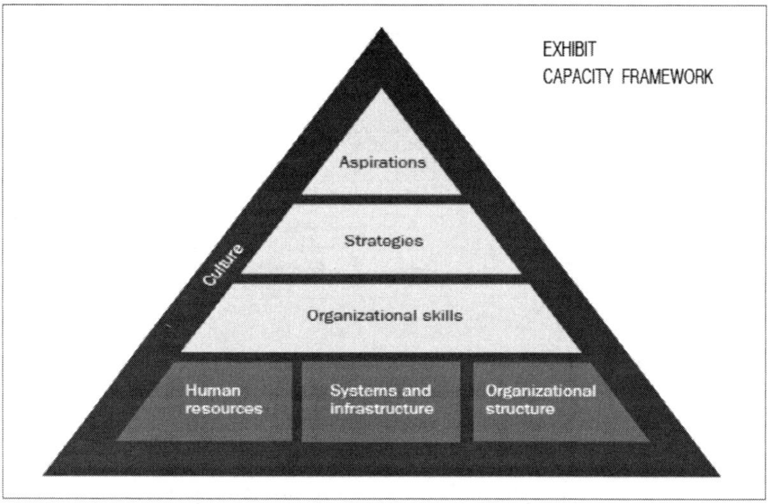

출처: Mckinsey & Company(2001).

〈그림 3-5〉 맥킨지의 역량 프레임워크

NGO의 장기적인 건전성과 효과성을 위해서는 역량개발이 핵심적 요소임을 강조하고, 조직 역량개발 프레임워크를 제시하였다.(〈그림 3-5〉) 맥킨지의 역량 프레임워크는 세 단계와 일곱 개의 요소로 구성되어 있다. 상위의 세 단계에는 정신(Aspirations), 전략, 조직 기술이 있다. 기초 요소로는 시스템 및 인프라, 인적 자원, 조직 구조가 있는데, 문화 요소가 위의 모든 요소들과 연계되어 있다. 맥킨지는 '비전, 미션, 목적'이 조직의 가장 큰 목표를 담고 있어야 하며, 두세 문장 내외로 압축적이면서 명확하게 표현되어 있는 것이 가장 바람직하다고 설명하였다. 비전, 미션, 목적은 합쳐져서 '정신(Aspirations)'으로 표현된다. 조직의 정신은 직원, 자원봉사, 기부자 모두에게 무엇을 해야 하고 하지 말아야 할지에 대해 정의하고, 조직의 사업 계획 방향을 결정할 수 있게 한다.

이상에서 논의한 바와 같이 NGO 역량의 구성요소는 대개 비전과 미션, 전략과 목표, 거버넌스, 사업실행 역량, 재정, 인적 자원으로 구성된다.

비전과 미션은 단체의 설립 근거를 밝히고 어떤 목적을 향해 가는지 알려주는 지표이며, 모든 단체의 역량 요소 중에서 가장 중요한 위치를 차지한다. 파울러는 '효과성은 무엇을 할지, 왜 하는지, 어떻게 하는지를 잘 알고 있을 때 나타나며, 이는 조직의 비전과 미션으로부터 시작된다'며 비전과 미션의 중요성을 강조한 바 있다. 파울러는 사회를 변화시키고자 하는 바람을 개념화·문서화한 것이 비전과 미션이라고 정의하였다. 하지만 비전과 미션에 대한 조직 구성원들의 이해는 명확하지 못할 때가 많고, 동시에 개발NGO들 사이에서도 그 이해의 정도가 다른 것이 현실이다. 그러나 개발NGO에게 비전과 미션에 대한 정의는 선택이 아닌 필수이다. 따라서 개발NGO는 조직의 정체성을 명확하게 드러내고 목표에 도달할 수 있는 방향을 제시하는 비전과 미션의 수립을 우선 과제로 설정할 필요가 있다.

전략과 목표는 큰 개념의 비전과 미션을 좀 더 가시적으로 만들어 구체적인 단체의 방향을 설정하게 하는 것이 궁극적인 목표라 할 수 있다. 파울러에 따르면 전략이란 목표를 단단하게 하기 위해 장기적인 계획을 세우는 것이며, 정체성, 자율, 신뢰를 지키고 영향력을 극대화시키기 위한 것이다. 간혹 단체에서 자원을 효과적으로 활용하기 위한 전략을 세우지 못하기도 하지만, 전략적 계획[55]을 통해 비전과 미션을 수행할 적절한 절차와 과정을 수립하고 단체의 역량을 적절하

55) 전략적 계획(strategic planning)이란 조직의 전략, 방향, 자원의 분배와 활용에 관하여 계획을 세우는 것으로, 외부 환경의 변화를 이해할 수 있어야 하며, 장기적 활동뿐만 아니라 단기적인 활동에 대한 구체적인 계획이 있는 것을 의미한다.

게 분배할 수 있어야 한다.[56] 대부분의 개발NGO는 전략적 계획을 세우는 것이 쉽지 않다. 특히 '인간중심 개발 전략(people-centered development)'을 실천하는 단체는 몇 년 뒤 어떤 결과가 나올지를 예측하는 것이 사실상 불가능하다. 따라서 결과의 불확실함이나 다양한 변수, 변화를 기저에 두고 전략을 세워야 할 때도 있다. 그럼에도 불구하고 전략적 계획은 개발NGO가 외부 환경에 적응하고 조직의 장점을 돌아보게 하는 중요한 역할을 수행한다.

거버넌스를 이해하기 위해서는 우선 조직의 다양한 행위자들, 즉 조직의 구성을 살펴보고 이들의 역할이 충분히 구별되는지를 살펴볼 필요가 있다. 맥킨지는 거버넌스를 조직 구조(organizational structure)[57]로 이해한다. 이때 거버넌스는 이사회의 거버넌스, 조직의 디자인(본부, 지역본부, 사무소 등의 체계화), 부서 간의 조화, 개개인의 업무 디자인(각 구성원의 직위에 따른 체계적인 업무 분배) 등의 세부 요소로 구성된다.

개발협력 분야에서 NGO의 역할이 중요해지면서 개발NGO는 거버넌스와 관련하여 새로운 도전에 직면하게 되었다. 코토누 협정(Cotonou Partnership Agreement) 6장 2절[58]에 따르면, 비국가 행위자(non-state actors)[59]는 "조직의 특별한 능력, 그리고 조직이 민주적이고 투명하게 설립되었는지 여부에 따라 (아프리카) 주민들의 필요한 요구사항을 대변"할 수 있다. 이는 시민사회가 공적인 신뢰를 얻기

56) Fowler(1997).
57) Mckinsey & Company(2001).
58) 원문을 인용하면 다음과 같다. "Recognition by the parties of non-state actors shall depend on the extent to which they address the needs of the population, on their specific competencies and whether they are organised and managed democratically and transparently."
59) 비국가 행위자란 민간, 무역 연합조직을 포함한 경제적 혹은 사회적 파트너, 시민사회를 의미한다.(코토누 협정 6장 1-C)

위해서는 굿거버넌스를 보증해야 함을 의미한다. 네덜란드 연구기관인 ECDPM(European Centre for Development Policy Management)은 "시민사회에서 굿거버넌스란 도덕적 입장(moral stance)과도 같은 것이며, 조직은 공공선을 극대화하는 것에 가장 큰 가치를 두고 있어야 한다"고 강조하였다. 즉, 시민사회 조직의 비전과 미션이 민주주의, 사회정의, 평등, 투명성, 책임감, 법치 등의 가치와 부합되어야 한다는 것이다. 또한 시민사회는 정책 결정을 할 때 그들이 속한 사회 구성원들의 목소리를 대변하여 적극적으로 참여할 수 있도록 해야 하며, 이를 위해서 연구, 캠페인 등의 방법도 모색해야 한다.

조직 내부의 민주적 운영 역시 중요하다. 민주적 운영에는 주로 의사결정 과정, 업무 보고, 이사회 회의, 직원 관리 등 많은 요소가 있지만, 이 중에서 가장 핵심 요소는 참여를 통한 운영이라고 할 수 있다. 참여를 통한 의사결정은 조직 내에서뿐만 아니라 활동 현장, 시민사회, 사회 전체의 공적 책무성(public accountability)을 강조할 수 있는 근간이 된다.

결론적으로 거버넌스는 단체를 운영하는 기초이자 핵심이며, 사업실행 역량 및 재정의 투명성에도 지대한 영향을 미치는 요소라고 할 수 있다.

사업실행 역량은 개발NGO의 가장 중요한 부분 중 하나로, 조직이 사업(프로그램) 조사, 계획, 실행, 평가 단계에서 성과를 낼 수 있는 역량이다. 이윤과 효율성을 기준으로 하는 기업의 역량과는 다르기에 더욱 구체적으로 살펴볼 필요가 있다.

ECDPM은 다섯 가지 핵심 사업실행 역량 중의 하나를 '기술적이거나, 서비스제공이나 물류 임무를 수행하는 능력(capability to carry out technical, service delivery and logistical tasks)'이라고 정의하였다. 이

때 역량은 가장 일반적으로 여겨지는 역량 개념으로, 성과 중심으로 결과에 기반을 두어 조직과 시스템을 운영하는 능력을 의미한다.[60] INTRAC에 따르면 사업실행 역량이란 '프로그램 성과'를 의미하며, 구체적으로 중기 전략 및 프로그램 실행, 프로젝트 관리, 기술적인 역량, 관련 주제에 대한 지식, 조사 능력, 전략에 대한 모니터 및 평가, 수혜자의 참여 정도, 경험으로부터 배운 성공과 실패의 반영 등이 포함된다.[61] 파울러는 사업 실행 역량이란 '미션과 일관성을 가지는 결과의 산출'이며, 이는 다시 사업의 성과와 조직적 성과로 나눌 수 있다고 보았다. 일반적으로 많은 연구가 사업 자체의 성과를 주로 다루지만, 조직의 역량을 평가하기 위해서는 이 두 가지 모두를 균형 있게 다루어야 한다는 것이다.[62]

재정은 투명한 재정 운영을 포함하여 자금 동원 및 관리 역량을 의미한다. 재정은 지속가능성 및 투명성과 책무성에 연결된 역량 지표로, 단체의 지속가능한 경영을 위해 필요한 역량이다. 투명성과 책무성은 개발NGO를 비롯한 모든 NGO에게 요구되는 원칙으로, 특히 후원금으로 단체를 운영하는 NGO에는 아무리 강조해도 지나치지 않은 역량 요소이다. 개발NGO가 후원금을 낭비, 오용하지 않고 그 본래의 취지에 맞게 사용하는 것이 당연하기 때문이다. 투명성 원칙을 위해 개발NGO는 내부 건전성 확보와 투명한 재정 관리 및 감사를 우선시해야 하며, 단체의 관련 자료를 내·외부에 공개하고 책임 있는 사업 운영 등을 통해 책무성을 고취해야 한다. 또한 예산 및 회계 운용의 적절성뿐만 아니라 개발NGO 고유의 모금 기능에 대한

60) Base and Morgan(2008).
61) Lipson and Hunt(2008).
62) Fowler(1997).

역량도 마찬가지로 고려해야 한다. 호주 원조개발청 AusAID는 'NGO 인증제도(NGO Accreditation)'를 통해 매년 NGO의 개발사업에 대한 대응자금(matching grant)을 지원하고 있다. AusAID는 인증을 위해 중요한 다섯 가지 영역의 검토 사항을 제시하였는데, 재정 영역에서는 '재정 관리 및 위험 관리 항목'을 두어 재정의 효과적인 관리·행정·재정 시스템, 재정 운영 능력의 전문성과 책임성, 지출과 관련된 위험을 관리하고 평가하는 시스템 등을 평가한다.[63] 미국의 역량개발 전문 NGO인 PACT는 다른 NGO들과 함께 USAID (United States Agency for International Development)의 재정 지원을 받아 개발한 '조직 역량 평가 툴(Organizational Capacity Assessment Tool)'에 재정 관리 항목을 두어 회계, 예산, 재정 운용과 재고 관리, 재정 보고서 항목을 평가하고 있다.

인력은 개발NGO의 전체적인 사업의 바탕이 되는 요소이다. 인적 자원이란 조직 구성원들의 능력과 경험의 총합을 의미한다. 많은 NGO는 민간기업에 비해 그들의 재능을 충분히 발휘할 구조를 마련하지 못하였거나 저평가하는 경향이 있다.[64] INTRAC는 '조직의 역량이란 기본적으로 구성원의 상호작용을 통한 변화 과정'이라고 설명하면서, '인간중심 접근법(people-centered approach)'을 통한 조직의 역량개발을 강조하였다.[65] 이 접근법을 실천하기 위해서는 인간에 대한 전인적 관점(holistic view)이 필요하다. 통상 개인이나 조직은 어떤 행위를 결정할 때 이성적 판단보다 감정이나 믿음에 의해서 결정할 때

63) 다섯 가지 항목은 1) 단체의 정체성 및 구조, 2) 개발 철학 및 관리 방안, 3) 파트너십 및 개발 협력에 대한 접근, 4) 호주 커뮤니티와의 연계성, 5) 재정 및 위험 관리이다.

64) Mckinsey & Company(2001).

65) James and Hailey(2007).

가 많다. 그러나 전인적 관점에 따르면, 역량개발을 위해서는 조직 내에서 두려움이나 자랑스러움에 대해서 편안하게 이야기할 분위기가 되어야 하고, 문제점을 중심에 놓고 해결 방안을 찾기보다는 긍정적인 측면을 보는 분위기가 되어야 한다.[66] 또한 변화는 가치 중심으로 이루어지는 것이 중요한데, 이 변화는 자신이 꿈꾸는 가치와 현재의 모습에 차이가 있음을 인식하는 데서 시작된다고 본다. 특히 도덕적 판단을 배제하고, 있는 그대로의 현재를 바라보면서 희망과 믿음을 가지는 과정이 필요하다고 역설한다.

2. NGO 역량개발의 주요 흐름과 프로그램

1) NGO 역량개발의 흐름[67]

국제개발협력에서 역량개발의 역사적 변화를 살펴보자. 1950년대에서 1960년대에는 주로 기관구축(Institution Building)[68]이라는 용어가 사용되었다. 기관구축이란 과거 선진국에서 사용했던 모델을 개발도상국에 적용하는 것으로, 개인의 역량이나 개별 조직의 기능에 집중하는 경향이 있었다. 이를 통해 공공영역에 필요한 구조적·제도적 기반을 갖추는 것이 목표로, 역량개발의 출발점을 기반 마련의 측면

66) INTRAC는 지속적 변화를 추구하기 위해 '장점 탐구(Appreciative Inquiry)' 기법을 제안하였다.

67) 손혁상 외(2011b). pp. 84-89.

68) Charles Lusthaus, Marie-Hélène Adrien and Mark Perstinger. "Capacity Development: Definitions, Issues and Implications for Planning, Monitoring and Evaluation," *Universalia Occasional Paper*(1999).

에서 생각한 것이다.

1960년대에는 기관의 강화 및 개발(Institutional Strengthening/Development)이라는 용어가 많이 사용되었다. 그러나 여전히 개인이나 개별 조직에 대한 관심에서 벗어나지 못하였으며, 기존에 구축된 기관 강화의 의미로만 제한되었다.

1970년대에 개발관리(Development Management/Administration)라는 용어의 출현 이후 정부가 공공 프로그램을 시행하면서 해당 목표 대상자들로부터 좋은 결과를 도출할 수 있는 역량개발에 관심이 집중되었다. 이는 개인이나 개별 조직에 초점이 맞춰져 있었던 역량개발의 방향이 새로운 그룹, 대중에게로 향하고 있음을 의미한다. 프로그램 목표의 대상자인 소외된 그룹, 특별한 대중이 바로 그 대상이었다. 이런 전환은 1980년대에 사람에 대한 개발 문제로 넘어가면서 인적자원 개발(Human Resource Development)이라는 용어의 등장, 인간 중심 개발의 개념으로 이어지게 된다.

1980년대에는 정부, NGO, 민간부문에서도 공공기관 및 제도 발전을 위해 네트워크 및 외부 환경에도 관심을 기울이게 되었다. 이는 단순 '운영'이 아닌 '지속'에 대한 문제에 초점이 맞춰지고 장기적인 변화를 보기 시작했음을 의미한다. 따라서 개별 조직의 프레임워크를 넘어서서 그 조직들의 적응성이나 대응성을 고려하게 되었다. 이 시기에는 공공기관의 개발에 정부 외에도 민간영역과 NGO가 함께 노력하기 시작하였다.[69]

1990년대에 이르러 비로소 역량개발이라는 단어가 등장하고 기술협력(Technical Cooperation) 개념의 재평가가 이루어졌다. 즉, 과거에는

---

69) Peter Morgan. "Capacity Development-Introduction: Emerging Issues in Capacity Development," *Institute on Governance*(1994), p. 9.

역량개발의 당사자가 아닌 외부인에 의해서 기술협력이라는 이름으로 역량개발이 시행되어 왔지만, 1990년대에는 이들의 개념이 재평가되면서 참여적 개발(Participatory Development)에 대한 인식이 확산되었다. 이 과정에서 주인의식과 개발과정의 중요성이 강조되었으며, 개발 수행을 위한 핵심 선결과제로 역량개발을 인식하게 되었다.

역량개발 개념에 닿은 이 논의의 중심에는 NGO 사업의 질적 효과성에 대한 관심이 있었다. 1994년 르완다 대학살 당시 NGO들의 활동[70]이나 국제적십자사의 무기 거래사 주식 소유 스캔들[71]과 같은 여러 사건이 발생하면서 NGO 활동이나 개입에 대한 비판이 생겨나기 시작하였다. NGO들은 이에 대해 자체 기준이나 행동강령을 마련하여 NGO 활동과 경영에 대해 투명성과 책무성, 효과성을 스스로 지키는 노력을 시작하였고, 그 결과 1992년 최초로 US PVO Member Association과 InterAction의 NGO 기준(NGO Standards)이 마련된 데 이어 국제적십자사의 행동강령(Code of Conduct)이 제정되었다. 1995년 호주 개발NGO 협의체인 ACFID와 호주 원조개발청 AusAID가 함께 제정한 행동강령도 1997년 ACFID 회원단체들의 의무사항으로 받아들여지게 되었다.

이와 더불어 기관 운영에 대한 외부 감사도 시작되어 NGO의 질적 사업효과성을 높이기 위한 법적 규제, 자발적인 윤리 강령, 조직 운영 및 관리 방법, 평가와 확인 과정 등의 방안이 등장하였다. 또한

---

70) J. Borton et al., "The International Response to Conflict and Genocide: Lessons from the Rwanda Experience," Humanitarian Aid and Effects Report 3(Copenhagen: Steering Committee of the Joint Evaluation of Emergency Assistance to Rwanda, 1996).

71) Penman Andrew and Jones Gary, "Red Cross Has Shares in Arms Firm Exposed: Charity Investment Scandal," *The Daily Mirror*(London, 1997).

NGO 인증제도와 같은 시스템이 도입되었는데, AusAID의 NGO 인증제도와 캄보디아 NGO협의체 CCC의 NGO 인증제도가 대표적으로 알려져 있다.

다른 한편, NGO들의 성과 향상을 위한 시스템과 기준 마련에 대한 논의가 시작되었다. 영국 개발NGO 협의체인 BOND(British Overseas NGOs for Development)의 조사결과에 따르면, 수혜자의 현실에 민감하고 역동적으로 대처하며, 수혜자가 적절하다고 동의하는 방법으로 지역의 우선순위를 정해 사업을 진행하고, 수혜자들이 필요하다고 판단하는 사업을 행할 때 질적인 효과가 높았다고 한다. 이는 수혜자가 사업 분석, 사업에 대한 반응, 평가 과정의 우선 행위자가 되는 것을 의미하며, 이를 '수혜자에 대한 책무성'이라고 부르기도 한다. 결과적으로 NGO 사업의 질적 효과성은 수혜자와의 질적 관계에 의해 결정되는 것이다.[72)]

이제 논의는 원조가 수혜자의 삶을 현실적으로 변화시켰는가에 대한 것, 즉 개발효과성 논의로 진전되었다. Open Forum은 터키 이스탄불에서 열린 2010년 1차 총회에서 여덟 가지 원칙을 수립하였고, 2011년 캄보디아 씨엠립에서 열린 2차 총회에서는 시민사회 개발효과성 증진을 위한 국제적 프레임워크를 구축하였다. 2010년 11월까지 65개국에서 모인 2,000여 개의 NGO들이 국가별 · 분야별 · 대륙별 회의와 총회를 통해 NGO 개발효과성 원칙 수립 논의에 참여하였고, 이러한 의견수렴 과정은 국제 원조커뮤니티에서 의미 있는 일로 평가받고 있다. 지금까지 살펴본 역량개발의 역사를 정리하면 〈표 3-3〉과 같다.

---

72) BOND, *A BOND Approach to Quality in Non-Governmental Organizations: Putting Beneficiaries First*(London: BOND, 2006).

〈표 3-3〉 역량개발의 역사적 흐름

개발 접근법	역량개발 명칭	내용	결과
Development Aid	Institution Building 1950~1960년대	• 개발도상국이 공공 투자 프로그램을 관리하기 위해 필요한 기반을 갖추는 것이 목적 • 개별기관의 디자인과 기능에 집중, 넓은 범위의 환경이나 섹터에 대한 고려는 되지 않음 • 선진국 모델이 많이 사용됨	• 집중적인 투자 • 개발도상국의 채무 급증 계기 • 해외원조 의존성증가 • 예산 부족 시 진행 중인 프로젝트가 중단되기도 함
Technical Assistance Technical Cooperation	Institutional Strengthening/ Development 1960~1970년대	• 기관구축에서 강화로의 전환 • 여전히 개별 기관에 집중 • 성과 향상을 위한 도구적 접근	• 현지 사정에 맞지 않거나 현지 정보가 부족한 프로젝트가 많았음 • 해외 전문가에게 의존 • 공여국과 수원국 간의 불평등한 관계 • 수원국 역량 개발은 거의 이루어지지 않았음 • 비용이 많이 드는 단점
	Development Management/ Administration 1970년대	• 이전에는 소외되었던 특정 대중이나 목표 그룹에 도달하는 것이 목적 • 공공프로그램의 전달 시스템과 목표 그룹에 도달하기 위한 정부 역량에 집중	
	Human Resource Development 1970~1980년대	• 개발은 사람에 관한 것이라는 접근 • 교육, 보건, 인구의 중요성을 강조 • 인간 중심 개발의 출현	
	New Institutionalism 1980~1990년대	• 네트워크 외부 환경을 포함하여 정부, NGO, 민간부문으로 관심 확대 • 국가의 경제 행위에 관심을 가짐 • 지속성 이슈 출현, 프로젝트 중심에서 이동	
Capacity Development	Capacity Development 1980년대 후반~ 1990년대	• 1990년대에는 개발에 대한 다른 접근법들을 종합하기 시작함 • 기술협력 개념 재평가 • 주인의식과 프로세스의 중요성을 강조 • 개발 수행이 핵심 선결과제가 됨	• 현지 자원, 인력, 기술, 제도 등을 최대한 활용 • 지속적인 변화에 관심 • 불평등한 관계에 대해 관심을 갖기 시작함 • 현지 사정에 어울리는 정책 시도
	Capacity Development 확산 1990년대 후반~ 현재	• 지속적인 개발에 중점 (원조효과성, 개발효과성) • NGO를 위한 기준 등장 및 확산(예: InterAction's PVO Standards(1992), The Red Cross Code(1994)) • NGO quality 관리에 대한 접근: 법적 규제, 자발적인 원칙 및 규정, 조직 관리, 평가 및 검증 과정 (예: 호주의 NGO 인증제도, 캄보디아의 GPP)	

출처: Lusthaus and Perstinger(1999), p. 2의 표와 UNDP, "Capacity Development: A UNDP Primer" (2009), p. 8의 표를 종합한 것임.

2) 주요 역량개발 프로그램[73)]

국제 개발NGO에서는 역량개발을 위해 조사사업, 평가, 교육, 기술 지원 프로그램 등을 시행하고 있다. 영국의 120개 개발NGO를 대상으로 한 설문조사 결과에서는 효과적인 역량개발 프로그램으로 교육, 컨설팅, 출판, 모니터, 조언 등 다섯 가지가 꼽혔다. 이 외에도 조직개발 지원, 워크숍, 컨퍼런스, 출판, 리서치 등 다양한 역량개발 프로그램이 시행되고 있음을 알 수 있다(〈그림 3-6〉 참고).

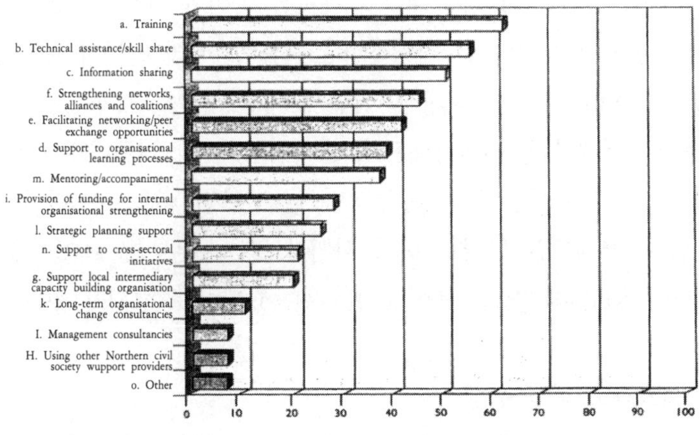

출처: B. Lipson and H. Warren, "International Non-Government Organizations' Approaches to Civil Society Capacity Building: Overview Survey," INTRAC Paper for Capacity Building Conference(Oxford: INTRAC, 2006).

〈그림 3-6〉 국제 개발NGO가 시행 중인 역량개발 프로그램 다이어그램

---

73) 손혁상 외(2011b), pp. 99-112.

(1) 교육

교육은 역량개발의 가장 기본적인 프로그램으로서 가장 많이 수행되고 있다. 교육 내용은 조직개발, 프로젝트 사업 수행, 애드보커시, 정부 및 국제기구 사업의 신청 및 관리, 주제별 교육, 전문가 양성 등으로 나누어진다. 교육 방법으로는 프로젝트 사업장이 위치하는 국가에서 진행되는 현지 교육과 인터넷 교육이 있다.

① 조직개발

조직개발 교육은 조직에 대한 이해도를 높이고 단체 스스로 조직을 진단할 수 있는 역량을 개발하여 조직을 발전 및 변화시키는 것을 목적으로 한다.[74] 교육 내용은 비전과 미션, 전략, 조직구조, 인사, 성과관리, 재정관리, 지식정보관리, 파트너십 구축, 커뮤니케이션, 투명성 증진 및 행동강령[75] 등 부서별 업무 관련 내용으로 다양하게 구성된다. 조직개발의 경우 현지 사업장보다는 본부의 수요가 높으며, 특히 NGO의 재정운용에 대한 교육이 많이 진행되고 있다.

② 프로젝트 사업 수행

프로젝트 사업 수행 교육은 현지 프로젝트 발굴, 수행, 집행, 모니터링, 평가 등의 내용으로 구성되며, PCM[76]이 대표적이다. 아일랜드

---

74) Ross Schifo, "OD in Ten Words or Less: Adding Lightness to the Definitions of Organization," *Organization Development Journal*(Fall 2004), p. 79.

75) 국제개발 관련 행동강령 교육은 단체가 국제 기준에 맞는 사업 수행을 하는 것을 목적으로 한다. 이 교육은 호주 ACFID, 아일랜드 DTALK 등이 정기적으로 진행하고 있다.

76) PCM은 프로젝트 기획과 개발의 전 과정에서 '사업을 어떻게 수행해야 하는가'에 대한 기초적인 기반을 다지는 것으로, 전 세계에서 개발협력 사업을 하고 있는 모

역량개발 전문 단체인 KODE(Kimmage Open & Distance Education)와 DTALK,[77] 영국 INTRAC, 스위스 원조개발청 SDC(Swiss Agency for Development and Cooperation) 등은 PCM 교육을 매년 정기적으로 시행하고 있다. KODE, BOND, INTRAC 등은 PCM의 기본구성 요소인 사업 발굴, 계획, 수행, 모니터링, 평가를 단계별로 구분하여 심화교육을 제공하고 있다. INTRAC의 PCM 교육은 각 단계별로 이해도와 수행기술을 증진시키는 것이 목적이며, 이를 통해 교육생은 프로젝트 타당성 평가, 프로젝트 계획서 작성, 프로젝트 조직과 관리, 모니터링 요소와 방법, 중간 및 최종 평가 진행 등에 관한 이론과 기술을 동시에 갖추게 된다.

③ 애드보커시

애드보커시는 특정 주제와 관련하여 의사결정자와 대중의 인지에 영향을 주어 궁극적으로 사회적 변화를 가져오는 행위와 과정을 의미한다.[78] 대표적인 애드보커시 교육기관은 영국 BOND와 INTRAC, 미국 Inside NGO와 PACT, 아일랜드 DTALK 등이다. BOND의 '애드보커시와 캠페인 교육'에서는 빈곤 퇴치를 위해서 NGO가 의사결정자에게 영향을 미쳐 정책변화를 가져오게 하는 것이 중요함을 강조하고 있다.

든 국제기구, NGO, 정부기관이 사업을 개발하는 데 직접적으로 활용하고 있는 원조 행정(aid management)의 기초 교육이다.

77) DTALK는 아일랜드 NGO 역량강화를 위해 설립된 컨소시엄으로 Kimmage Development Studies Centre(아일랜드), MDF(네덜란드), INTRAC(영국)의 3개 단체로 구성되어 있다.

78) 'Code of Good Practice for NGOs Responding to HIV/AIDS'(Geneva, 2004).

④ 정부 및 국제기구 사업 신청 및 관리

정부 및 국제기구의 사업 신청 및 관리에 관한 교육은 정부와 국제기구로부터 기금(fund)을 지원받기 위한 역량증진 교육과 컨설팅 등으로 구성되며, 주로 교육과 컨설팅이 병합된 프로그램이 진행된다. 교육 내용은 정부 또는 국제기구 기금 신청 방법, 내부 규제 및 행정 절차, 단계별 수행 방법, 사업 구조, 용어 등이다. 정부 및 국제기구의 사업 신청 및 관리에 관한 교육은 자국 정부기관뿐만 아니라 EU, 아시아개발은행(Asian Development Bank, ADB) 등 국제기구 기금 관련 교육, 미국 USAID와 영국 DFID(Development for International Development)와 같이 자국 이외의 NGO도 지원해주는 정부기관 관련 교육 등이 있다. 영국 BOND는 유럽연합집행기관(European Commission, 이하 EC) 기금 사업 수행을 위한 교육을 다양하게 진행하고 있다. 자세한

〈표 3-4〉 영국 BOND의 EU 사업신청 관련 교육 내용

교육명	기간	프로그램 내용
EC 프로젝트 사업계획서 작성	2일	• EC 프로젝트 사업계획서 특이사항 • EC 프로젝트 지원 방법: 2단계로 나누어 단계별 교육 • 아이디어 제안서(concept note) 작성 방안 • 논리모형모델(logical framework) 적용 방안 • 사업계획서 작성 시 필요한 요소
EC 지원금(grants) 계약과 보고 방법	2일	• 유럽 원조(Europe aid) 기준과 계약 방법 • 프로젝트 관련 일자별 기록 방법과 관리 • 조달 관련 EC 규정 • 보고서 서술 방법과 필수사항 • 재정 보고 방법과 필수사항
EC 기금(funding)의 소개	1일	• EC 기금(funds)과 리스본 조약(Lisbon Treaty) • EC 기금의 이점과 도전점 • 기금 신청 방법 • 사업계획서 관련 예산 수립 방법 • 지원 단체, 파트너 단체, 프로젝트 관련 자격 규정 • 신규 지원 유의사항

출처: 손혁상 외(2011b), p. 103.

프로그램 내용은 〈표 3-4〉와 같다.

⑤ 주제별 교육

주제별 교육은 사업 분야별, 지역별, 크로스커팅 이슈 등의 교육으로 구성된다. 사업 분야별 교육은 보건의료, 영양, HIV/AIDS, 아동권리, 기후 변화 등이 주된 내용이며, 사업수행 지역별 교육은 아프리카 관련 교육이 가장 많다. 크로스커팅 이슈는 젠더, 지속가능성, 환경 등이 주를 이룬다. 독일 GIZ(Gesellschaft für Internationale Zusammenarbeit)의 'Global Campus 21'은 교육과 젠더, 평화와 인권, 보건, 관리와 리더십, 비즈니스와 커뮤니케이션, 지속가능 경제, 기후변화와 환경, 민주주의 등 주제별로 다양한 이슈에 대한 교육을 인터넷으로 진행하고 있다.

⑥ 전문가 양성 프로그램

전문가 양성 프로그램은 국제기구, 국제 NGO, 국제 교육기관에 일정 경력을 갖춘 개발NGO 실무자를 파견하여 개인의 역량개발을 통한 조직의 역량 증대 및 전문화를 목적으로 한다. 전문가 양성 프로그램은 일본 JICA(Japan International Cooperation Agency), 영국 INTRAC, 미국 Inside NGO, 아일랜드 DTALK 등에서 진행하고 있다. 일본 JICA는 개발 관련 실무자를 전문가로 양성하는 것을 목표로 일정 경력과 조건을 충족하는 개발 실무자에게 해외 교육, 연수, 근무 등을 지원하고 있다. 이에 반해 영국 INTRAC, 미국 Inside NGO, 아일랜드 DTALK 등은 강사 양성에 더 초점을 두고 있다.

⑦ 현지 교육

개발NGO의 현지 사업국에서 현지 직원과 본부 파견 직원을 대상으로 진행되는 교육을 현지 교육이라 한다. 일본 JICA, 스웨덴 SPF(Sida Partnership Forum), 영국 BOND · INTRAC, 미국 Inside NGO · PACT, 호주 IDSS 등의 단체가 현지 교육을 진행하고 있다. 현지 교육은 교육 기회가 부족한 현지 사업장으로 강사가 직접 파견되어 단기간 동안 집중적으로 진행된다. 교육 대상은 본부 파견 직원과 현지 직원이며, 현지 직원에게 교육을 전달하기 위해 영어 또는 현지어로 진행한다.

⑧ 인터넷 교육

인터넷 교육은 독일 GIZ, 핀란드 KEPA(KEHITYSYHTEISTYON PALVELUKESKUS), 미국 Inside NGO, 아일랜드 KODE 등의 단체가 시행하고 있다. 인터넷 교육은 교육의 기회가 적은 현지 사업장과 현지 NGO의 교육 기회를 넓혀주고 수강생이 편한 시간에 교육에 참여할 수 있어, 많은 사람에게 교육을 제공할 수 있다는 이점이 있다.

독일 GIZ는 Global Campus 21이라는 전문 인터넷 교육센터를 구축하였고, 교육 프로그램을 영어 · 프랑스어 · 스페인어 · 포르투갈어로 마련하여 현지 직원들까지 역량개발 프로그램에 참여할 수 있도록 하였다. 강의 방식은 강사가 자료를 제공하고 강의를 진행하는 방식과, 혼자서 준비된 자료를 열람하는 셀프스터디가 있다. 강사가 진행하는 교육은 수업과 함께 온라인상으로 토론, 숙제, 그룹 활동 등이 함께 진행된다. Global Campus 21은 교육의 질을 보장하기 위해 ECBCheck(ECB stands for E-Learning in Capacity Building)의 회원으로 온라인 교육의 질을 보장하는 인증제도인 ECBCheck의 기준을 준수

하고 있다.[79)]

아일랜드 KODE는 정부 원조집행기관인 IrishAID의 지원으로 2009년에 아일랜드 수도 더블린에 설립되었으며, 아일랜드 역량개발 전문단체 Kimmage DSC의 교육과정을 인터넷으로 시행하고 있다. 교육 내용은 프로젝트 계획과 사업계획서 작성, 모니터링과 평가, 프로젝트 관리, 거버넌스와 신뢰성, 빈곤 완화와 지속가능한 삶(sustainable livelihood) 등이다. 모든 과목에 각 과마다 이수해야 하는 의무 기간 설정과 과제 수행, 인터넷 토론 참여 등의 장치를 통해 교육생들의 꾸준하고 지속적인 교육 참여를 독려하고 있다.

(2) 정보 및 지식 교류

정보 및 지식 교류를 통한 역량개발 프로그램은 포럼 및 컨퍼런스, 워킹그룹, 인터넷 데이터베이스 구축이 있다. 포럼 및 컨퍼런스, 워킹그룹은 국제개발 관련 인적 네트워크를 구축하고 주제별 지식을 교류하는 역량개발 프로그램이다. 국제개발협력 관련 인터넷 데이터베이스 구축은 정보 공개를 통한 원조의 효과성과 책임성을 증진시키고, 본부와 현지사업장의 커뮤니케이션을 증진하는 데 도움을 준다.

국제NGO인 DG(Development Gateway)는 투명하고 효과적인 개발을 추구하며, 이에 따라 개발 관련 정보를 구축해 인터넷을 통해 제

79) ECBCheck는 온라인 교육의 질을 보장하는 일종의 인증제도로, 역량개발 프로그램 수행단체 간의 협력과 벤치러닝(bench learning)을 통해 프로그램의 평가와 개선을 가능하게 한다. ECBCheck 회원은 인터넷 교육 가이드라인, 도구, 노하우 등을 공유해야 하며, 단체 자체 평가를 회원들이 공유하여 동료검토(peer review)를 하고 있다.
http://www.qualityfoundation.org/openecbcheck/index.php(검색일: 2011. 4).

공한다. DG의 미션은 첫째, 정보 공유를 통한 투명성 증진, 둘째, 기업체, 시민사회, 사회적 기업 지원, 셋째, ICT(Information and Communication Technologies)를 통한 역량 증진이다. 또한 DG는 Country Gateways 프로그램을 통해 국제 네트워크를 구성하고, 개발도상국에게는 정보 수집, 관리, 공유가 가능하도록 기술적, 인적 자원을 제공하여 나라별 Development Gateway 사이트를 구축하도록 지원하고 있다. 2011년 현재 35개국에 사이트가 구축되었으며, 이 중 OECD 회원국가로는 호주가 유일하다. ADG(Australian Development Gateway)는 개발 관련 정보를 신속하고 적절하게 제공하기 위해 호주 원조개발청 AusAID의 지원으로 2004년에 구축되었는데, 개발사업, 입찰과 인력, ADG 커뮤니티, 현지 사업장 등 네 가지 분야의 정보를 제공하고 있다.

(3) 사업 활성화 지원

사업 활성화 지원은 일본과 덴마크에서 진행하는 역량개발 프로그램이 대표적인데, NGO의 효과적이고 원활한 사업수행을 위해서 자원과 인력을 지원하는 것이다.

일본의 NGO 데스크(NGO Desk)는 국제개발협력 활동에 일본 단체와 개인 등 민간의 참여 증진을 위해 마련된 것으로, 현지 JICA 사무소 내에 설치하였는데, 2011년 현재 캄보디아 · 인도네시아 · 가나 · 아르헨티나 등 24개 국가에 설치되었다. JICA는 NGO 데스크 외에도 프로젝트 연구 조사비, 국제개발협력 사업 관련 국내 활동비, 프로젝트 활동비 지원 등을 통해 국제개발협력 사업을 활성화하여 개발NGO 역량개발을 지원하고 있다. 덴마크의 PATC(Project Advise and Training Centre)는 사업 조사(appraisal) 지원금 제도를 통해 개발NGO가 충분한 사전 조사를 하도록 지원하고 있다. 사전 조사는 현지에 필요한 사업을 파악하고 사업의 위험성을 예측하는 것으로, 효과적이며 효율적인 사업 방향을 설정하여 사업 활성화에 기여한다. 현지 파트너에 의한 연구와 설문 조사, 현지전문가 참여 비용, 워크숍 개최 등도 지원하고 있다.

(4) 컨설팅

컨설팅은 호주 ACFID와 IDSS, 미국 PACT, 덴마크 PATC, 일본 JICA, 핀란드 KEPA, 영국 Triple Line 등이 시행하고 있다.

호주 ACFID는 개별 NGO의 요청에 따라 '개발NGO 행동강령' 관련 컨설팅을 수시로 제공하고 있다.[80] 세부 내용으로는 행동강령의 개별 NGO사업 적용 방법, 행동강령 의무사항인 자체평가(self-assessment) 시행 방법 등이 있으며, NGO의 컨설팅 요청을 받으면 이메일과 웹페이지를 통해 컨설팅을 제공한다. 핀란드 개발NGO 협의체 KEPA는 회원단체만을 대상으로 현지 프로젝트 계획, 모니터링 및 평가와 단체의 회계 및 재정에 대한 컨설팅을 제공한다. 위의 기관들이 자국 개발NGO 역량강화 관련 컨설팅을 제공하는 것과 달리, 미국 PACT와 호주 IDSS는 자국 NGO와 협력 관계에 있는 현지 파트너의 역량강화를 위한 컨설팅에 더 집중하고 있다. 영국의 Triple Line은

80) 호주 AusAID와 호주 개발NGO의 협력사업 ANCP(AusAID-NGO Cooperation Program)의 지원조건 중 하나는 호주 개발NGO 행동강령에 서명하는 것이다. 행동강령을 준수하는지 감시하기 위해 단체의 자체평가(self-assessment)가 의무사항이며, 행동강령 준수 여부를 모니터링하기 위해 외부신고제(public compliant system)를 도입하였다.

1999년도에 설립된 국제개발협력 관련 컨설팅 전문회사로, 컨설팅 의뢰업체, 기간, 방법, 내용, 분야 등을 살펴볼 때 가장 다양하고 광범위한 활동을 전개하는 것으로 평가된다. 의뢰업체는 개발협력 관련 정부기관, 국제기구, 기업, 개발NGO 등이며, 짧게는 2개월 길게는 10년이 넘게 컨설팅을 진행하기도 한다. 컨설팅 방법과 내용은 각 프로젝트별로 상이하다. NGO가 어떤 프로젝트를 수행할 것인가, 어느 기관에 신청하는 것이 적합할지에 대한 조언을 하고(grant program management), 한 국가의 정책을 결정하거나 그 정책을 강화하기 위한 활동을 계획하기도 한다(private sector development). 사업의 모니터링과 평가시스템 구축 지원, NGO 역량강화 교육 훈련 프로그램 시행도 중요한 활동 분야이다.

3) 역량개발의 발전 방향

지금까지 역량의 필요성부터 역량개발 프로그램까지 개발NGO의 역량개발을 위한 다양한 주제를 살펴보았다. 이를 통해 역량개발이 중요한 이슈가 되고 있음을 알 수 있었다. 그렇지만 "역량개발, 쉽지 않은 이유는 무엇인가?"라는 근본적 질문은 여전히 남는다. 많은 NGO나 연구기관은 역량이 단기간에 생성되는 어떤 '것'이지 무엇을 위한 '재료'가 아니라고 한다. 즉, 역량이란 도구적인 것이 아니라 결과적인 것이며, 이 결과는 수행하는 프로젝트나 사업의 성패에 가장 중요한 요소가 된다. 하지만 역량은 끝이 있는 결과가 아니라 지속적인 '과정' 속에서의 결과이다. 이런 점에서 역량개발을 '잠재력의 성장'[81]으로 이해한 센(Sen)의 정의에 주목할 필요가 있다. 카플란은 괴테의 거시적 접근 방법(holistic approach)을 이용하여 '살아 있는 실천과 방법, 사고방식에 있어서 사회생태학적(social ecology) 방향'[82]으로 전환하려는 노력이 필요하다고 제안하였다.

그러나 거시적인 접근과 장기적인 관점에서 역량개발을 꾀하기가 어려운 상황이다. 장기적으로 역량개발을 바라보기 어려운 이유 중 하나로 기부자와의 관계를 꼽기도 한다. 맥킨지는 대부분의 기부자는 사업효과성에 더 큰 관심이 있으며, 많은 NGO는 이를 충족시키기 위해 능력보다 사업 그 자체를 미화하려는 경향을 보인다고 지적하였다. 이를 해결하기 위해 기부문화를 바꾸는 것도 중요하겠지만, 기부 '의존성'을 제거하는 방향과 전략을 고민해야 할 때이다. 현재 개발도상국 NGO의 기부금 의존 비율이 95%에 달하는 현실은[83] 역량개발의 중요한 방향을 시사한다.

나아가 역량개발을 네트워크라는 방향 속에서 조망한 관점에도 주목할 필요가 있다. 론펠트와 쏘럽(Ronfeldt and Thorup)은 "네트워크에 기반을 둔 NGO는 지역, 국가, 전 지구적 시민사회의 새로운 동력이 될 것이다. 시민사회란 네트워크를 형성하는 영역(realm)이며, 이 영역은 그 어떤 형태의 조직보다 강력한 힘을 발휘할 것이다. 특히 이 네트워크를 구성하는 구성원들이 자발적으로 참여하여 위계적 명령을 파괴하기 위해 노력한다면 더 큰 힘을 얻을 수 있을 것이다"[84]라고 주장하였다. INTRAC도 "지금까지 대부분 역량개발은 시민사회 안에서 사회자본으로서 투자되고 축적되어 왔다. 하지만 이제는 시민사

81) Amartya Sen, *Development as Freedom*(Oxford: Oxford University Press, 1999).
82) Allan Kaplan, "Towards a Larger Integrity: Shining a different light on the elusive notion of capacity development," *The Proteus Initiative*(2010).
83) Fowler(1997).
84) D. Ronfeldt and C. Thorup, *North America in the Era of Citizen Networks: State, Society and Security*(Santa Monica: Rand Corporation, 1993).

회 그 자체의 역량을 개발하기 위해 협력해야 할 때이다"[85]라고 거듭 강조하였다. 역량개발을 위해서 NGO들의 새로운 네트워크, 연합, 컨소시엄 등이 활발히 이루어져야 할 때이다.

〈그림 3-7〉은 파울러가 제시한 개발NGO의 미래 변화상이다. 시민사회의 역량이 강화되고, 조직은 기금 마련의 혁신적인 방안을 마련하였을 때, 개발NGO에게는 새로운 서비스를 제공할 수 있는 기회가 생기고, 촉진자(catalyst)로서의 역할은 확대되며, 네트워크의 중심 기능을 수행할 능력이 생긴다. 이를 통해 더 많은 사람을 조직하고 사회운동에 동참할 수 있도록 할 수 있을 것이다. 이렇게 되면 개발NGO는 정부나 기관의 직접적인 기금을 받아야 하는 입장에서 사회보장사업을 수행하는 주체로, 원조를 전달하는 중간자의 입장에서 국가를 연결하는 가교의(bridge) 주체로 전환될 것이다. 물론 국가의

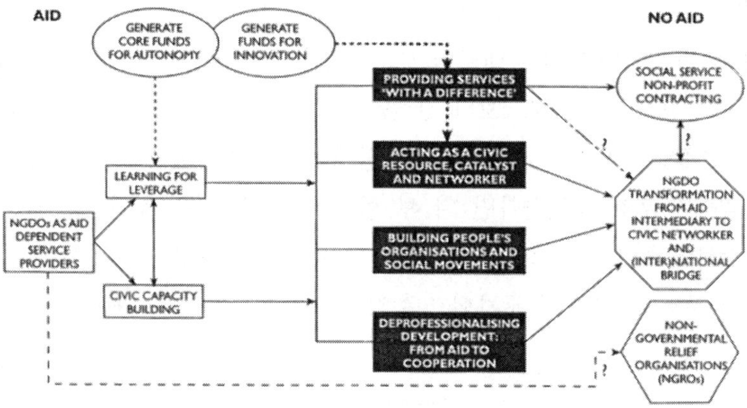

출처: Fowler(1997).

〈그림 3-7〉 개발NGO의 변화 과정

85) James and Hailey(2007).

역할이나 세계경제 등 외부 환경의 급격하고 다면적인 변화도 고려해야 한다.

개발NGO의 역량개발 한계를 극복하고 시민사회 전반의 역량 강화를 위해서는 무엇보다 가치에 기반을 둔 역량개발에 힘을 써야 한다. 역량개발이란 제도나 인프라를 구축하는 것으로 이해되기보다는, 다양한 개인과 조직, 커뮤니티를 아우를 수 있어야 한다. 이러한 노력을 위해 INTRAC가 제시한 다섯 가지 원칙, 즉 '변화를 위해 겸손하고 협력할 것, 자신의 가치와 관심영역에 대해서는 정직할 것, 정의로운 성장을 위해 소외되고 가난한 이들을 대변할 것, 역량개발에 대해서 진지하게 받아들일 것, 통제를 버리고 믿음을 가질 것'[86]에 귀 기울여야 할 것이다.

3. 한국 개발NGO의 역량 분석[87]

1) 역량강화 프로그램 현황

1980년대 이후 NGO의 수가 급증하는 전성기를 보낸 서구 NGO들은 NGO 개입의 효과성에 대한 비판적인 논의들이 제기되면서 자신들의 활동에 대한 효과성 및 역량강화에 관심을 기울이게 된다. 앞 절에서 살펴본 것처럼 NGO들은 자체적인 기준이나 행동강령을 만

86) James and Hailey(2007).

87) 이 절은 손혁상 · 신재은이 2012년 『국제개발협력연구』에 게재한 "한국 개발NGO 역량분석을 위한 프레임워크 구성과 경험적 분석"을 바탕으로 수정 보완하였다.

들어 자신들의 투명성과 책무성, 효과성을 스스로 지켜나가는 한편, 조사사업 평가와 교육, 기술지원 프로그램 운영 등 역량강화를 위한 다각적인 노력을 기울이고 있다.

개발NGO의 성장은 국제적 흐름 속에서만 관찰되는 것은 아니다. 한국 개발NGO의 규모도 빠른 속도로 증가하였다. 2장 4절에서 살펴본 것처럼, 2013년 한국 개발NGO의 수입 규모는 1조 5,000억 원에 육박한다. 그중 개인 및 기업의 후원금이 7,500억 원을 차지하여 수입의 50%를 초과하고 있다. 해외사업비 비중은 총 사업비의 30.6%에 해당하는 약4,200억 원으로 집계되었는데, 2011년의 28%보다 증가된 규모이다. 한국 개발NGO와 정부의 파트너십 또한 확대되고 있다. 한국 정부는 2010년 10월에 '국제개발협력 선진화 방안'을 통해 KOICA의 한국 개발NGO들과의 협력 사업 및 민간기업과의 사업 예산을 90억 원(2010년 기준)에서 2015년 900억 원으로 증가시키겠다고 야심차게 발표하였다. 현실적으로 이 수치를 달성하기는 어렵고, 2013년 현재 약 350억 원 규모의 지원이 있었다. 이처럼 지속적인 사업규모의 확대와 대규모 정부 재정 지원을 받게 될 한국 개발NGO는 더는 역량강화를 미룰 수 없는 상황이다. 사업효과성 · 전문성 · 투명성 · 책무성 · 지속가능성, 혁신을 가져올 수 있도록 개발NGO 스스로의 자체적인 역량강화가 시급한 때이다.

이처럼 한국 개발NGO의 역량강화에 대한 요구가 높아지고 있지만 개발NGO의 역량분석에 대한 연구와 실천 프로그램 모두 미약한 실정이다.[88] 전체적으로 조사 연구 실적이 저조한 가운데, KCOC는

88) 한국 개발NGO의 역량에 관한 최근의 문헌으로는 손혁상 외(2011b), 손혁상 · 신재은, "한국 개발NGO 역량분석을 위한 프레임워크 구성과 경험적 분석"(2012), 그리고 한재광 · 박수정, 『한국 개발NGO의 국제개발협력 인식에 대한 연구』(서

2003년부터 2년마다 한국 개발NGO 규모에 대한 설문조사를 실시하고 그 결과를 출판해왔다. 그중 2012년에 발간한 『2011 한국 국제개발협력 CSO 편람』과 2014년에 발간한 『2013 한국 국제개발협력 CSO 편람』은 KCOC 회원단체뿐만 아니라 비 회원단체들의 국제개발협력 사업의 규모와 현황을 확인할 수 있는 자료이다. 하지만 개발NGO 규모와 현황에 한정된 조사인 까닭에 개발NGO의 전반적인 역량을 파악하기에는 한계가 있다. KCOC는 이 외에도 개발NGO의 역할과 관련 있는 심포지엄을 개최하며 부분적으로나마 연구 기능을 수행하고 있다. 그 외 연구로는 사회복지공동모금회에서 진행하는 지원 대상 민간단체들의 해외사업지원 현황 평가, 한국 개발NGO의 교육분야 지원현황에 대한 조사 등을 꼽을 수 있다. 이 밖에 학위논문을 포함한 연구 동향을 살펴본 결과, 대부분의 연구는 한국 개발NGO의 실태 및 현황을 파악하는 수준에서 머물고 있다.

한국 개발NGO의 역량강화를 위한 프로그램은 주로 KOICA, KCOC, 한국NPO공동회의 등을 통해서 실행되고 있다. 그러나 전문강사진의 부족, 해당 교육의 필요성에 대한 낮은 인식, 아직 체계화되지 않은 프로그램 등은 향후 보완되어야 할 점이다.

KOICA는 2010년 ODA 교육원을 설립하여 국제개발협력 전문가 양성, 원조 관련 이해관계자 파트너십 강화, 국민의 ODA 이해도 제고 등 국제개발협력 전반에 대한 교육을 시행하고 있다. 프로그램은 크게 일반교육, 전문교육, 특별교육으로 구분된다. 일반교육은 국제개발협력과 ODA에 관심 있는 일반인과 대학생이 교육대상이며, 전문교육은 KOICA 사업 참여자 및 관련 실무자를 대상으로 이루어진다.

울: 초록우산 어린이재단, 2013) 등이 있다.

또 특별과정을 요구하는 단체나 기관을 대상으로 맞춤형식의 특별교육도 제공하고 있다.

KOICA의 역량개발 프로그램을 좀 더 구체적으로 살펴보면, 민간단체 대상 역량강화는 민관협력실에서 주관하는데, 파트너의 역량강화가 사업효과성 제고에 기여한다는 전략 아래 개발NGO, 기업, 대학을 대상으로 역량강화 사업을 시행하고 있다. 사업 유형은 크게 세 가지로 구분되는데 첫째, 2004년 KCOC와의 협력을 시작으로 현재까지 KCOC, GCAP, KoFID와 같은 협의체 및 네트워크와 협력하여 중소단체 대상 사업발굴프로그램 시행, 실무자 교육, 자료발간, 강사양성, 시민대상 캠페인 사업, 국제회의 파견, 국제자료 우리말 번역 등의 사업을 지원하고 있다. 둘째, 민관협력실이 파트너 대상 프로그램을 직접 개설, 수행하는 경우이다. 세부 프로그램으로는 협력사업 수행에 필요한 주제별 교육(사업관리, 인권, 커뮤니케이션, 회계 등), 평가를 위한 예산, 교육, 컨설팅을 지원하는 평가역량강화 프로그램, 전문가 해외 전문교육기관 파견을 통한 해당 이슈 국내보급, 사례집 발간 등이 있다. 해외파견 실무자를 대상으로는 KOICA 해외사무소 주관으로 민관협력실과 현지 협의체가 공동 협력하여 교육과정을 개설하고, 필요시 동료검토(peer review) 프로그램과 편람발간 예산을 지원하고 있다. 셋째, 2013년부터 다양한 전문교육기관 양성과 전문교육 제공을 목적으로 보건, 지역개발, 협동조합, 젠더, 환경 등 특정주제에 대한 교육위탁기관을 공모를 통해 선발하여 실무자에게 전문교육을 제공함과 동시에 전문교육기관을 양성하고 있다.

KCOC는 2004년부터 KOICA와 협력하여 국제개발협력 교육 및 훈련, 네트워크 구축, 연구조사 및 정책제언, 간담회 및 포럼 등을 통하여 역량강화 사업을 진행하고 있다. 이 가운데 현지사업장을 대상으로 진행하는 프로그램이 주목할 만하다. 현지사업장에서 역량강화 프로그램, 특히 프로젝트 사업수행 관련 교육프로그램과 네트워크에 대한 수요가 높기 때문이다. 앞으로의 역량강화 프로그램을 기획할 때, 개발현장에서 실제로 필요한 해외사업 수행능력을 강화하고, 국가별·지역별 특성에 맞는 프로그램 수행을 위한 장기적 전략이 필요하다.

한국NPO공동회의는 모금과 홍보, 자원개발 등을 주제로 한 교육프로그램과 연 1회 시민사회, 기업, 정부의 상호소통을 위한 '소통과 나눔 파트너십 페어' 심포지엄을 개최하고 있다. 폭넓은 강사진을 바탕으로 보다 전문화되고 체계적인 역량강화 프로그램으로 발전시킬 것으로 기대한다.

2) 한국 개발NGO 역량분석

앞서 살펴보았듯이 한국 개발NGO의 역량을 분석한 연구는 많지 않으며, 본격적인 경험적 연구를 통한 역량현황 분석이나 역량강화를 위한 정책방안을 제시한 경우는 제한적이다.[89] 여기서는 이들 연구성과를 통해 한국 개발NGO의 역량을 살펴보고 문제점 개선 및 발전 방안을 모색하고자 한다.

(1) 역량분석 프레임워크

한국 개발NGO의 역량을 파악하기 위한 프레임워크를 개발하기

89) 손혁상 외(2011b), 손혁상·신재은(2012), 한재광·박수정(2013)의 선행 연구를 찾아볼 수 있다.

위해서 먼저 미국의 NGO협의체인 InterAction, 호주 원조개발청 AusAid, NGO 연구 및 컨설팅 기관인 INTRAC, 개별 NGO인 PACT, 컨설팅 기관인 Mckinsey & Company 등의 기관들이 어떤 기준과 절차로 평가했는지를 살펴보았다. 이를 통해 공통된 기본 역량 요소들을 추려내고, 개발NGO 실무자 및 대표자들과의 인터뷰와 간담회 등을 진행하여 한국 개발NGO의 역량개발 요소 및 프레임워크에 대한 리뷰를 거쳤다. 그 결과를 요약한 것이 〈그림 3-8〉이다. 한국 개발NGO의 역량분석 프레임워크는 비전/미션, 전략/목표, 거버넌스, 사업실행 역량, 재정, 인적 자원(직원 및 자원봉사자) 등 여섯 가지 요소로 구성된다.[90]

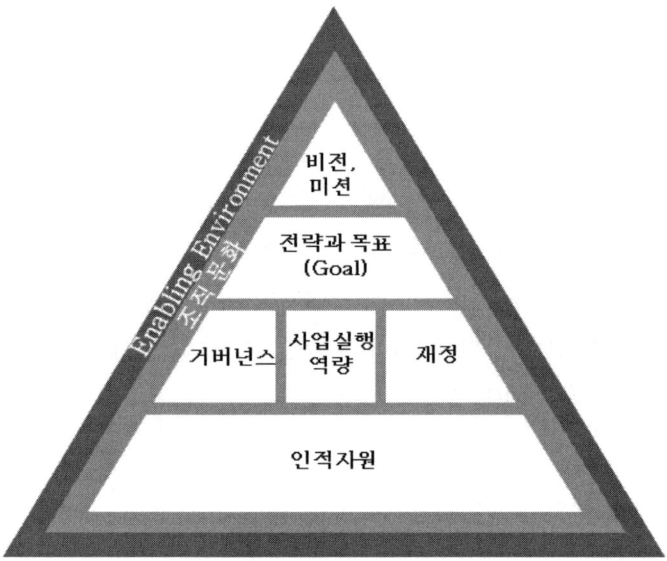

출처: 손혁상 · 신재은(2012), p. 21.

〈그림 3-8〉 한국 개발NGO의 역량분석 프레임워크

90) 여섯 가지 역량분석 프레임워크 요소에 대한 이하의 논의는 손혁상 · 신재은(2012),

가장 상위에는 비전과 미션이 위치하고 있다. 비전과 미션은 한국 개발NGO가 궁극적으로 성취해야 할 역량요소이다. 이는 조직이 존재하는 목적이나 이유, 존재근거, 사명 또는 임무와 이를 통해 조직이 달성하고자 하는 미래의 모습이다.

한국 개발NGO 역량강화를 위한 가장 기본적인 요소는 인적 자원이라고 할 수 있다. 인적 자원을 관리, 교육하는 역량은 인력의 채용과정에서의 투명성부터 업무분장, 복지와 평가, 성과, 급여 등의 내용이 포함된다. 또한 한국 개발NGO 중 상당수는 자원봉사자의 역량에 힘입어 사업을 수행하기 때문에 한국 개발NGO의 역량분석 프레임워크에는 자원봉사자 관리 역량도 필요하다. 기관을 이끄는 원동력이 바로 사람이기 때문에 자원봉사자를 포함한 모든 인적 자원은 한국 개발NGO 역량분석 프레임워크의 가장 밑바탕에 놓여 있다.

전략과 목표는 조직의 미션과 비전을 달성하기 위한 일관되고 구체적인 방향이다. 다시 말해 인적 자원, 거버넌스, 사업실행 역량, 재정 등의 하위 영역에서 궁극적으로 비전과 미션이 달성되도록 돕는다. 따라서 전략과 목표는 상위역량(비전과 미션)과 단체의 세부역량(거버넌스, 사업실행 역량, 재정, 인적 자원)을 연결시키는 역량으로 기능하기 때문에 프레임워크의 상단에 위치하고 있다.

그림의 중간에는 거버넌스, 사업실행역량, 재정이 있다. 거버넌스는 조직의 운영, 이사회의 운영 등 전반적인 조직 내부 운영 및 정보공개와 같은 조직 외부에 대한 정보공개 등을 포함하고 있다. 사업실행역량은 한국 개발NGO에 가장 중요한 부분 중 하나이다. 조직이 사업(프로그램)의 조사, 계획, 실행, 평가 단계에서 성과를 낼 수 있는

---

pp. 20-22 참조.

역량이다. 마지막으로 재정은 앞서 언급했던 투명한 재정운영을 포함하여 자금 동원 및 관리 역량을 말한다. 이는 단체의 운영이 안정적이고 지속가능한 형태로 운영되는지를 평가하는 역량 요소이다. 이와 같이 세 가지 역량 요소는 다른 모든 역량 요소들을 연결시키는 허리 역할을 맡으면서, 궁극적으로 한국 개발NGO가 전략과 목표를 잘 세우도록 돕는 요소이다.

피라미드 형태의 역량분석 프레임워크 바깥에는 조직문화가 자리 잡고 있다. 여섯 가지 역량을 바탕으로 조직이 성장할 때 조직문화도 함께 발달하게 된다. 좋은 조직문화와 분위기는 여섯 가지의 역량이 더 강화될 수 있도록 긍정적인 역할을 하기도 한다.

조직을 둘러싸고 있는 영역에는 조직문화뿐만 아니라 조직이 지속할 수 있는 환경이 있다. 한국 개발NGO들의 노력을 극대화하기 위해 NGO를 둘러싼 법적·사회적 환경이 조성되는 것이 중요하다. 즉, 조직의 효과성을 논의하는 데에 있어 조직의 이해관계자들 및 사회가 함께 책임감을 공유하는 것이 필요하다. 이것이 바로 2008년 아크라회의에서 논의, 결정된 '실현가능한 환경구축(Enabling Environment)'이다.

한국 개발NGO의 주요 구성원들이 국제개발협력과 개발NGO의 사업 및 조직에 대해 어떠한 인식을 가지고 있는지를 파악하는 것도 한국 개발NGO의 역량분석에서 중요하다. 이를 조사한 연구[91] 내용 중 한국 개발NGO의 역량분석에 적용할 수 있는 항목을 제시하면 〈표 3-5〉와 같다.

---

91) 설문조사는 KCOC의 109개 회원단체를 포함하여 국제개발협력(해외)사업을 수행하는 모든 단체를 대상으로 수행하였으며, 예비조사와 전문가 타당도 검증, 본 조사(2013년 10월 14일~11월 1일), FGI, 연구자문 등의 연구절차를 거쳤다.(한재광·박수정(2013), pp. 5-6)

〈표 3-5〉 국제개발협력 인식조사의 항목 및 세부 문항

항 목	세부 질문
개발NGO의 조직	소속기관의 투명성 및 책무성 확보 정도
	직원복지제도
	직업의식
개발NGO의 사업	효과적인 사업수행에 필요한 사항 및 전문성

출처: 한재광・박수정(2013), pp. 7-8의 표 2-1 및 표 2-2를 토대로 재구성함.

위의 두 가지 내용을 바탕으로 구성한 한국 개발NGO 역량분석 요소와 세부적인 지표는 〈표 3-6〉과 같다.

〈표 3-6〉 한국 개발NGO 역량분석 요소와 세부지표

요소	세부지표
비전/미션	존재여부
	공유범위
전략/목표	전략과의 연계
	존재여부
	수립과정의 참여
	전략의 공유
	전략 달성 여부의 검토
거버넌스	내/외부 환경변화에 따른 검토
	이사회 존재여부
	정기적 이사회 개최
	이사의 전문성
	이사회의 역할
	조직역할
	의사소통 메커니즘
	민주적 의사결정
	윤리규정의 유무(투명성 및 책무성)
	정보관리시스템 유무
	내부정보 공유
	외부정보 공개(사업, 재정)

요소	세부지표
사업실행역량	사업전략
	사업수행능력(사업 전문성)
	사업평가
	목표에 부합하는 자원 배분
재정	회계
	재정 리스크 매니지먼트
	감사
	예산운용의 적절성
	수입구조
	모금
인적자원(직원)	명확한 업무분장
	인력채용의 공정성/투명성
	직원 복지
	직업 의식
	평가, 성과, 급여
인적자원(자원봉사자)	명확한 업무 분장
	모집 및 관리
	교육
	평가, 성과, 급여

출처: 손혁상・신재은(2012), p. 23 및 한재광・박수정(2013), pp. 7-8을 종합하여 재구성함.

(2) 한국 개발NGO 역량에 관한 설문조사 분석[92)]

① 비전/미션[93)]

한국 개발NGO들을 대상으로 한 설문조사 결과 명문화된 비전 혹은 미션을 가지고 있다고 응답한 단체는 약 95%로 매우 높게 나타났다. 비전/미션이 단체의 전략과 프로그램에까지 연계되어 있다고 밝힌 단체도 4.31의 높은 평균값(5점 척도)을 보였다. 다만, 단체의 구성원들과 비전/미션을 공유하는 절차가 있는 단체의 평균값이 3.79로

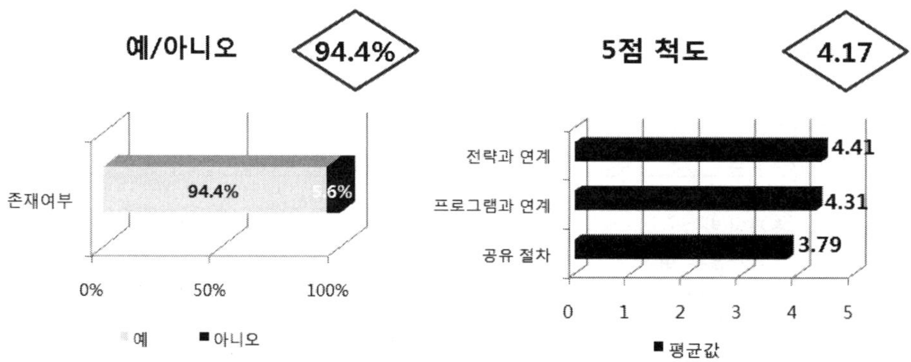

출처: 손혁상 · 신재은(2012), p. 24.

〈그림 3-9〉 비전/미션 전체 그래프

---

92) 설문조사는 2011년 6월 12일부터 7월 14일까지 약 한 달간 시행했으며, 총 72개의 단체가 응답하였다. KCOC 단체가 53개, 비회원단체 단체가 19개로 구성되었다. 단체설립 특성상 시민사회단체, 사회복지기관 등으로 다양하였으나 모두 한국에서 등록을 하고 국제개발에 종사하는 단체이기에 '한국 개발NGO'라 칭하기로 하였다. 연구방법론으로는 문헌조사, 설문조사 등 기본적인 연구방법 외에도 4개국 현지조사, 7차에 걸친 개발NGO 대표 및 실무자 의견 청취, 정책관련자와의 워크숍, 심포지엄 개최를 하였다.(손혁상 · 신재은(2012), pp. 5-6)

93) 손혁상 · 신재은(2012), pp. 24-25. 손혁상 · 신재은의 연구에서 평균값의 척도는 5점이다.

나타나, 비전/미션을 공유하기 위한 노력이 상대적으로 부족하다는 점을 확인할 수 있었다.

② 전략/목표

대부분의 단체들이 전략/목표를 가지고 있으며, 그 전략/목표를 공유하고자 노력하는 것으로 나타났다(89.7%). 또한 전략/목표 평가프레임워크를 보유한 있는 단체들도 85.7%로서 상당히 높은 수준이다. 하지만 전략/목표 달성을 평가하는 단체는 절반 정도로서, 전략/목표를 보유하고 있지만 달성 여부는 적극적으로 점검하지 않는 것으로 보인다. 전략/목표 달성 여부를 주기적으로 점검하는지에 대해서 3.94의 평균값을 보였다. 환경변화에 따라서 전략/목표를 수정하고 보완하는지에 대한 평균값은 3.55로 다소 낮은 수치를 보였다.

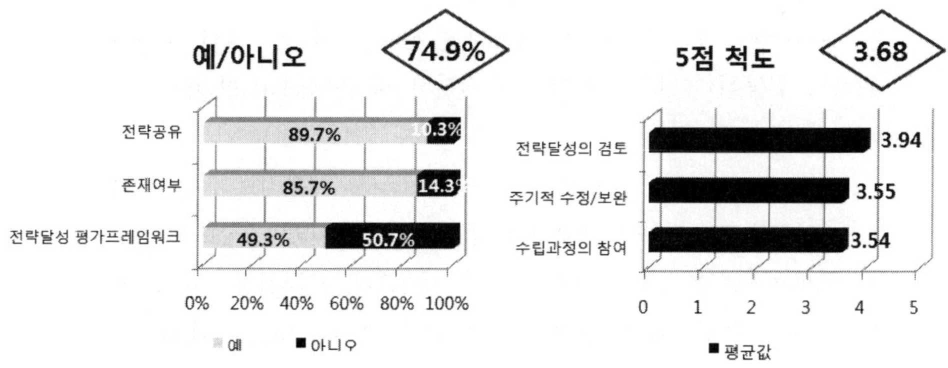

출처: 손혁상・신재은(2012), p. 25.

〈그림 3-10〉 전략/목표 전체 그래프

③ **거버넌스**[94)]

거버넌스에서는 세부적으로 이사회, 의사소통 메커니즘, 내·외부 정보 공유/공개 및 관리시스템, 윤리규정의 유무(투명성 및 책무성)로 나누어 살펴보았다.

• 이사회: 이사회의 수행사업 및 경영분야에 대한 전문성 정도는 3.33으로 다소 낮은 평균값을 보였다. 이사회의 역할로는 정책방향 제시 및 재정 감독(각 19.1%, 17.6%)이 주요 비중을 차지했고, 모금활동 및 애드보커시(각 10.7%, 5.3%)는 다소 낮은 비율을 보였다.

• 의사소통 메커니즘: 기관의 운영과 관련하여 각 그룹[95)]의 정기적 회의 개최 정도를 보면, 수혜자(2.98)와 해외지부의 회의(3.40) 비중이 직원(4.46) 및 임원(4.12)에 비해 현저히 낮음을 확인할 수 있었다. 회의에서 나온 의견들이 정책에 반영되는 정도도 임원 의견이 4.27로 월등히 높았고, 그 다음은 직원의 의견반영(4.01)이었다.

• 내·외부 정보 공유/공개 및 관리시스템: 내부정보의 공유 정도가 원활하다고 평가한 단체들의 평균값은 3.73이었다. 정보를 외부에 공개하는 비율은 86.5%로 높은 편이었으나, 모금현황(75.4%), 담당자정보(76.6%)에 대한 공개 정도가 다른 항목에 비해 상대적으로 낮은 비율임을 확인할 수 있었다. 정보관리시스템을 구축하고 있는

---

94) 거버넌스 항목 중 이사회, 의사소통 메커니즘, 내·외부 정보 공유/공개 및 관리시스템은 손혁상·신재은(2012), pp. 28-29 참조.

95) 그룹의 대상은 임원, 직원, 해외지부, 국내자원봉사자, 해외자원봉사자, 후원자, 수혜자, 협력기관이다.

단체의 비율은 45.1%로, 정보를 구축하고 관리하며 내・외부적으로 공유하는 시스템 마련이 필요할 것으로 보인다.

- 윤리규정의 유무(투명성 및 책무성): 윤리규정을 가지고 있는 단체들의 비율은 73.6%로 높으나, 준수여부를 모니터링하는 단체들의 비율은 상대적으로 낮은 52.8%로 나타났다. 개발NGO에 대한 투명성 및 책무성에 대한 요구가 내・외부적으로 점점 더 높아지는 상황이기에 한국 개발NGO들이 KCOC의 행동규범 내지 자체 윤리규정을 어떻게 준수하고 있는지 공개하는 것이 중요해질 것이다. 이와 관련하여 스스로 모니터할 수 있는 자체평가모델의 개발이 중요하다고 할 수 있다.

한편, 한재광・박수정(2013)의 연구에서는 '소속기관이 기관운영 및 사업관련 정보를 투명하게 공개하는지'에 대해 응답자의 67.5%가, '소속기관이 후원자 및 사업 수혜자들에게 책무성을 다하고 있는지'에 대해서는 69.5%가 긍정적인 평가를 한 것으로 나타났다. 개발NGO 구성원의 대다수는 소속단체가 '투명'하고 '책무성'이 있는 것으로 판단하는 반면, 두 항목 각각 보통 이하의 답을 선택한 비중도 29.8%, 29.1%에 달해 향후 투명성 및 책무성 확보에 대한 노력이 지속적으로 필요한 것으로 보인다.[96]

④ 사업실행역량

사업실행역량을 사업수행 능력과 사업평가로 나누어 살펴보았다.

96) 한재광・박수정(2013), p. 27.

• 사업수행능력(사업 전문성): 한국 개발NGO들을 대상으로 한 설문 결과, 사업실행 시 현지자원의 활용은 평균값 4.39를 나타냄으로써, 사업실행역량에 대한 질문 중 가장 높은 값을 보였다. 그 다음으로는 사업목표달성에 대한 응답으로 4.06의 평균값을 보였다. 반면 가장 낮은 평균값을 보인 부분은 전문 지식을 가진 인력의 참여 부분으로 평균값이 2.69에 불과하였다. 한국 개발NGO의 현지 사업수행 시, 3년 이상의 경험이 있는 인력이 참여하고 있으나(평균값 3.59), 상대적으로 전문 지식을 가진 인력의 참여가 저조하므로, 이 부분에 대한 역량강화가 필요할 것으로 보인다.

한재광 · 박수정(2013)의 연구에서도 전문성 요구가 큰 것으로 나타났다. 효과적인 사업수행에 필요한 사항을 묻는 질문(2개 복수응답)에서는 전체의 42.7%가 '전문성 제고'에 대한 필요성을 인식하고 있었다. 국제개발사업 수행에 필요한 전문성이 무엇인지 묻는 응답에는 35.1%가 '분야전문성'이라고 응답했으며, 이어서 '지역전문성' 24.5%, '국제개발전문성' 18.5%, '관리전문성' 13.9%로 나타났다.[97]

• 사업평가

사업을 평가하는 프레임워크를 보유한 단체는 44.9%로서 절반에 미치지 못하였다. 사업종료 후 평가나 수혜자를 평가에 참여시키는 부분은 각각 3.87, 3.41의 평균값을 보였는데, 평가 프레임워크를 보유한 단체가 절반에 미치지 못하였다는 점을 감안할 때 나머지 단체

97) 효과적인 사업수행에 필요한 사항은 풍부한 예산확보, 전문성 제고, 규제개발 규범 준수, 현지 파트너십 강화, 직원복지여건 개선, 기타로 구성되었다. 전문성 제고에 이어 현지 파트너십 강화가 28.5%, 풍부한 예산확보가 18%로 높은 비중을 차지하였다.(한재광 · 박수정(2013), pp. 45-46)

들은 평가 프레임워크 없이 평가를 수행하는 것으로 보인다. 사업평가 프레임워크는 평가와 반영을 통해서 더 질이 높은 사업을 할 수 있는 기본적인 절차이므로, 한국 개발NGO가 향후 중점적으로 강화하여야 할 역량이라고 할 수 있다.

⑤ 재정

재정에서는 세부적으로 전담인력, 회계 규정 및 매뉴얼, 자금의 리스크 매니지먼트, 내/외부 감사 및 결과 공개, 모금으로 나누어 살펴보았다.

• 전담인력: 회계 담당자, 해외사업모금 담당자, 후원자 관리 담당자 등의 전담인력 부분을 살펴보면, 회계 담당자에 대한 질문에 대해 73.2%, 해외사업모금 담당자에 대한 질문에 46.5%, 후원자를 관리하는 담당자에 대한 질문에 82.6%가 '예'라고 응답하였다. 후원자 관리 담당자 부분은 상당부분 인력이 확보되었으나, 회계 담당자 및 해외사업모금 담당자는 상대적으로 낮은 수치를 보여주고 있다.

• 회계 규정 및 매뉴얼, 자금의 리스크 매니지먼트: 회계 관리에 관한 규정 및 매뉴얼은 응답 단체의 78.9%가 보유하고 있었으나, 보험 및 금고관리 등의 자금의 위험성을 관리하는 절차는 66.2%만이 보유하고 있다고 응답하였다. 전담인력 부분에서 언급된 회계 담당자 확보를 비롯하여 회계 관리 부분(리스크 매니지먼트)에 대한 역량강화가 필요함을 보여주고 있다.

• 내/외부 감사 및 결과 공개: 내부감사와 외부감사의 설문결과는

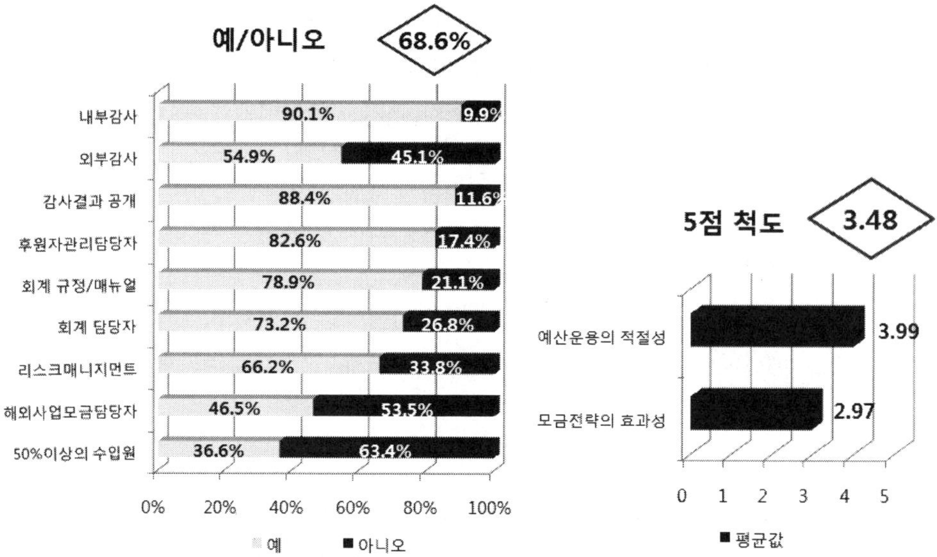

출처: 손혁상·신재은(2012), p. 33.

〈그림 3-11〉 재정 전체 그래프

상당한 차이가 있다. 정기적인 내부감사를 시행하는 단체가 전체의 90.1%에 달하는 반면, 정기적 외부감사를 시행하는 단체는 54.9%에 불과하였다. 내부 및 외부 감사 내용을 공개하는 단체는 88.4%로 높은 비율을 보였다. 감사결과를 공개하는 대상으로 이사회(26.5%), 임원(25.1%), 직원(22.0%)이 가장 높은 비율을 보이고, 후원자 및 현지직원에 대한 공개는 상대적으로 낮은 것으로 나타났다.

• 모금: 모금 전략 및 활성화 전략에 대한 효과성을 묻는 질문에 대해 평균값 2.97을 나타냄으로써, 모금 전략의 효과성을 높이기 위한 역량강화가 필요함을 보여준다. 전담인력 부분에서 지적한 것처럼 해외사업모금 담당자를 보유한 단체가 46.5%에 불과하므로, 모금 전

략 부분의 역량 강화와 인력 확보가 동시에 진행되어야 할 것이다.

⑥ **인적 자원**[98)]

인적 자원을 세부적으로 채용, 인력관리, 직원복지, 직업의식, 교육으로 나누어 살펴보았다.

• 채용: 차별 없고 공개적인 채용에 대한 질문에서 가장 높은 수치가 나타났다. 직원의 경우 4.15와 4.13, 자원봉사자의 경우 4.10의 평균값을 나타내고 있다.

• 인력관리: 업무를 명문화한 매뉴얼을 묻는 질문에서는 직원 업무 매뉴얼을 보유한 단체가 64.3%로 나타났으며, 자원봉사자 업무 매뉴얼을 보유한 단체는 45.1%로 직원에 비해 상대적으로 낮은 수치를 보였다. 또한 자원봉사자를 많이 활용하면서도 자원봉사 담당자를 보유한 단체는 53.5%로 절반 정도이다. 따라서 한국 개발NGO의 자원봉사 관리역량은 상대적으로 미흡하며, 이에 대한 역량강화가 필요하다.

• 직원복지: 성과에 근거한 직원 보상 시스템에 대해서는 2.59의 평균값으로 최하위 수치를 보이고 있다. 임금수준에 대한 응답도 마찬가지로 평균값이 2.86에 불과하여, 직원들의 처우에 대한 변화가 필요하다. 한편, 한재광・박수정(2013)의 연구에서는 '개발NGO의 직원복지에서 중요한 것이 무엇이라고 생각하는지'에 대해 질문한 결과

98) 인적 자원 항목 중 채용, 인력관리, 교육은 손혁상・신재은(2012), pp. 36-37 참조

응답자의 42.1%가 '급여 및 수당'을 선택했고, 26.2%는 '재교육'을 중요하게 생각하는 것으로 드러났다. 이는 개발NGO 구성원들이 '재정'적 요소와 '역량강화' 요소를 가장 필요로 함을 보여준다.[99]

- 직업의식: 한재광·박수정(2013)의 연구에서 '소속기관의 국제개발협력사업 부서에 근무하는 실무진이 헌신적인 태도를 보이는지'에 대한 질문에 대해 긍정적인 응답이 85.4%로 매우 높게 나타났다. 그 이유로는 '기관이 추구하는 가치에 대한 동의'가 36.2%로 가장 높았으며, '기관의 성장과 개인의 성장의 동일화'가 15.4% 등으로 나타났다. 그 외에도 '종교적 신앙의 가치추구'와 '개발사업에 대한 개발NGO구성원 개인의 열정'도 13.8%로 비교적 높은 비중을 차지하였다. 결과적으로 개발NGO의 실무진들은 기관이 추구하는 가치에 대한 동의를 바탕으로 매우 헌신적인 태도로 근무하고 있음을 확인할 수 있다.[100]

- 교육: 자체 교육 프로그램을 보유한 단체는 41.4%에 불과하였다. 또한 직원들을 외부역량 교육에 적극적으로 참여시키는 정도도 평균값 3.58로 그다지 높지 않았다.

3) 한국 개발NGO 역량강화를 위한 제언

위에서 살펴본 역량분석 설문조사 결과를 토대로 현재 한국 개발NGO의 역량과 관련하여 몇 가지 개선방안을 모색해 볼 수 있다.

99) 한재광·박수정(2013), p. 31.
100) 한재광·박수정(2013), p. 38.

우선, 비전/미션의 현황에서 한국 개발NGO는 비전과 미션을 거의 모두 가지고 있는 것으로 나타났다. 하지만 전반적으로 비전과 미션을 단체의 구성원들과 공유하기 위한 절차에서는 상대적으로 낮은 수치를 보였다. 비전과 미션은 단체가 궁극적으로 도달하려는 목적으로서 구성원들과 공유하며 함께 성취하려고 노력할 때 그 의의가 더욱 높아진다. 비전과 미션을 공유함으로써 단체에 대한 이해도를 높이고 더 나아가 단체의 활동에 대한 헌신성을 이끌어 낼 수 있기 때문이다. 또한 비전과 미션의 공유를 통해 이행여부를 여러 사람이 함께 확인할 수 있기 때문에 단체에 대한 투명성과 책무성 확보 및 신뢰도를 향상시킬 수 있을 것이다.

단체의 전략/목표에 관한 조사 결과, 많은 단체가 전략/목표를 보유하며 그것을 공유하려고 노력하고 있다. 하지만 공유 범위는 제한되어 있었다. 전략/목표를 환경변화에 따라 주기적으로 검토하거나 평가하는 역량을 묻는 문항에 대해서도 긍정적인 응답이 적었다. 전략/목표의 달성여부는 개발NGO의 사업을 효과적이고 지속가능하게 할 중요한 역량요소이다. 국제 개발을 둘러싼 환경이 지속적으로 변하고 있기 때문에 이에 대응하여 전략/목표를 개발하고 수정하지 않는다면 사업의 효과성과 지속가능성 확보가 어려울 수밖에 없을 것이다. 또한 단체의 전략/목표 수립 시 수혜자가 참여하는 것은 혁신성과 관련되어 있다고 볼 수 있다. 앞서 언급하였듯이 단체의 전략/목표는 비전/미션을 구체적으로 달성하기 위해서 필요하며, 단체의 사업과 운영방향을 결정짓는다. 전략/목표 수립은 보통 기관의 임・직원이나 이사회가 중심이 되어 진행하는 것이 일반적인데, 만약 이 단계에 수혜자가 참여하거나 그 의견을 반영한다면, 모든 사업이 수혜자 중심으로 이루어질 수 있고, 이는 단체 활동의 질적 효과성을 높이는 결과를 얻을 수 있다는 점에서 매우 혁신적인 방법이 될 수 있다.

거버넌스에서는 다양한 부분의 역량강화가 필요함을 보여주었다. 우선, 거의 모든 단체에 이사회가 구성되어 있지만, 그 역할의 범위에서 단체의 모금 및 애드보커시 활동의 영역은 더욱 개발될 필요성이 있음을 확인할 수 있다. 이사회의 역할과 전문성 정도는 단체의 활동 및 역량에 많은 영향을 미칠 수 있으므로, 단체마다 이사회의 전문성 및 역할의 다양화를 고려하고 더 나아가 이를 위한 정책을 마련할 필요가 있다. 한편 단체의 원활한 운영을 위한 의사소통의 메커니즘을 보면, 수혜자와 현지지부의 회의 및 의견 반영 비중이 낮고, 직원 및 임원의 비중이 높았다. 전략/목표 수립 시 수혜자를 포함하는 것이 사업의 질적 효과성에 영향을 미치듯이, 공식적인 절차를 통해 수혜자 및 현지직원의 의견을 수렴하는 것은 개발효과성을 위해 반드시 고려되어야 할 중요한 요소이다.

단체의 윤리규정이 존재한다고 답한 비율은 높았는데, 그 준수여부를 모니터링하는 단체들은 절반 정도밖에 안 되는 설문 결과에 주목할 필요가 있다. 투명성과 책무성이 강조되는 단체에서 윤리성을 모니터링하는 역량은 필수불가결하다. 윤리규정을 만드는 수준에만 그치는 것이 아니라, 스스로 이행하고 모니터링하는 기법을 도입하는 것은 단체를 지원하고 후원하는 후원자의 신뢰를 얻는 강력한 홍보수단이 될 것이다.

사업실행역량 조사 결과, 사업 실행 시 전문지식을 가진 인력이 참여하는 비율이 낮게 나왔고, 상대적으로 경험인력은 많이 참여하는 것으로 조사되었다. 경험인력의 참여가 많다는 것은 긍정적으로 평가할 수 있으나, 현장경험에 전문지식까지 보유한 인력이 사업을 운영한다면, 한국 개발NGO 활동의 전문성은 상당히 강화될 것이다. 이와 함께 전문성을 국제적 수준으로 끌어올리기 위해서는 국제적인 이슈에 대한 대응이 뒷받침될 필요가 있다.

재정 관리에서는 모든 단체에 회계 담당자 배치 및 회계 관리 능력을 향상시킬 역량강화가 필요하다. 회계의 투명성은 단체의 투명성과 책무성을 결정짓는 중요한 요소이다. 따라서 회계영역을 더욱 전문적이고 신뢰할 만한 수준으로 향상시키기 위해서는 내부감사뿐만 아니라 외부감사까지 정례화하는 것이 바람직할 것이다.

마지막으로 인적 자원 부분에서는 직원에 대한 처우 개선책이 마련되어야 한다. 개발NGO에서 가장 기본적인 역량의 요소가 인력인 점을 감안할 때, 현재의 보상시스템이나 교육 프로그램으로는 인적 자원의 전문성 및 지속성을 담보하기가 어려운 실정이다. 따라서 개발NGO가 성과에 근거한 보상시스템 및 전문성 강화를 위한 프로그램을 도입하여 전문 인력이 장기적으로 근무할 수 있는 환경을 준비해야 한다. 자원봉사자의 인적 자원을 활용하는 부분에서도 아직까지는 전문적인 수준에 미치지 못함을 확인할 수 있다. 자원봉사자는 한국 개발NGO가 보유한 혁신적인 자원 중 하나이다. 자원봉사자가 보유한 유·무형의 자원을 단체의 활동에 적절하게 배치하거나 사용할 때, 단체는 여러 가지 한계를 극복하고 독창적인 사업을 진행할 것이다.

제4장

정부와 파트너십

제4장 정부와 파트너십

공적인 원조기관은 빈곤퇴치, 인권증진 등 다양한 국제개발협력 목표 달성을 위한 주체로서 개발NGO의 역할을 강조하고 있으며, 국가-시민사회 파트너십 형성이 필수임을 인식하고 있다. 그렇지만 현실에서 정부와 NGO와의 관계가 언제나 긍정적으로 형성되는 것은 아니다. 공여국 정부와 개발NGO의 관계는 상호 보완, 상호 협조, 상호 대립 등 다양한 양상을 보인다.[1] 대립 관계는 국가와 개발NGO가 이념과 역할을 달리할 때 발생할 수 있다. 개발NGO가 정부의 중심적 역할을 상당 부분 대체하여 수행할 때, 정부는 NGO의 존재를 경쟁 또는 대립 관계로 인식할 수 있다. 정부와 개발NGO가 수평적인 파트너십을 형성하기 위해서는 NGO가 자체의 역량강화를 통한 주체성·유연성·효율성·독립성 등을 향상시키는 문제도 있지만, NGO가 개발협력 사업에 참여할 수 있는 법적·제도적인 메커니즘을 구축하여 NGO가 합법성(legitimacy)을 기반으로 활동하도록

1) 안숙희, "정부와 개발 NGO 간의 파트너십에 관한 연구," 『미래사회복지연구』 제1권(1)호(2010), p. 77.

지원하는 것이 중요하다. 합법성은 NGO가 개발협력 사업에서 보충적인 역할을 하는 것에서 나아가 주체로서 활동하도록 문호를 공식적으로 개방해주기 때문이다. NGO의 활동 촉진을 위한 법적·제도적 장치는 다양하다. 재정 또는 행정적 지원의 방식으로는 세금감면, 대응자금 지원, 포괄적 지원, 장기 재정 지원 방식 등이 있다. NGO의 참여를 통해 시민사회의 이해와 요구를 정책에 반영할 수 있도록 정기적인 포럼을 여는 방식도 선진국에서는 널리 활용되고 있다.

1. 이론적 접근

1) 거버넌스 모델

'거버넌스'는 국가 권력이 시민사회를 지배하거나 통제하여 국민과 시민사회 집단을 수직적으로 관리하는 전통적인 방식과 차별화하기 위해 널리 사용되는 개념이다.[2] 정부가 '공공재(public good)'를 독점적으로 향유, 생산, 공급하던 종래의 방식에 비판이 제기되면서 국민과 시민사회를 정부의 정책결정 과정에 참여시키는 거버넌스 모델이 등장하였다.

1990년대 이후 효율성과 경쟁을 강조하고, 시민을 주체가 아닌 고객으로 바라 본 신공공관리론(New Public Management, NPM)에서 정부가 비정부 행위자(기업, 시민단체, 주민 등을 총칭함)와 협업하여 이들의

2) Renate Mayntz, "New Challenges to Governance Theory," *Jean Monet Chair Papers* 50(European University Institute, 1998).

〈표 4-1〉 거버넌스에 관한 다양한 개념적 정의

학 자	거버넌스 개념
Hyden/Bratton(1992)	공공영역의 정당성을 강화하려는 의식적인 제도적 구조배열
Rosenau(1995)	가족에서부터 국제조직까지 모든 인간 활동수준에서의 규칙체계
Rhodes(1997)	상호의존성, 자원교환, 게임규칙 그리고 국가로부터 자율성의 특징을 가진 자기조직적인 조직 간 네트워크
Mayntz(1998)	국가 권력이 시민사회를 형성하는 국민이나 집단을 수직적으로 관리, 통제해오던 전통적인 방식과 차별화하기 위해 사용
Kooiman(2002)	공공・민간부문의 행위자들이 거버넌스 활동이 이루어지는 제도 속에서 사회문제를 해결하고 사회 기회 창조를 위하여 참여하는 상호작용적 배열, 즉 문제를 해결하고 기회를 참조하는 데 목표를 둔 절차적 조건

출처: 배응환(2007), Kooiman(2002)을 참고하여 수정 보완함.

의견과 아이디어를 적극 반영하고 정책형성 과정뿐만 아니라 행정전반에 걸쳐 시민의 참여를 유도하는 새로운 거버넌스(new governance) 혹은 협력적 거버넌스(collaborative governance) 조류가 등장하였다.[3)] 거버넌스는 '국가, 시장, 그리고 시민사회에 속하는 행위자들이 투명하고 민주적인 절차에 의하여 정책을 수립하고 집행하기 위해 수평적인 협업 네트워크를 형성하여 수립한 유형 또는 무형의 제도로 구성된 통치체제'로 정의할 수 있다.[4)] 기존의 국가중심적인 시각에서 국가와 사회의 관계는 양립할 수 없다고 보는 것과는 대조적으로, 거버넌스 이론은 양자를 상호보완적인 관계로 인식한다. OECD는 정책과정에 국민의 참여는 굿거버넌스(good governance)를 위한 핵심적인 요소라고 강조한다. 국민의 참여는 다양한 정보 및 관점을 파악하는

3) 황성수, "스마트 정부 시대에 맞는 참여적 거버넌스 모색: Social Media를 활용한 정책홍보와 시민참여를 중심으로," 『한국지역정보화학회지』 제15권(4)호(2012), pp. 29-31.

4) 손혁상 외, 『개발효과성 제고를 위한 정부-시민사회 협력 방안 연구』(성남: KOICA, 2011c), p. 19.

데 도움을 주어 정책결정의 질을 향상시키고, 국민과의 상호의사소통 증진에 따라 보다 나은 지식관리를 가능하게 하여 정보사회의 도전에 대비할 수 있기 때문이다. 또한 정책결정과정에 국민이 참여함으로써 투명성 및 책무성을 제고할 수 있고, 이는 다시 정부에 대한 국민의 신뢰로 선순환적인 영향을 준다. 거버넌스 모델은 정부-시민사회의 관계에 있어 시민사회의 참여를 적극적으로 이끌어냄으로써 대의민주주의의 한계를 보강하는 데 기여할 수 있다.[5)]

2) 신정책의제

냉전 종식 이후, 개발정책과 원조 이행 문제는 로빈슨(M. Robinson)이 이야기하는 '신정책의제(new policy agenda)'에 의하여 지배되었다고 볼 수 있다.[6)] 신정책의제는 크게 두 가지 특성에 기반을 두고 있다. 첫째, 신정책의제는 신자유주의적 경제 메커니즘을 기반으로 한다. 이는 시장과 민간부문이 경제성장을 위해 가장 효율적으로 정책을 이행할 수 있는 주체라고 인식하며, 민간부문을 통하여 가장 많은 사람에게 최대의 서비스를 공급할 수 있다고 인식하는 것이다. 따라서 신정책의제에 따르면, 정부의 역할은 매우 제한적이며 최소화되어야 한다. 정부는 민간이 효율적으로 기능하도록 환경을 조성하는 역할을 하며, 시장이 해결할 수 없는 부문에만 최소한으로 개입해야 한다는 것이다. NGO가 국가를 대신하여 복지 서비스를 제공한 것은

---

5) 박재창 외, 『시민참여와 거버넌스』(서울: 오름, 2009), p. 75.

6) Michael Edwards and David Hulme(eds.), *Non-Governmental Organization- Performance and Accountability: Beyond the magic bullet*(United Kingdom: Earthscan Publications Ltd., 1995), p. 4.

비단 1990년대 들어 새로이 시작된 것은 아니나, 이전에는 정부의 재정 또는 역량 부족으로 인하여 NGO가 정부의 역할을 대신하였다면, 신정책의제에서는 정부는 충분한 역량과 재정이 있어도 민간부문 또는 NGO를 통한 복지 서비스 전달이 더욱 효과적이라고 인식하기 때문에, NGO를 서비스 전달의 주체로서 인식하고 선호한다. 둘째, 신정책의제는 자유민주주의와 밀접한 상관관계가 있다. NGO의 활동 또는 참여가 민주화를 위한 기제로 인식되기 때문이다. NGO는 시민사회의 번영 및 발전을 위한 필수요소로, NGO를 통한 시민사회의 발전은 다시 신정책의제에서 중요하게 여기는 경제적 측면에서의 성공으로 이어진다고 본다.[7] 코르텐(Korten)의 개발NGO 제4세대에 속하는 세계 시민사회 운동의 발전과 대표적인 국제 NGO인 CIVICUS의 설립 사례가 단순히 국제개발협력 발전의 결과로만 보기 어려우며, 신정책의제의 신자유주의 사상에서 분리되어 평가할 수 없다는 시각은 바로 이런 인식적 배경을 고려한 것이다. 결론적으로 신정책의제는 희소자원 분배에 대한 국가의 통제로부터 시장에 대한 이데올로기적 선호로 이해할 수 있다.[8]

3) 결사체로서의 시민사회

국가와 시민사회의 조직 원리로서 다원주의와 조합주의는 시민사회의 역할을 사적 영역에 제한하고 협상과정에서 이익 간의 갈등과

---

7) Edwards and Hulme(eds.)(1995).

8) James Copestake, "NGO-State Collaboration and the new policy agenda: the case of subsidized credit," *Public Administration and Development* 16(1996), p. 21.

대립을 조정해왔다. 그러나 이러한 원리들은 시민사회의 역할 확대에 대해 근본적인 대안을 제시하지 못하였다.[9] 시민사회와 민간부문의 참여를 공적 영역까지 확장하였지만, 여전히 정치의 영역은 국가의 역할로 한정되어 있었기 때문이다. 이에 대한 대안으로서 결사체주의는 시민사회의 역할을 민간부문에 한정하지 않고 공적 부문까지 확대하였다는 측면에서 국가-시민사회 파트너십 형성에 중요한 의미가 있다. 다원주의와 조합주의는 시민사회를 국가의 통제와 조정을 받는 2차 집단(secondary association)으로 한정하지만, 결사체주의는 시민의 참여를 통한 사회집단 또는 결사체는 공공부문 정책결정 및 집행에서 자율성을 가지고 수행하는 1차 집단(primary association)으로 본다.[10] 이에 따라 시민사회는 결사체를 통하여 정치에 복귀하며, 결과적으로 시민의 참여를 통한 결사체가 공공영역에서 역할을 수행하게 된다.

에드워즈(Edwards)는 시민사회를 세 가지 측면에서 분석하였다. 시민사회는 '결사적 삶의 토대'로서의 시민사회, '좋은 사회'로서의 시민사회, '공적 영역'으로서의 시민사회를 포괄하며, 세 가지 특성이 모두 연결되어야 온전히 시민사회를 이해할 수 있다고 주장하였다.[11]

결사체로서의 시민사회는 국가와 민간부문에 비해 시민사회가 비교우위를 점하는 보건, 젠더, 환경 등의 분야에서 전문성과 개발현장에 대한 보다 높은 접근성이 있는 점을 토대로 현지 주민 및 개발사업의 수혜자와 함께 개발도상국 주민의 삶의 질 제고에 기여할 수 있다. 결사체로서의 시민사회는 수혜자 또는 수원국의 주인의식(ownership)

---

9) 안승국, "결사체민주주의와 정치공동체: 국가-시민사회관계의 대전환 모색," 『한국정치학회보』 제31권(3)호(1997), p. 69.

10) 안승국(1997), p. 77.

11) Michael Edwards, *Civil Society*(Cambridge: Polity Press, 2009).

〈표 4-2〉 에드워즈(Edwards)의 시민사회 분류

시민사회 분류	내 용
결사적 삶의 토대 (Associational Life)	• 신뢰와 협동에 기반을 둔 시민사회 • 자발적 결사체(voluntary associations): 공동의 목표를 설정하기 어렵기 때문에 정치적 합의 수준을 이끌어내기 어려움
	+
좋은 사회 (Good Society)	• 모두가 평등하게 참여 • 공동의 목표를 지향하는 협의의 과정이 필요
	+
공적 영역 (Public Sphere)	• 공적 영역은 민주적 형태를 가시화 할 논의의 수단으로 작용 • 공적 영역에서 상이한 목표를 가진 다양한 결사체는 자율성과 사회적 총체로서 요구되는 사항 사이에서 균형을 유지할 수 있음
	=
시민사회 (Civil Society)	• 결사적 삶의 토대, 좋은 사회, 공적 영역으로서의 시민사회 모두가 함께 조화를 이루어야 시민사회는 독립성과 평등성을 가지고 활동할 수 있음

강화와 자립(self-help)을 강조하고 있어, 개발사업의 효과성 제고와 책무성(accountability)을 강화하는 데 중요한 역할을 하고 있다.

4) 제4영역으로서의 개발NGO

파울러(Fowler)는 국가, 시장, 시민사회의 협력공간으로서 개발NGO의 역할을 강조하였다. 공여국의 원조 규모가 확대되면서 국민에게 빈곤 감소의 결과를 공개하게 되고, 이런 측면에서 개발NGO의 참여는 국가 원조활동에 대한 정당성을 설명하는 하나의 수단으로서 여겨지게 되었다. 그러나 개발NGO의 제한적 참여와 정부가 개발재원을 일방적으로 부여하는 문제는 개발NGO의 자율성을 침해하게 되고, 시민사회가 지닌 중요한 특성을 잘 발휘할 수 없게 하였다. 결국 이러한 문제는 개발NGO로 하여금 새로운 국가-시민 파트너십

의 대안을 모색하도록 추동하였다.

개발NGO는 공적 어젠다를 논의하고 공동선을 추구한다는 점에서 국가의 역할과 닮은 점이 있다. 또한 흑자를 창출하며 자기금융(self-financing)의 관점에서는 시장과 연계되어 있다.12) 동시에 시민의 자발적인 참여로 조직된 점에서 시민사회와 연결되어 있다. 이와 같이 국가, 시장적 특성을 포괄하기 때문에 개발NGO를 시민사회의 영역으로만 설명하기 어렵다. 다시 말해 개발NGO는 지향하는 목표가 공적인 특성이 있다는 점에서 국가와 연결되어 있으며, 재정을 스스로 충당하고 자발적인 참여에 의해 조직된다는 점에서 시장 및 시민사회 영역과 맥락을 같이한다. 결론적으로 볼 때, 개발NGO는 국가, 시장, 시민사회 모두의 영역과 상호관계에 놓여 있는 것이다.

파울러는 냉전시대 정치적 이데올로기의 대립이 세계 개발을 위한 재단 또는 기구를 조직하는 것으로 대체됨으로써 자본주의적 시장경제와 자유민주주의를 전제로 규범에 기초한 상호작용이 발전하였다고 주장하였다. 새로운 세계 질서를 규정하는 규범은 크게 두 가지이다. 하나는 유엔의 국제 정치 및 사회 관련 국제법이며, 다른 하나는 세계무역기구(WTO)에 의해 강행되는 경제 관련 약정이다. 냉전 이후의 세계질서를 규정하는 국제규범은 시민사회 및 비정부 행위자와 상관없이 정부 단독의 역할 및 책임으로 인식한다는 점을 파울러는 국가-시민사회 관계의 주요한 논쟁으로 보았다. 파울러는 개발NGO가 국가, 시장, 그리고 사회와 상호 유기적인 관계에 위치해야 한다고 보고, 개발NGO의 역할을 고찰하였다. 개발NGO는 근원적으로 공적 원조 시스템이라는 특정한 채널에 구속되지 않았는데, 공적 원조

12) Edwards(2009), p. 24.

의 증가로 점차 공공영역과의 연계(association)가 증대되면서, 기존에 국가 원조 채널 또는 공적 영역에 내재하던 위험을 떠안게 되었다고 파울러는 분석하였다. 공여국의 원조 규모가 확대되고 개발NGO에 의한 원조 수행이 점차 많아지면서 개발NGO가 이미 부패하고 비효율적인 정부시스템 안에 갇히게 되었고, 공적 신뢰와 명성이 감소되고 있다는 것이다. 파울러는 개발NGO를 제4의 영역(fourth position)으로 보고, 국가, 시장 그리고 시민사회 영역과의 협력 및 참여를 제공하는 디딤돌 역할을 해야 한다고 강조하였다. 개발NGO를 제4의 영역으로 위치시킴으로써 단순한 시민의 영역에서 공적영역에서의 책무성 있는 기관으로 발전할 수 있다고 보았다. 더불어 개발NGO의 재원을 다양화하는 데에도 기여한다고 주장하였다.

파울러가 개발NGO의 위치를 제4의 영역으로 분석한 것은 사회의 상호작용을 설명하기에는 너무나 단순한 접근방법인 기존의 국가, 시장, 시민사회로 삼등분하는 방식에 대한 발전방안 또는 도전이라고 볼 수 있다. 현재의 상황은 국가-시장-시민사회라는 삼분법적인 접근방법으로 설명하기에는 한계가 있다. 현실은 삼분법적 접근으로 설명할 수 있는 것보다 훨씬 복잡하기 때문이다. 사회에서 개발NGO는 협상자 · 중재자 · 감독자 · 감시자 또는 혁신자로서 시민사회와의 연대가 강하지만, 제4의 영역으로서 개발NGO는 국가, 시장 그리고 시민사회와 상호협조하기 위한 발판으로 작용하며 역할을 더 견고히 할 수 있다. 한편, 개발NGO는 에드워즈(Edwards)와 센(Sen)이 말하는 공리적 윤리와 가치(axiomatic ethics and values)에 기초하고 있으며, 성취하기 위해 요구되는 목표와 임무를 정의하기 위해 인권에 관한 보편적인 원칙과 언어를 적용한다고 가정한다.

개발NGO는 제1의 영역 국가에 영향을 끼치며, 국가의 활동을 감

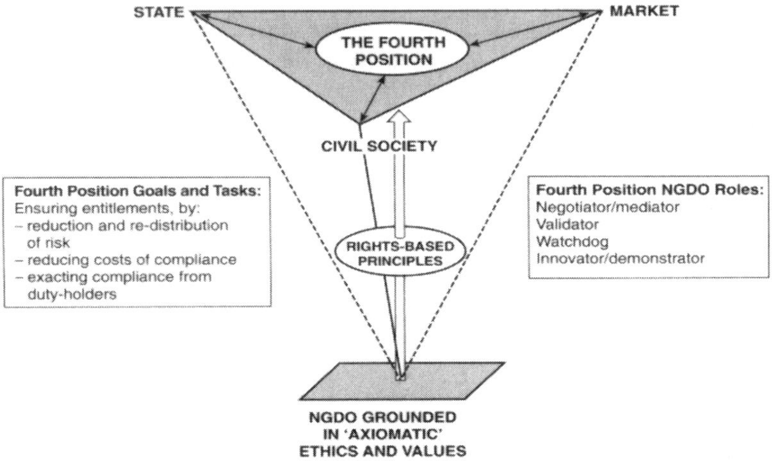

출처: Alan Fowler, "NGO Futures: Beyond Aid: NGDO Values and the Fourth Position," *Third World Quarterly* 21-4(August 2000), p. 599의 Figure 1을 참고하여 재구성함.

〈그림 4-1〉 파울러(Fowler)의 제4의 영역으로서의 개발NGO의 역할

시하는 동시에 국가는 개발NGO로 하여금 책무성을 보장할 것을 요구한다. 제2의 영역 시장에서 개발NGO는 기업이 행동강령을 준수하는지 독립적으로 평가하고, 사회적 기업으로 활동하거나 개발에 관계없는 기업으로서 활동하기도 한다. 시장은 개발NGO가 전문성뿐만 아니라 신뢰할 수 있는 명성을 쌓을 것을 요구한다. 제3의 영역 시민사회는 개발NGO에 합법성·책무성, 그리고 재원을 확보하는 것을 가능하게 한다. 개발NGO는 시민사회 안에서 중재, 협상의 전문성을 확보하게 하며, 시민의 의사를 정책 또는 사회에 반영할 수 있게 한다. 파울러는 개발NGO가 제4의 영역에 위치함으로써 빈곤하고 위험에 처한 사람들을 위해 구조적이고 체계적인 변화를 통하여 긍정적인 변화를 이끌어낼 것이라고 주장한다.

국가-시민사회와의 파트너십과 관련한 이론적 논의는 냉전 이후

시민사회가 발달해 나가면서 다양해졌다. 위에서 살펴본 국가-시민사회 파트너십에 접근하는 네 가지 이론의 공통점은 정부의 영역으로 한정되어 있던 공적 영역에 시민사회를 기반으로 조직된 자발적 기구가 공적 영역의 실질적인 역할을 수행한다는 것을 전제로 논의되고 있다. 각 이론이 개발NGO가 처해 있는 거버넌스적 환경에 따라 임무와 역할에 대해서는 차이를 보이지만, 시민의 참여와 개발NGO의 책무성 증진을 통하여 빈곤퇴치에 보다 더 가깝게 접근할 수 있다고 분석하고 있다.

2. 개발협력 파트너십의 역사

파트너십(partnership)이란 공동의 목표 달성을 위하여 자본, 노동 등 유·무형의 자원을 상호 협의 아래 협력할 것에 동의하는 관계를 의미한다. 파트십의 주체는 달성하고자 하는 공동의 목표에 대하여 협력하며 목표 달성에 따른 성과와 이익뿐만 아니라 책임도 함께 공유한다. 특히, 장기적 파트너십(long-term partnership)은 '사회적 자본(social capital)'을 구축하는 데 중요한 기여를 하며, 사회적 자본은 파트너 간의 상호 신뢰(trust)와 헌신(commitment)으로부터 산출된다. 상호 신뢰와 헌신에 기반을 둔 파트너십은 거래비용을 감소시키고, 공적, 민간, 비영리 부문 간의 소통을 강화하는 데 기여한다.[13]

13) Michael Essig and Alexander Batran, "Public-private Partnership: Development of long-term relationships in public procurement in Germany," *Journal of Purchasing and Supply Management* 11(2005), p. 221.

국제개발협력 분야에서 파트너십의 형성은 개발원조의 초기부터 나타났다. 하지만 현재 국제사회에서 논의되는 파트너십은 개발원조 초기 파트너십과는 많은 차이가 있다. 특히 냉전 종식 이후 파트너십 개념의 변화가 나타났는데, 이는 ODA의 목표, 행위자, 도구의 세 가지 측면에서 국제개발협력 환경이 변화한 것과 관련이 깊다.14) 여전히 많은 공여국은 국가 안보 및 정치적 이익(national security and political interests) 또는 경제협력(economic cooperation)을 추구하는 것을 원조의 가장 중요한 목적으로 보지만, 냉전 종식 이후 국제정치 환경의 변화와 상호의존성 증대로 ODA가 다루어야 하는 주제는 더욱 다양화되었다. 선진국과 개발도상국 간 경제적 협력의 가속화, 새천년개발목표(MDGs)를 이행하기 위한 양자 및 다자협력, 기후변화, 에너지 등 글로벌 공적 재화 보존을 위한 파트너십 등 협력의 목적과 어젠다가 다양화되었다. 또한 냉전 체제에서는 1648년 베스트팔렌조약(Peace of Westphalia) 이후 형성된 근대 국민국가(nation-state)가 주요한 행위자였다면, 냉전 종식 후에는 민간부문 행위자들의 참여가 증대되었다. 개발도상국 내에서도 정치적 민주화가 시작되면서 시민사회가 발전하였고, 남남협력(south-south cooperation), 또는 선진국이 특정 국가와 일방적인 관계를 맺는 것에서 더 나아가 남남협력이 잘 되도록 그 협력 과정 자체를 지원하는 삼각협력(triangular cooperation)까지 국제개발협력 분야의 파트너십은 새로운 패러다임을 구축해 나가고 있다. 점차 민간부문 또는 제3섹터로 서비스 전달의 주체가 아웃소싱(outsourcing)되고, 다양한 주체가 국제개발 현장에 참여하면서, 작은 규모의 사회적 프로젝트도 활발히 시행되었다. 조세 또는 항공권

---

14) Jean-Michel Severino and Oliver Ray, "Death and Rebirth of a Global Public Policy," *Center for Global Development* 167(2009).

연대기금과 같은 준조세 방식의 도구, 위험자본에 대한 투자, 국제금융지원기구(IFF), 보험 메커니즘, 보증제도, 선진시장협약(AMC), 특별채권 발행 등 소위 혁신적 개발재원이라고 불리는 이행방식의 도구적 혁명이 일어났다. 이러한 원조 도구의 다양화로 민관협력(Public-private Partnership, 이하 PPP) 또는 공여국-수원국-국제기구-현지NGO-세계시민까지 국제개발협력 파트너십에 직·간접적으로 관여하는 주체의 폭이 매우 확장되었다.

선진 공여국과 제3섹터의 파트너십은 2차 세계대전 종식 이후 시작되었다. 미국에서는 1949년 개발도상국의 발전을 위한 Point IV 선언, 농업법 제정, 민간의 자발적 조직인 PVO(Private Voluntary Organization)의 해외활동 보조금 지원과 식량원조의 법적 근거를 마련하면서 시작되었다. 1960년대 이후부터 독일(1962년)·스웨덴(1965년)·네덜란드(1965년)·영국(1974년)·캐나다(1976년)·프랑스(1977년), 그리고 일본(1990년대)까지 선진국은 개발협력 관련 NGO 지원 프로그램을 구축해 왔다. 또한 NGO의 법적 지위 획득을 위한 절차와 세금감면 혜택을 마련하는 등 정부-시민사회 파트너십 형성을 위한 제도적 프레임워크도 구축하기 시작하였다.[15)]

정부와 개발NGO의 파트너십은 NGO의 발전단계와 긴밀한 관계가 있다. NGO의 역량이 충분하지 않으면 정부와 대등한 입장에서 개발 어젠다를 논의하기 어려우며, NGO는 지배적인 위치를 점하고 있는 정부에 종속될 가능성이 높기 때문이다. 이는 수평적 파트너십 형성에 주요한 장애 요인으로 작용한다.

루이스와 칸지(Lewis and Kanji)는 1972년부터 1992년까지를 NGO 확대 시기로 보았다. 1972년 스톡홀름환경회의, 1974년 부크레슈티

15) 손혁상 외(2011a), pp. 26-27.

〈표 4-3〉 주요 선진국의 정부-개발NGO 파트너십의 역사

국 가	연 도	개발NGO 지원 법적 제도 및 프로그램
미국	1949년	• Point IV 선언, 농업법 제정을 통한 PVO 보조금 지원, 식량 원조에 관한 법적 근거 마련
	1961년	• NGO의 법적 지위 등록 시스템 마련 • 자선단체의 경우 세금감면 혜택이 가능해짐
독일	1962년	• 가톨릭 원조본부(Katholische Zentralstelle fur Entwicklungshilfe, KZE)와 개신교 원조본부(Evangelische Zentralstelle fur Entwicklungshilfe, EZE)를 지원하기 시작 • Co-financing 제도, 프로젝트 자금 지원, umbrella NGO에 패키지 형식의 무상기여, 긴급원조자금 등 포함 • 간단한 NGO 등록절차가 마련된, 일부 자선단체에 세금감면 혜택 시행
스웨덴	1965년	• 개발원조법 채택(1962년) 및 스웨덴 국제개발협력청 Sida 설립(1965년)
네덜란드[16]		• 1965년: 제3세계에서 활동해온 선교사가 소규모의 개발협력 사업의 효과성을 확인하고 정부에 지원을 요청함; 세계 최초로 국제 협력분야에서 NGO에 정부 역할의 절반을 부여함.[17] 네덜란드 봉사자재단 SNV 설립; 네덜란드 양자 간 원조집행기관으로 활동[18] • 1980년: 재정협력프로그램(Co-Financing Program, CFP)
영국	1974년	• Joint Funding Scheme(JFS),[19] 자원봉사단체 기금, 긴급 및 난민 원조, 식량원조 등의 다양한 프로그램 시행 • 자선단체로서 법적 지위 획득 • 특정 기관에 세금 감면혜택 부여
캐나다	1976년	• 캐나다 국제개발청 CIDA 내에 관련 부서를 만들어 NGO 지원 • 매칭그랜트, 식량원조, 긴급원조, 양자 프로그램 등을 시행 • NGO 및 자원봉사단체의 법적 지위 획득 가능 • 세금감면 혜택
프랑스	1977년	• 협력부(Ministry of Cooperation)에서 NGO 지원
일본[20]	1989년, 1990년대	• 외교부에 의하여 세 가지의 새로운 지원 프로그램을 관리; 1989~1992년에 걸쳐 지방정부도 관리를 시작함 • 1990년대 후반부터 새로운 계약제도와 NGO를 위한 역량 개발 프로그램이 시행됨 • 1998년부터 NGO의 지위가 등록되기 시작함

출처: 손혁상 외(2011a), pp. 26-27을 참고하여 저자 작성.

16) 네덜란드에서는 NGO 지원에 대한 재원을 정부가 전적으로 부담하지 않으며, 시민에 의해 대부분이 충당되는 것이 특징이다. 상시 기부자가 전체 국민의 절반에 이르며, 전혀 기부하지 않는 사람은 전체 국민의 약 7% 정도에 불과하다(박홍규, 『박홍규 교수가 쓴 작은 나라에서 잘 사는 길』(서울: 휴먼비전, 2008)).

에서 개최된 세계인구회의와 같은 유엔 회의에서 NGO가 중요한 역할을 담당했기 때문이다. 1980년대에 들어서는 정부의 NGO 지원이 ODA에 대한 국민의 인식 제고와 보다 나은 거버넌스의 확충, 그리고 민주주의의 기본을 수립하는 데 상당한 역할을 한다는 점이 인식되기 시작하였다.[21] 루이스와 칸지는 1980년대 말 NGO가 개발정책에서 주류적 역할을 맡기 시작하고, 정부와 다자간 기구 또한 NGO를 개발 분야에서 더욱 중요한 행위자로 인식하기 시작하였다고 보았다. 1980년대 말, NGO의 급속한 성장은 네 가지의 상호 관련된 요소에서 기인한다.[22] 첫째, 개발이론이 더 이상 발전하지 않고 정체하는 개발이론의 교착화가 심화되고 있었다. 주류 거시이론인 근대화이론과 급진적 이론인 종속이론이 개발과 관련한 아이디어를 지배하고 있었다. 이러한 배경 아래 NGO를 중심으로 인간 중심 접근법 등 대안적 아이디어가 제시되었고, NGO는 근대화이론 및 종속이론에 대한 대안으로 인식되기 시작하였다. 둘째, 정부의 비효율성 및 부패가 만연하던 시기였다. 개발협력의 근본적 목표인 빈곤퇴치를 위한 정부의 노력보다는 부패와 관료제로 인한 예산과 조직상의 비효율성 문제가 제기되면서, 정부가 이행하는 기존의 원조 방식에 대한 회의와 반대 프레임이 형성되었고, NGO는 정부 대 정부 방식의 원

17) 박홍규(2008), p. 164.

18) 김혜경(1997), p. 119.

19) Christopher C Erswell, *UK Aid Policy and Practice 1974-90: An analysis of the poverty-focus, gender-consciousness and environmental sensitivity of British official aid*(USA: Dissertation.com, 2001), p. 131.

20) Catherine Agg, "Trends in Government Support for Non-governmental Organizations: Is the 'Golden Age' of the NGO Behind Us?" *Civil Society and Social Movements Programme* 23(Geneva: UNRISD, 2006), p. 7.

21) Smillie and Helmich(1999), p. 8.

22) Smillie and Helmich(1999). pp. 38-42.

〈표 4-4〉 1980년대 말 NGO의 급속한 성장요인

발전 요인	내 용
1. 개발이론의 교착 상태	주류 거시이론인 근대화이론과 급진적인 종속이론이 개발관련 아이디어를 지배하고 있었음; NGO가 대안적 아이디어와 새로운 행위자 등장의 근원으로 인식되기 시작함(예: 인간 중심 접근법의 등장)
2. 정부의 비효율성과 부패 만연	빈곤퇴치를 위한 정부의 역할이 비효율적이라는 인식이 팽배했으며, 정부의 만연한 부패 및 관료제에 대한 대안으로, 또는 정부 대 정부 방식의 원조 관행에 대한 대안으로 NGO가 주목받기 시작하였음
3. NGO가 개발에 대한 새로운 아이디어를 제시	NGO는 개발에 있어 환경, 젠더, 사회적 개발 등의 이슈가 중요함을 피력하였고, 이는 원조시스템에 영향을 주었음
4. 1989년 냉전의 종식	새롭게 확장된 민간부문에 대한 접근성은 전체주의적 레짐을 붕괴시키고 시민사회 및 결사적 삶에 대한 새로운 형식을 고안하는 데 영향을 주었음

출처: Lewis and Kanji(2009)를 참고하여 저자 작성.

조 관행에 대한 대안으로 주목받기 시작하였다. 셋째, NGO는 전통적인 어젠다에서 벗어나 환경, 성 평등, 인권 등 사회적 이슈를 주창하였고, 새로운 아이디어와 이슈의 등장은 원조시스템에 많은 영향을 주었다. 넷째, 냉전체제의 종식은 국가 중심의 원조체계에서 새로운 행위자, 특히 NGO의 활동과 역할의 범위를 확장하는 데 결정적인 영향을 주었다.

1992년부터 현재까지는 권한부여(empowerment)의 시기로 구분되며, 리우에서 개최된 UNCED에서 NGO는 회의 준비과정에서뿐만 아니라 실질적인 역할을 포함한 모든 측면에서 활발히 참여하였다고 평가되고 있다.[23] 1990년대 이후부터 개발NGO는 정부 등 공적 부문의 공여자가 선호하는 행위자 및 채널로 인식되었는데, 이는 당시 추진된 '신정책의제'와 같은 맥락에서 볼 수 있다. 신정책의제는 빈

23) Smillie and Helmich(1999), p. 33.

곤퇴치, 사회복지 분야, 그리고 시민사회의 발전에서 NGO와 시민사회 조직의 역할에 주도권을 부여하기 때문이다.[24] '불완전한 시장이 불완전한 정부보다 낫다(imperfect markets are better than imperfect states)'[25]는 문구처럼 많은 행위자들은 NGO를 서비스 전달 및 비용 측면에서 정부보다 더 효과적이며 효율적이라고 인식하였다. 2008년 아크라행동강령에서는 개발NGO를 독립적인 개발협력의 행위자로 공인하였다. 아크라행동강령은 포괄적인 파트너십(inclusive partnership)을 구축할 것을 명시하였으며, OECD DAC의 공여국뿐만 아니라, NGO, 기업, 자선단체 등 모든 파트너를 포함할 것을 촉구하였다.[26]

이제 시민사회와 NGO는 정부기관의 개발 사업을 보완하는 역할을 넘어 국제개발협력 규범 형성을 위해 자기주장을 국제기구의 공식적인 결정과정에서도 제기하는 위치에 이르렀다. 2011년 부산총회에서 개발효과성 담론을 지배적 프레임으로 이끌어내지는 못하였지만, OECD DAC 집행위원회의 공식위원 자격으로 시민사회의 목소리를 국제사회 무대에서 논의의 중심 주제로 끌어낸 것은 한 단계 높은 수준의 참여 역량을 보여주었다는 점에서 의의가 있다.

---

24) Michael Edwards and David Hulme, "Too Close for Comfort? The Impact of Official Aid on Nongovernmental Organizations," *World Development* 24(6)(1996), p. 961.

25) Christopher Coclough and James Manor, *States or Markets? Neo-liberalism and the development policy debate*(Oxford: Clarendon Press, 1991), p. 7.

26) OECD(2008).

3. 정부-시민사회 파트너십의 국제현황[27)]

1990년대 개발NGO는 국제개발협력 분야에서 공적 공여자가 선호하는 수단으로 인정받기 시작하였으며, 이에 따라 NGO 자체 원조규모 또한 지속적으로 증대되었다. 이는 개발원조 분야에서 NGO의 활동영역과 역할이 과거에 비해 확대되었음을 시사한다. 〈표 4-5〉는 OECD DAC 회원국의 NGO 자금 규모 변화를 보여준다. NGO 자체자금/ODA 비율은 1991년부터 1992년까지 9.8%에서 2011년 23.7%로 2배 이상 증가하였다.

OECD DAC는 공여국의 NGO 지원을 'NGO 자체사업 지원(aid to NGO)'과 'NGO 위탁사업 지원(aid through NGO)'으로 구분한다. NGO 자체사업 지원은 프로젝트에 대한 지원(core support)을 의미하며, NGO 위탁사업 지원은 정부가 계획한 프로젝트를 대신하여 이행할 때 지원하는 원조(earmarked aid)를 의미한다. 2009년 기준으로 OECD DAC 회원국의 양자간 ODA 중 NGO에 대한 지원 비율은 가장 낮은 국가인 프랑스 1%에서부터 가장 높은 국가인 아일랜드 37%까지 다양한 스펙트럼을 보이고 있다. 스웨덴 · 노르웨이 · 스위스 · 네덜란드 · 룩셈부르크 · 아일랜드는 상위 6개국으로 전체 ODA 자금 중 NGO 자체사업 지원 자금비율이 평균 약 29.8%로, 상당한 원조 자금을 NGO를 통해서 또는 NGO에 직접 지원하여 원조사업을 수행하고 있다. 몇 국가를 제외하고 NGO 위탁사업 지원이 NGO 자체사업 지원보다 많은 비중을 차지하는 점이 공통적으로 확인된다. 이는 정부 주도적인 프로그램을 NGO가 단순히 이행하거나,

27) 손혁상 외(2011a)를 참고하여 수정 및 재구성하였음.

〈표 4-5〉 OECD DAC 회원국의 ODA 및 NGO 자금 규모 변화

(단위: 백만 달러)

구분	ODA	NGO 자체자금	NGO 자체자금/ODA
1991~92 평균	58,453	5,704	9.8%
1993~94 평균	57,610	5,869	10.2%
1996~97 평균	52,028	5,480	10.5%
1998~99 평균	52,910	6,173	11.7%
2003	69,065	10,239	14.8%
2004	79,432	11,320	14.3%
2005	107,838	14,823	13.7%
2006	104,814	14,749	14.1%
2007	104,863	18,352	17.5%
2008	122,716	23,787	19.4%
2009	120,486	22,047	18.3%
2010	128,971	30,775	23.8%
2011	134,411	31,969	23.7%

출처: OECD QWIDS 홈페이지 참고 및 재구성함.
http://stats.oecd.org/qwids/#?x=4&y=6&f=2:1,3:51,5:3,7:1,1:2&q=2:1+3:51+5:3+7:1+1:2+4:1,31,32,137,5+6:2007,2008,2009,2010,2011,2012(검색일: 2013. 11. 25).

지원에 대한 조건이 붙는(earmarked) 원조 자금이 큰 비중을 차지함을 의미한다. 벨기에·뉴질랜드·아일랜드·네덜란드는 비교적 NGO 자체사업 지원(core support)이 상당 부분을 차지하고 있다. 프랑스·그리스·한국·일본·포르투갈 5개국은 ODA 자금 중 NGO 자체사업 지원 자금 비율이 3% 미만에 불과하다. 이들 국가는 개발효과성 제고를 위해 민관협력을 좀 더 활발히 시행하여 개발협력 사업에 NGO의 참여를 증대하는 것이 필요해 보인다. OECD DAC 회원국 간에도 NGO 자체사업 지원 비중이 서로 다르다는 것을 통해 각 회원국 간에 NGO 자체사업 지원 정도와 시각이 매우 다양함을 알 수

있다. 이와 같은 현황은 NGO의 사업 결과가 정부의 사업 결과보다 좀 더 효과적이라는 그간의 경험에서 비롯된 것이라고 할 수 있는데, 이는 NGO에게 더 큰 기대와 책무성이 요구됨을 의미하기도 한다.

노르웨이는 "Refleks"라는 프로젝트를 시행하며, 공무원, 장관, 시민, 비정부기구 관계자, 언론 관계자가 함께 모이는 자리를 만들어 공공 인식을 향상시키려는 노력을 통해 시민사회를 적극 지원하고 있다.[28] 룩셈부르크는 정부부처와 시민사회기구가 두 달에 한 번씩 정기적으로 교류하고 있다. 이 정례 모임에서는 정책 일관성, 파리선언, 아크라행동강령, 부산총회와 관련한 기여 및 이행방법에 대한 주제 등을 다루고 있다. 호주도 시민사회기구와 연 2회 정책포럼을 진행하고 있다. 핀란드에서는 외무부가 연 2회 NGO 세미나를 개최하여 약 300명의 시민단체 회원들과 함께 개발정책을 토론하며 서로 다른 입장을 공유하고 교환하는 자리를 만들어 오고 있다. 노르웨이 · 룩셈부르크 · 호주 · 핀란드 등 선진 공여국의 모범사례가 시사하는 바처럼 수평적인 파트너십 형성을 위해서는 재정적 · 법적, 그리고 제도적인 지원과 함께 정부와 시민사회가 대등하게 함께 논의할 대화의 장, '포럼(forum)'을 정기적으로 진행하는 것이 중요하다.

2011년 발간된 OECD의 개발NGO와 협력에 관한 보고서에 따르면, DAC 24개 회원국의 시민사회협력 프로그램의 펀딩 메커니즘은 크게 일곱 가지 유형으로 구분된다.[29] 유형은 자국 및 국제 NGO의 프로젝트 · 프로그램 지원, 공여국 본부에서의 전략적 · 포괄적 지원, 수원국에서 현지 NGO 프로젝트 · 프로그램 지원, 본부에서의 전략

28) OECD, "Partnering with Civil Society: 12 Lessons from DAC Peer Review" (Paris: OECD, 2012).

29) OECD(2011), p. 26.

적 · 포괄적 지원, 수원국에서 사업 제안서 접수를 통한 지원, 수원국 정부를 통한 현지 단체 지원, 수원국 정부의 전략적 · 포괄적 지원 및 기타 유형으로 구별된다. 총 24개 조사 대상기관 중 한국과 그리스를 제외한 22개 기관이 2개 이상의 펀딩 메커니즘을 사용하는 것으로 나타났다. 스웨덴 · 노르웨이 · 호주 · 스위스 · 영국은 7개의 펀딩 메커니즘을 사용하는데, 다양한 재정지원방식의 운용은 시민사회협력의 규모를 확대하고 민관협력 체계를 구축하고자 하는 한국의 상황에 모범사례로서 많은 점을 시사하고 있다.

이상에서 OECD DAC 회원국의 시민사회와의 협력 방안에 관한 규모와 재정지원 방식을 살펴보았다. DAC 회원국의 선진적 협력사례는 한국의 정부-시민사회 협력의 규모와 지원방식이 선진 원조국가에 비해 발전의 공간이 큼을 시사한다. 한국에서의 민관협력 또는 시민사회와의 협력 방안 증진을 위해 DAC 회원국 중 시민사회와의 협력을 모범적으로 시행하고 있는 국가를 참고하여 정책을 설정할 때 다양한 사업방식과 재정지원 메커니즘을 반영하거나 검토할 필요가 있다.

한편, OECD는 시민사회와의 파트너십 형성과 관련하여 DAC 회원국들의 동료검토(peer review)를 바탕으로 열두 가지의 교훈을 제시하고, 성공적인 파트너십을 형성한 모범사례를 소개하고 있다. 열두 가지의 교훈은 크게 세 개의 파트, 즉 '학습과 책임성을 위한 전략 프레임워크'와 관련된 교훈 세 가지, '효과적인 평가의 전달'과 관련된 교훈 여섯 가지, 그리고 '학습 문화 강화'와 관련된 교훈 세 가지로 나누어진다.30)

30) OECD 편, KOICA 옮김, "개발활동의 평가-OECD 개발원조위원회(DAC)의 12가지 교훈"(성남: KOICA, 2013).

'학습과 책임성을 위한 전략 프레임워크'의 첫 번째 교훈은 '증거에 기반을 둔 개발정책 결정의 기틀 마련'이다. 정책결정자와 고위관료들이 정책결정 과정에 반영할 만한 믿을 수 있고 독립적인 분석과 제언을 도출할 수 있는 평가를 추구해야 한다. 캐나다와 스페인의 경우 평가책임자는 고위급 의사결정위원회에서 자문위원 역할을 수행하며, 내각 또는 의회에 각서를 제출하듯 정부의 의사결정 절차와 문서에 증거를 반영할 수 있다. 두 번째 교훈인 '개발협력에서의 학습문화 조성'은 평가시행뿐만 아니라 개발협력의 모든 측면에서 평가적 사고를 채택하는 것으로, 정책결정자와 고위관리자들이 개발사업 결과에 대한 올바른 입증을 요구하는 조직문화를 만드는 것이 중요하다고 강조한다. 영국의 DFID는 해외사무소를 포함한 전 직원들이 평가 자격요건을 취득할 것을 권고하는 등 영국 원조에 대한 영향 평가와 조직 전체의 학습을 강조하고 있다. 세 번째 교훈은 '개발평가의 명확한 역할 정의'로, 개발평가의 역할은 개발활동의 적절성 · 효과성 · 효율성, 영향력, 그리고 지속가능성에 대한 신뢰할 만한 독립적인 근거자료를 제공하는 것이다. 좋은 개발평가는 정부와 개발 협력기관이 결과에 책임을 지도록 하며 투명성을 강화하도록 주의를 환기시키는 등 중요한 결과를 가져온다. 스위스 · 호주 · 오스트리아의 평가정책에서는 평가를 여러 종류로 분류하고, 평가 전담기관에 권한을 위임하며, 개발기관 내에서 평가의 역할을 제시하고 있다.

'효과적인 평가의 전달'과 관련한 여섯 가지의 교훈 중 첫 번째는 '적절한 자원과 목표의 조화'로서, 적절한 인적 자원과 재정지원의 필요성과 관련된 것이다. 평가를 수행하는 인력은 반드시 전문적이며 평가과정을 효과적으로 관리할 수 있어야 한다. 평가는 효율성과 영향력을 높여 예산을 줄이는 데 기여하므로 재정지원은 반드시 지출만

이 아니라 이익의 한 부분으로 이해되어야 한다. 미국은 평가를 위한 인적 자원 풀(pool)을 강화하기 위해 웹사이트를 기반으로 직원의 모니터링과 평가 역량을 강화하는 학습 툴을 운영하고 있으며, 이 외에도 많은 공여국이 평가역량을 강화하기 위해 평가 교육 프로그램에 투자하고 있다. 두 번째 '프로그램 설계 및 경영관리 시스템의 강화'는 보다 효율적인 평가를 이끌어내기 위해 기획단계에서부터 측정 가능한 지표를 가지고 시작하고, 프로그램의 설계, 모니터링, 수행 성과와 지식관리시스템을 구축하는 것을 포함한다. 이와 관련하여 네덜란드는 모니터링과 평가 성과에 대한 필요조건 충족을 위해 500만 유로가 넘는 비용을 들여 모든 프로그램을 모니터링하고 있다. 세 번째 '적합한 평가질문 및 결과에 대한 예측'은 평가 자체로는 개발기관들이 직면한 학습과 책임에 대한 모든 문제를 풀기 어렵다는 전제하에, 기관의 전반적인 전략적 경영과의 연계성 및 명확하게 밝혀진 필요를 기반으로 평가 주제를 설정하는 것을 의미한다. 핀란드와 스웨덴에서는 고위급 정책결정자가 평가업무를 위임받아 성 주류화, 거버넌스 및 인권에 대한 전략적 우선순위를 두고 개발협력 프로그램이 시행될 수 있도록 독려하고 있다. 네 번째는 '올바른 평가도구의 선정'이다. 모든 개발활동을 평가할 단 하나의 가장 좋은 방법은 없을지라도, 알아내고자 하는 평가의 질문, 배경 및 평가될 프로그램에 가장 적합한 연구와 통계상의 분석 방법을 찾아내려는 노력을 해야 한다. 독일은 2011년 평가의 효율성에 대한 접근 방법을 검토하여 각기 다른 접근 방법에 대한 도구세트(tool-kit)를 제공하였다. 다섯 번째는 '협력업무'로서, 평가 과정에는 평가 주제와 밀접한 관련이 있는 국가의 이해관계자, 정부, 다른 개발원조 제공자, 수혜자 및 비정부 기관 활동가들이 참여하여 공동으로 수행한다. 공동으로 개념 정의 및 방법론을 개발하거나 평가 결과의 통합 및 메타 평가와 동료검토를 의뢰하는 등 다양한 협력 방법을 모색하는 것이다. 일본과 뉴질랜드는 대부분의 프로젝트 평가를 파트너 국가의 정부와 공동으로 진행한다. 여섯 번째는 '파트너 국가의 역량 강화를 위한 지원 및 활용'이다. OECD DAC는 파리선언, 아크라행동강령 및 부산에서 합의된 원조효과성에 관한 선언을 통해 개발도상국이 성과 관리 및 평가를 위해 자체 시스템을 강화하는 것을 지원해야 한다고 명문화한 바 있다. 일례로 일본의 원조기구인 JICA는 베트남·필리핀·인도네시아에서 평가분야의 협력을 위한 양해각서를 체결하였고, 이들 국가의 평가역량 강화를 지지하기로 하였다.

학습 문화 강화와 관련된 세 가지 교훈 중 첫 번째는 '평가 결과의 활용'이다. 평가에서의 발견사항이 개발정책 결정에 반영되도록 관리 및 대응을 확실히 하고 후속조처를 하도록 하는 명확한 메커니즘이 있어야 한다. 포르투갈 평가기관에서는 프로그램 담당자와 협력하며 평가로부터 도출된 제언사항에 대해 논의하고 관리 대응을 통하여 후속조처를 확인시켜준다. 1년 뒤 평가부서 직원은 실행의 수준을 평가하고 연간 보고서에 그 결과를 공식적으로 발표한다. 두 번째 교훈은 '평가 결과에 대한 효과적인 의사소통'이다. 훌륭한 의사소통은 다른 사람의 학습을 지원하거나 평가 발견사항을 활용하는 데 도움이 되며, 결과의 투명성 제고를 위해서도 필요하다. 노르웨이·벨기에·네덜란드는 트위터를 이용하여 최신의 개발협력 데이터베이스를 평가에서 발견된 사항과 함께 알리고 있으며, 룩셈부르크는 한 달에 두 번씩 NGO 대표들과 부서 직원들이 함께 평가 발견사항에 대해 논의하는 자리를 만들고 있다. 마지막 교훈은 '평가자 평가'로서, 체크리스트와 동료검토, 평가 전문가의 독립적인 평가 등을 진행하여 평가의 질과 신뢰성을 높이는 것이다. 스웨덴 국제개발협력청 Sida(Swedish International Development Cooperation Agency)는 종료된 평가보고서의 품질을 추적할 수 있는 체크리스트를 개발해왔다.

이와 관련하여 루이스와 소반(Lewis and Sobhan)은 방글라데시에서 활동하는 공여국NGO와 수원국NGO, 그리고 스웨덴 Sida의 관계에 관한 흥미로운 연구를 진행한 바 있다.[31] 최근 직·간접적으로 수원국NGO로 전달되는 기금이 지속적으로 늘어나고 있는데, 방식은 Sida의 경우처럼 공여국NGO를 통해 수원국NGO에 전달되는 간접적인 방법과, 공여국NGO를 통하지 않고 수원국NGO에게 직접 전달되는 방식으로 나뉜다. 이처럼 기금이 직·간접적으로 전달되면서 몇 가지 고려할 점이 발생한다. 첫째, 공여국NGO의 역할이 수원국NGO를 지지하는 조력자의 역할에서 단순히 기금을 전달하는 역할로 축소될 수 있다. 둘째, 수원국NGO에 대한 직접적인 기금 전달은 기부자의 의도와는 달리 왜곡되어 이용될 수 있다. 셋째, 수원국NGO로 직접 전달되는 기금이 늘어나면, 반대로 공여국NGO로 전달되는 기금이 줄어들어 공여국NGO의 생존에 심각한 위험요소가 되기도 한다. 이 연구에 따르면, 수원국NGO로 직접 전달되는 기금이 왜곡될 수 있다는 우려에 대한 증거는 아직까지는 찾지 못했으며, 오히려 방글라데시에서 활동하는 공여국NGO가 현지의 상황에 잘 적응하지 못하고, 기부자의 '도구' 역할로 축소되는 사례를 확인하였다고 한다. 반면에 수원국NGO의 활동과 개발 목표가 Sida의 개발 목표에 더욱 잘 부합하고 있는 경우가 많았다고 밝혔다.

---

31) David Lewis and Babar Sobhan. "Routes of funding, Roots of Trust? Northern NGOs, Southern NGOs, Donors and the Rise of Direct Funding," *Development in Practice* 9(1/2)(1999).

영국의 전략적 파트너지원 프로그램(Partnership Programme Agreements, 이하 PPA)은 다른 프로그램과 달리 장기적이고 비교적 큰 규모의 자금이 개별단체에 지원되는 특징이 있다. 영국 DFID의 PPA 프로그램에서 활용되는 선정 및 심사과정은 많은 시사점을 내포하는데 〈표 4-6〉은 PPA 프로그램에 대해서 DFID가 개발NGO를 대상으로 시행하는 사전 실사 내용이다.

영국의 DFID는 PPA 자금지원 관련 사전실사로 크게 거버넌스, 재정역량, 가치있는 자금사용을 할 역량이 있는지를 평가하고 있다. 또한 협력하는 기관의 재정이 사업을 운영할 정도로 충분한지, 또 이

〈표 4-6〉 영국 DFID의 PPA 자금지원 사전실사 내용

구 성	내 용
거버넌스	NGO 관리체제 위험관리과정 중요 법률에 대한 대응 능력(예: Bribery Act 2010) 핵심정책과 절차(예: 아동보호, 환경위험관리, 이익충돌)
재정역량	계획된 성과 도출에 필요한 자원과 시스템 관련 조직 운영 능력
가치 있는 자금사용 및 성과	DFID 재정지원의 성과를 측정하고 보고하는 능력과 자금을 가치 있게 활용하는 것에 관한 조직의 방식 평가

출처: 손혁상 외(2011a), p. 115의 〔표 6-5〕 참고.

〈표 4-7〉 영국 DFID의 인증제도를 통한 파트너십 제고 효과

인증(accreditation)의 기대 효과
전략적 파트너 지원 프로그램(PPA)에 참가자격 부여
정부, 기업, 국제기구, 재단 등 외부 공여자에게 신뢰 제고
회원, 임직원 등 내부 관계자들의 자긍심 고양
단체의 조직적 · 인적 · 재정적 · 사업적 분야와 관련하여 수행되는 역량평가를 통해 조직을 공신력 있게 평가받을 기회 및 이를 통한 기관의 역량제고 및 성장에 기여
대외적 인지 제고 및 홍보활동에 긍정적 효과

출처: 손혁상 외(2011a), p. 118의 〔박스 6-1〕 참고.

를 운영할 역량이 있는지를 평가대상으로 한다. 전략적 파트너 심사 단계에 있어서도 총 여섯 단계를 사업선정을 위한 절차로 제시하고 있다. 이는 영국의 DFID가 파트너를 매우 신중하고 공정하게 선택하며, 이를 투명하게 운영하려고 노력하고 있다는 것을 시사한다.

PPA는 인증(accreditation)제도를 시행하고 있다. 인증제도를 통하여 PPA에 지원하는 개발NGO는 인증을 받고 지원 자격을 갖춘 후, 심사위원회를 통해 최종 지원여부가 결정된다. 인증제도는 기본적으로 개발NGO를 등급화하거나 분류하여 평가하기 위한 제도는 아니며, 일정 수준 이상의 조직적·인적·재정적 역량을 갖추었음을 공식적으로 인증하는 제도이다. 개발NGO들은 공적이고 공평한 평가라고 할 수 있는 인증제도를 통해 자신이 속한 조직이 객관적으로 평가받을 기회를 갖는다. 동시에 인증 절차를 거친 후에는 공신력 있는 기관임을 사회로부터 인정받을 수 있다. 이런 점에서 인증제도는 DFID와 시민사회 모두의 역량강화에 긍정적인 효과를 기대할 수 있는 제도이다. 인증제도에 참여할 수 있는 NGO의 자격요건은 기부금 세금감면혜택을 가진 단체, 정부에 공인된 법적 자격을 갖춘 비영리단체이고, 이들 단체는 NGO활동의 윤리 및 행동강령 준수를 동의한 것으로 간주한다. 인증기준은 단체의 정체성 및 조직구조, 개발협력 철학 및 관리 역량, 개발협력 파트너 및 협력관계, 이해관계자와의 관계, 재정상태 및 재정 관리와 위험관리 체계이다. 개발협력의 철학을 기준으로 삼은 것은 파트너 개발NGO의 재정적 관리 능력과 전반적인 역량뿐만 아니라 그 조직의 가치와 설립이념까지 검토함을 의미한다. 이는 개발협력에 진정성이 있는지를 판단하는 기준이 될 수도 있다. 그러나 DFID가 개발협력 철학을 너무 협소하게 또는 특정한 정치·경제적 이익과 결부시킨다면, 개발NGO의 개발협력 철학과 일치하지 않아 문제가 발생할 수 있는 잠재성도 있는 기준이다. 이런 위험성을 내포하고 있음에도 개발NGO의 역량뿐만 아니라 개발협력의 철학에 이르기까지 기준을 포괄적으로 설정함으로써 평가의 질을 제고하는 데 기여하고 있음은 분명하다.

USAID는 민간기업, NGO 또는 재단과의 일대일 협력 또는 그 이상의 협력관계를 PPP로 정의하고, 국제 개발원조에 민간부문의 ODA 사업을 적극적으로 유도하기 위해 민관협력연대(Public-private Alliance, PPA)를 도입하였다. 민관협력연대 개념을 바탕으로 2002년 1월부터는 전 지구적 차원의 개발문제 해결을 위해 글로벌개발연대(Global Development Alliance, 이하 GDA) 프로그램을 추진해 오고 있다. GDA 프로그램 모델은 USAID와 민간기업 1개 이상, NGO 단체 1개 이상의 삼자 이상 파트너로 구성되며, 기업의 이익과 개발목표를 동시에 달성하고자 하는 목적을 추구하고 있다. USAID는 개발우선순위와 민간부문의 기업 이익과의 접점을 찾아 사업을 수행하고 있으며, 정부 재원에 기업, 비정부기구, 시민사회의 자금과 전문성을 결합하여 개발도상국의 환경 분야뿐만 아니라 보건, 교육, 기술이전 등 다양한 분야에 대한 개발지원을 확대하고 있다. 또한 기업은 자국기업에만 국한하지 않고 국제기구 또는 개발도상국 지역의 현지 민간기업과 재단과도 협력한다. 환경 ODA 사업과 관련하여 총 개발도상국 40여 개 이상의 국가에 대하여 매년 약 1억 9천 5백만 달러의 기후변화 사업 지원을 약정해 왔다.[32] USAID는 환경 관련 개발협력사업에 필요한 자금과 물자, 경영 관련 기술, 상품 개발, 프로젝트 설계 등을 지원하며, USAID의 전문성과 네트워크를 활용하여 사업 및 모

32) 손혁상, “기후변화 대응과 민관협력사업(PPP): 미국 USAID의 GDA를 중심으로,” 『국제개발협력』 2012년(1)호(성남: KOICA, 2012), p. 54.

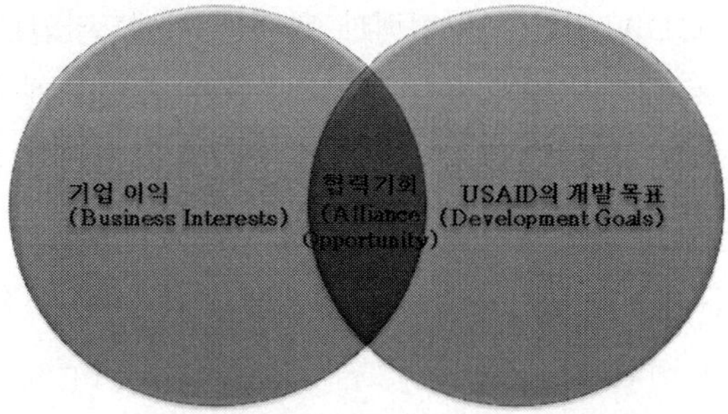

출처: 손혁상(2012), p. 53의 〔그림 2〕를 참고하여 재구성함.

〈그림 4-2〉 USAID GDA의 민간영역과의 협력 접점

니터링과 관련된 기술적인 도움을 민간부문에 제공한다.

2011년 GDA는 IDEA(Innovation and Development Alliance)로 확대되어 편입되었는데, IDEA는 혁신과 파트너십을 통하여 좀 더 지속가능하고 효과적인 개발목표를 달성하기 위해 설립되었다. IDEA는 '개발 혁신 벤처(Development Innovation Ventures, DIV), 글로벌 파트너십(Global Partnership), 지역의 지속가능성(Local Sustainability), 그리고 모바일 해결책(Mobile Solution)의 네 가지 민간협력 형태를 제시하였다. IDEA는 프로그램을 통하여 민간부문 및 개발NGO의 참여를 적극적으로 유도하고 있다. 또한 PPP의 가장 기본적인 필요조건인 민간부문의 이익과 USAID의 개발목표를 침해하지 않는 범위 내에서 공통적인 이익관계가 있는 접점 부분에서의 협력을 효과적으로 이끌어내는 데 USAID의 성공적인 민관협력의 요소가 내재되어 있다. 한편, USAID는 민간부문과의 파트너십 형성을 위한 가이드라인을 규정하였는데, 가이드라인에서는 행위자들 간의 신뢰, 평등, 권한, 포용성, 파트너십 조정, 공동의 이익, 투명성에 관한 총 일곱 가지의 원칙을 제시하였다.

USAID의 GDA 민간부문 협력과 관련한 가이드라인과 기후변화 대응을 위한 사례를 통하여 선진 공여기관의 기후변화 관련 PPP사례를 간략히 살펴보았다. 현재 국제적으로 합의된 PPP의 프레임워크는 없지만, 재원의 다각화 및 지속가능성 담보를 위하여 공적 영역을 넘어선 민간부문과 비정부기구의 재원 동원에 관한 역할이 점점 강조되고, 이를 위한 선진 공여기관과 정부, 그리고 국제기구의 가이드라인이 점차 활발히 제시되고 있으며, 민간 행위자의 개발협력분야 참여 유도를 위한 인센티브와 기업이 받아들일 만한 개발영역에서의 이해관계의 접점을 모색한다는 점이 공통으로 제시되는 내용이다. 그러나 무상원조 외의 유상원조 분야에서는 기업의 이윤 동기가 개발목적보다 강하게 추구되기도 하므로 효과적인 개발협력을 위해서는 민간부문의 행위자가 개발 목적을 인식하고 향유하도록 하는 국제적인 합의 및 프레임워크의 제시가 필요하다.

〈표 4-8〉 IDEA의 네 가지 민간부문 협력형태 및 특징

민간부문 협력형태	특 징
개발 혁신 벤처 (Development Innovation Ventures)	• 아이디어 공모 및 채택 • 세 단계의 펀딩 메커니즘을 통하여 유망한 프로젝트 지원
글로벌 파트너십 (Global Partnership)	• 기존의 GDA와 동일 • 분야 관계없이 기업, 비정부기구, 재단, 협회 등 다양한 참가자 지원
지역의 지속가능성 (Local Sustainability)	• 원조효과성과 지속가능성 제고를 위해 시민사회 및 지역의 민간 기업 지원
모바일 해결책 (Mobile Solution)	• 모바일 기술을 이용하여 USAID의 개발 목표 극대화

출처: http://www.usaid.gov/who-we-are/organization/independent-offices/office-innovation-and-development-alliances(검색일: 2013. 11. 18).

4. 한국의 정부-개발NGO 파트너십

한국에서의 민관협력 개념은 국제사회에서 논의되는 PPP와 혼용되어 사용되는 경향이 있다. KOICA는 민관협력 사업에 대해 민간부문과 파트너십을 구축하여 개발도상국의 개발을 지원하기 위해 '비종교적·비영리적·비정치적 사업"을 수행하는 것으로 밝히고 있다.[33] KOICA가 무상원조 전담기관인 만큼 민관협력 사업에 있어서도 영리적인 동기를 배제한 것이다. 이는 국제개발협력 사업이 기업의 사회적 공헌(CSR) 또는 기업의 자선활동과 연계될 수 있지만, 기업이 이윤을 목적으로 추구하는 사업으로 확대할 수 없음을 의미한다. 또한 KOICA는 민간부문의 참여를 기업에만 한정하지 않고, 행위자를 개발NGO, 재단, 그리고 학계까지 포괄적으로 정의하면서, 민관협력을 보다 광의적으로 이해하고 있다.

이와 달리 한국의 유상원조 전담기관인 한국수출입은행의 대외경제협력기금(이하 EDCF)은 개발도상국의 인프라 건설을 위한 기업의 참여를 적극적으로 유도하여 개발재원 확보에 주력하고 있다. EDCF는 KOICA의 민관협력보다는 국제사회에서 기업의 참여를 국가의 개발협력사업에 유도하는 PPP와 더 유사하다. EDCF는 PPP사업의 지원방안을 차관, 보증 등 주로 개발금융 확대를 위한 유상원조 지원을 중심으로 하고 있다. 민관협력 또는 PPP에 대한 단일한 개념은 존재하지 않지만, 이와 관련한 국제사회와 국내에서 공통적으로 인식되는 배경과 특징은 ODA를 넘어선 개발재원의 확충이 필요하다는

33) KOICA, "시민사회협력프로그램 2014년도 국별민간단체지원사업 안내서"(성남: KOICA, 2013b), p. 3.

〈표 4-9〉 KOICA 민관협력 사업의 유형

유형		사업내용	사업선정 단계	사업추진	주관 부서
시민사회협력사업	민간단체 지원사업	국내 NGO가 개발도상국에서 시행하는 원조사업의 예산지원	1) 매년 공모를 통하여 각 대상 단체의 사업 계획서 접수 2) 지원사업 선정(사업심의위원회) 3) 컨설팅, 약정체결 및 사업비 지원	실행・중간・결과보고 진행상황 모니터링 중간・종료 평가/정산 * 사업발굴지원 사업의 경우 교육제공	민관 협력실
	사업발굴 지원사업	국내 NGO의 사업수행역량 증진, 기초조사자금 지원을 통해 민간파트너를 양성하여 민간단체지원사업 진입보조			
	현지 NGO 지원사업	개도국 현지 NGO 법인에 지원 * KOICA 현지사무소 주관	1) 매년 사무소 주관으로 사업발굴, 본부제출 2) 지원사업 선정(사업심의위원회) 3) 컨설팅, 약정체결 및 사업비 지원	실행・중간・결과보고 진행상황 모니터링 중간・종료 평가/정산	
기업협력 프로그램		우리 민간기업의 개발도상국 사회공헌사업 지원	1) 매년 공모를 통하여 각 대상 단체의 사업 계획서 접수 2) 지원사업 선정(사업심의위원회) 3) 컨설팅, 약정체결 및 사업비 지원	실행・중간・결과보고 진행상황 모니터링 중간・종료 평가/정산	
개도국 대학 역량강화 사업		개도국 대학 역량 강화사업	1) 매년 공모를 통하여 각 대상 단체의 사업 계획서 접수 2) 지원사업 선정(사업심의위원회) 3) 컨설팅, 약정체결 및 사업비 지원	실행・중간・결과보고 진행상황 모니터링 중간・종료 평가/정산	
DAK 연계사업		DAK 회원단체와 개발도상국에서 시행하는 원조사업	1) 연중 상시 발굴 및 공동기획 2) 사업심의위원회 3) 약정체결 및 사업비 지원	실행・중간・결과보고 진행상황 모니터링 중간・종료 평가/정산	
민간단체 역량강화		국내외 실무자 대상 교육, 기관대상 특정이슈(사업발굴, 평가, 책무성 등) 역량강화, 시민사회 옹호활동 지원	1) 매년 공모 및 제안을 통하여 각 대상 단체의 사업계획서 접수 2) 지원사업 선정 3) 협의미팅 및 약정체결, 사업비 지원	실행・수시・결과보고 진행상황 모니터링 결과보고, 평가, 정산	
빈곤퇴치 기여금		항공권연대기금을 활용하여 사하라이남 아프리카 보건분야 MDGs 달성을 위한 모성 및 아동보건 사업	1) 매년 공모를 통하여 각 대상 단체의 사업계획서 접수 2) 현지 보완조사를 거쳐 지원사업 선정(사업심의위원회) 3) 선정단체와 사업별 약정 체결 및 사업비 지원	중간・결과보고 진행상황 모니터링 중간・종료 평가/정산	다자협력 인도 지원실
인도적 지원 민관협력 사업		인도적 지원 분야의 파트너십 구축, 전문인력 양성, 신속자금 지원을 통하여 민간단체의 효과적 활동수행	1) 매년 공모를 통하여 각 대상 단체 선정 2) 예산 선지급 3) 재난상황 발생 시 간략한 실행계획서 제출 및 7일 이내 승인 및 실행	실행계획 중간・결과보고 진행상황 모니터링 중간・종료 평가/정산	
국제개발협력 이해증진사업		국제개발협력 관련 교과목 개설 지원	1) 매년 공모를 통하여 대학의 사업계획서 접수 2) 지원사업 선정(사업심의위원회) 3) 선정단체와 약정체결 및 사업비 지원	중간・결과보고 진행상황 모니터링 결과보고, 평가, 정산	ODA 교육원

출처: KOICA, "KOICA 사업의 이해: 사업관리교육과정 1"(성남: KOICA, 2012b), p. 33의 표8을 바탕으로 재구성함.

배경 아래 국가 주도의 개발협력 사업에서 벗어나, 민간부문, 시민사회, 학계 등 다양한 행위자를 개발협력 사업에 포함시킨다는 것이다.

1) KOICA 민관협력 사업 추진현황

(1) KOICA 민관협력의 개념 및 유형

KOICA는 각 민간부문의 행위자를 국제개발협력 사업의 중요한 주체로 인식하고, 1995년 도입한 국별민간단체지원사업의 규모를 확대하고, 국내의 중소·신규 단체를 대상으로 사업발굴지원사업을 도입하는 등 지원 대상을 계속 확대하고 있다. 민관협력 사업으로는 민관협력실의 시민사회협력사업(민간단체지원사업, 사업발굴지원사업, 현지 CSO지원사업), 기업협력사업, 개도국 대학 역량강화 사업, 민간단체 역량강화사업, 다자협력인도지원실의 국제빈곤퇴치기여금, 인도적 지원 민관협력 사업, ODA교육원의 국제개발협력 이해증진사업 등이 있고 민간단체대상 인력지원의 형태로는 월드프렌즈코리아본부의 민간단체봉사단 파견사업과 ODA인턴지원 사업이 추진되고 있다.

다섯 종류의 민관협력 사업 유형을 통하여 파트너십에 참가하는 행위자는 크게 NGO, 재단 등의 '시민사회', CSR 활동 등의 '기업', 그리고 대학을 포함한 '학계'라는 점을 알 수 있다. 민관협력 프로젝트는 수시 사업제안 방식을 취하는 DAK사업 이외에는 대부분 KOICA가 사업을 공모하고 NGO가 제안하는 형식으로 진행된다. '시민사회협력 프로그램', '기업협력 프로그램', '개도국 대학역량강화 사업' 모두 KOICA와 참여기관이 사업에 필요한 재원을 일정 비율에 따라 분담하는 대응자금지원 방식을 조건으로 협력하고 있다.

〈표 4-10〉 KOICA 민관협력 사업 프로그램 특징(2014년 기준)

구분	민간단체지원사업	기업협력프로그램	개도국 대학 역량강화 사업	국제빈곤퇴치 기여금	인도적 지원 민관협력 사업
목적	NGO의 전문성과 개발사업 경험, 개발도상국 지역사회와의 연대 등을 활용하여 정부-NGO 간 파트너십 구축을 통한 개발협력 사업의 성과를 제고	민간자금 동원 및 민간의 전문성 활용을 통한 ODA 사업의 효율성 제고	정부-대학 간 파트너십 구축을 통한 ODA의 효과성 제고와 대학 및 대학병원의 전문성을 활용하여 개도국 고등교육 역량강화에 기여	항공권연대기금을 활용하여 사하라 이남 아프리카 보건분야 MDGs 달성에 기여	인도적 지원 분야의 파트너십 구축, 전문인력 양성, 신속자금 지원을 통하여 민간단체의 효과적 활동수행
지원 대상	우리나라 정부부처 또는 지방자치단체에 등록된 NGO(컨소시엄 가능)	국내 혹은 개발도상국에서 영리를 목적으로 하는 우리나라 법인체 또는 해당법인이 설립한 비영리 재단(컨소시엄 가능)	국제개발협력 사업을 수행하고자 하는 국내 2년제 이상 대학(컨소시엄 가능)	우리나라 정부부처 또는 지방자치단체에 등록된 NGO	우리나라 정부부처 또는 지방자치단체에 등록된 NGO로서 법인 설립 후 3년간 해외재난활동 경험보유 및 IFRC 행동강령 서명
지원 조건	총 사업비 80% 이내 (지원금은 최대 4억 원) * 신규단체는 총 1억 원 미만 및 다년도 사업 신청 불가 * 단체별 최대 5개 사업까지 지원 가능	대기업: 총 사업비 50% 이내 중소기업: 총 사업비 70% 이내 (지원금 총액 5억 원 이내) * 단체별 최대 3개 사업까지 지원 가능	총 사업비 90% 이내(지원금 총액 총 3억 원 이내)	대규모: 80% 이내(지원금 400만 달러 이내) 소규모: 90% 이내(지원금 200만 달러 이내) * 대규모 사업은 우간다·모잠비크·탄자니아 한정	총 사업비 100% 지원 (연 20만 달러 이내)
분야	기초보건, 의료, 초등교육, 식수공급, 주택개량, 지역개발 등 개발도상국의 인간의 기본적 욕구(basic human needs) 충족 분야	KOICA 5대 분야 및 기타 개발도상국의 인간의 기본적 욕구 충족 분야	개도국 고등교육 역량강화	대규모: 모성 및 아동보건 소규모: 보건사업 (여성, 아동 수혜자)	인도적 지원
지원 기간	단년도 사업: 1년 다년도 사업: 2~3년 (최대 10년)	단년도: 1년 다년도: 3년(최대 10년)	단년도: 1년 다년도: 2년(최대 7년)	4년간	2년간
도입 시기	1995년	2010년	2012년	2008년	2012년
지원 현황	82개 사업 (2014년 6월 기준)	29개 사업 (2014년 6월 기준)	38개 사업 (2014년 6월 기준)	보완	10개 단체(2014년 6월 기준) * 기관선발 후 재난상황 시 사업계획, 승인, 집행이므로 단체기준 계상

출처: 김명진, "Win-Win형 ODA를 위한 KOICA 민관협력 추진현황: 중소기업과의 협력을 중심으로," KOICA-EDCF 주최 「Win-Win형 ODA를 위한 민관합동 포럼」자료집(서울: 연세대학교 동문회관, 2013. 11. 11.), pp. 14-16을 참고하여 재구성함.

또 대기업과 중소기업의 매칭그랜트 비율을 달리함으로써 중소기업의 적극적인 참여를 유도하고 있다. 대학과의 파트너십 사업은 지원금 총 5억 원 이내에서 총 사업비의 50%까지 지원하며, 2014년부터 자체발굴사업은 KOICA가 90%까지 지원할 예정임을 밝혔다.[34] 인도적 지원 민관협력 사업과 국제개발협력 이해증진사업은 매칭 없이 100% 지원하고 있다.

(2) KOICA 민관협력 사업의 주요 사례

KOICA 민관협력 사례 중 KOICA, 참여기업, 파트너국 모두 윈-윈(win-win)한 성공적인 사례로 '탄자니아 관세행정 현대화 사업'을 꼽을 수 있다. 한국의 국가관세 종합정보망운영연합회인 CUPIA는 관세행정 시스템인 UN I-PASS를 KOICA와 협력하여 탄자니아 조세청 관세행정 현대화 사업에 전수하였다. UN I-PASS 시스템은 우리나라를 포함하여 세계적으로 19,500개의 기업이 사용하고 있으며, 반부패와 전자무역, 화물추적시스템에 기여한 공로로 다수의 수상 경력이 있는 우수한 사업모델이다. 선진국은 자체개발 능력을 보유하고 있지만, 탄자니아 같은 최빈개발도상국 중 95개국은 자체 개발기술이 없어 유엔이 무료로 보급한 'ASYCIDA'라는 시스템을 사용 중이다. 그러나 이 소프트웨어는 각 국가별 제도와 법을 적절히 반영하고 있지 않아 관세행정 시스템의 비효율화를 초래하고 있다. 개발도상국은 세수확보를 증대하기 위해서 시스템 개선이 절실한 상황이지만, 개발 예산이 부족하고, 개발 후 운영 및 유지 보수의 어려움과 사업

34) 김명진(2013), pp. 14-16.

관리 능력 부족으로 어려움을 겪는 상태였다. 민관협력 해당기업인 CUPIA도 개발도상국에 시스템을 보급하고 싶지만, 예산 부족 및 개발 후 운영 및 유지보수를 계속 관리하지 못하는 어려움이 있었다. 이런 어려움을 극복할 방안이 KOICA와의 협력사업을 통해 제시되었다. KOICA와의 협력은 사업의 적정성 판단에서부터 사업비용 지원, 체계적인 사업관리를 가능하게 하였다. 교육 및 기술이전을 통해 직원의 역량강화를 도모하는 데에도 기여하였다. 무엇보다도 2년 동안 KOICA에서 유지보수비를 지원해주면서 해당 기업과 KOICA, 그리고 개발도상국 삼자 모두의 이익의 접점을 찾는 것이 가능하게 되었다.

또 다른 사례로 현대・KOICA 드림센터가 있다. KOICA 드림센터는 자동차 정비 기술학교로 현재 가나 정비소가 건설되었으며, 인도네시아와 캄보디아에는 2014년 건설될 예정이다. 이 사례는 KOICA 본부와 가나 현지사무소, 현대자동차 본부와 현지 대리점, 국내 NGO인 플랜한국위원회, 현지 코포리두아 주정부의 교육부와 산업부, 학생과 교사, 그리고 현지 NGO인 플랜가나와 그라티스재단까지, 총 네 개 유형의 기관이 함께 협력하여 성공적으로 사업을 진행한 사례이다. 가나의 현대・KOICA 드림센터는 초급 정비사 양성을 목적으로 3년제의 정규 공업고등학교로 설립되었다는 특징이 있다. 연간 100명의 학생이 졸업하며 졸업생의 10%를 현대자동차에서 채용하고 있다. 이는 지역 학생의 역량강화와 취업연계를 통한 소득 향상까지 가능하도록 하여 사업의 효과성과 지속가능성을 제고하는 데 기여하고 있다. 기업의 입장에서는 현지의 TV, 라디오, 신문, 인터넷 등 언론매체에 20회 가량 노출되어 홍보 효과와 글로벌 이미지가 향상되었으며, 우수 정비사를 확보하여 기업의 전문성 확보에도 효과를 보고 있다. 현지 NGO인 플랜가나와 그라티스재단의 입장에서도 민간 자원을 유치하여 사업의 영역을 확대할 수 있다는 효과를 얻었다. 국내 NGO인 플랜한국위원회는 목적하는 사업을 수행하였고, 기관 내의 국제적 영향력 확보 및 신규 후원기업을 확보하는 성과를 얻었다.

탄자니아 관세행정 현대화 사업과 현대·KOICA 드림센터가 성공적으로 건설되고 운영될 수 있었던 것은 이 사업에 참여하는 다양한 행위자 간의 기대효과가 다른 행위자와 충돌하지 않는 범위 내에서 각 기관에서의 이익을 최대화하고, 이는 다시 사업의 효과성 제고로 연결되는 각 기관의 이해관계의 접점이 형성되었기 때문이다.

한편, 한국 내 개발협력을 수행하는 단체 간 정보교류의 장 또는 포럼으로서 기능할 수 있는 개발협력연대(Development Alliance Korea, 이하 DAK)가 2012년 8월 정식 출범하였다. 2013년 11월 기준으로 185개 기관이 참여하고 있으며, DAK를 통하여 KOICA는 '가시적 성과'를 보여줄 수 있는 혁신적 모델에 의한 민관협력 사업 추진을 논의 중에 있으며, 보조금(매칭 펀드) 형식의 민간단체 지원금 프로그램을 넘어서서 다양한 형태의 민관협력을 적극적으로 모색하고 있다. DAK 출범 이후, 3회에 걸친 포럼을 통하여 민관협력 사업의 모델 또는 형식(modality)에 관한 논의를 구체화하였으며, DAK의 시범사업으로서 굿네이버스와 협력하여 적정기술을 이용한 몽골의 G-Saver 생산 프로젝트를 통해 축열 난방기를 공급한 사례가 있다.

DAK 사업의 특징은 크게 세 가지로 종합하여 요약할 수 있다. 첫째, DAK의 혁신적 사업은 정부와 민간부문이 수평적으로 파트너십을 형성하는 것을 기반으로 한다. 수평적 관계뿐만 아니라 지속가능한 공유가치창출(Creating Shared Value, CSV) 중심적인 사업을 위주로 하며, 이는 탄력적이고 높은 파급효과 창출을 목표로 한다. 둘째, 참여 대상을 다양화한다. 기존에는 전통적 민간부문인 NGO, 기업, 학계만을 민관협력의 주요한 주체로 인식하였는데, DAK의 사업에는 공기업과 같은 공공부문도 사업의 파트너로 참여할 수 있게 하였다. 공공부문은 교육, 환경, 행정제도, 공공재 등의 전문분야를 소유한 곳이 많기 때문이다. KOICA는 공기업을 행위자로 포함시킴에 따라 민-관 협력뿐만 아니라 관-관 협력도 고려하고 있다. 셋째, 기존에는 재원과 규모에 제한을 두었는데, DAK 사업은 개별사업비의 상한선을 두지 않는다. 그동안 소규모 사업 중심으로 KOICA 민관협력 사업이 진행되었지만, DAK 출범 이후 대규모 사업 지원의 가능성이 열린 것이다. 재원의 형태는 1:1의 매칭그랜트로 KOICA가 50%, 참여 파트너기관이 50%를 지원하는 형식이다.

2013년 11월, DAK에서는 DAK 민관협력 사업의 개발효과성과 지속가능성을 높이기 위해 민관협력 사업 수행 시 고려해야 할 사항을 자가진단하는 체크리스트와 정부와 참여기관이 함께 고려해야 하는 공통 가이드라인을 제공하였다.[35] 여기에는 DAK 주요 참여자의 기관 설문조사 및 이해관계자 회의, 심층 인터뷰 등을 통해 도출한 내용을 바탕으로 종합적 가이드라인인 Guideline for Better Partnership/Practical Actions이 포함되어 있다.

DAK의 출범과 DAK 민관협력 가이드라인의 수립은 우리나라의 민관협력 사업이 지속가능성을 제고하는 데 기여하며, 각 주체별 가이드라인뿐만 아니라, 최초로 기업, 시민사회, 학계에 공통으로 적용될 수 있는 가이드라인을 구축하였다는 데에 의의가 있다. 홈페이지

35) KOICA, 『DAK 가이드라인: 기업과 시민사회 중심으로』(성남: KOICA, 2013a), p. 8.

등 온라인을 통한 주체별 활발한 논의와 협의도 기대되며, DAK의 분과모임 활성화를 통한 사업 아이템 및 우량사업의 발굴도 기대할 수 있게 되었다. DAK의 혁신적 민관협력 사업이 성공적으로 추진되면 이를 KOICA의 프로젝트 사업에도 포괄적으로 적용이 가능한지 검토가 필요하며, 제시된 가이드라인을 협력하는 주체가 얼마나 잘 이행하고 준수하는지를 관리하는 것도 중요한 과제로 남아 있다.

(3) 국제기구 협력을 통한 민관협력

우리나라의 외교부, 유엔 세계식량기구(World Food Programme, 이하 WFP), 그리고 굿네이버스가 협력하여 민관협력을 추진한 성공 사례로 Food for New Village(이하 FFNV)를 들 수 있다. FFNV는 외교부와 WFP가 공동으로 진행하는 다년도 구호개발 프로젝트로서, 전 세계의 빈곤해결과 식량안보 개선을 위해 농촌 지역의 기반시설 구축 및 토지개간 등을 포함한 통합적 지역개발 사업이다. FFNV의 목적은 취약계층에 대한 식량안보강화 및 지역개발 도모를 위한 것이다. 세부목표로는 기아 경감과 식량위기 및 영양 부족의 근본 원인 해결, 지역주민의 생활 향상을 위한 소득증대 방안 제공, 여성과 아동 등 취약계층의 역량강화, 지역사회의 주인의식 및 참여 촉진을 위한 역량강화를 포함한다. 제시된 네 가지의 세부목표 달성을 위해 도로정비, 보수, 관개시설과 식수 개발 등을 통하여 주요 기반 시설을 구축하는 사업, 생계지원 및 소득증대 사업, 교육, 보건, 역량 강화 등 사회적 · 인적 자본창출을 위한 사업을 주요사업으로 두고 있다. FFNV 사업은 2010년 10월 WFP 사무총장 시런(Josette Sheeran)이 방한하여 외교통상부 장관과 면담을 거쳐 2011년 5월 대한민국-WFP 간

〈표 4-11〉 FFNV 사업의 개요

개 발	FFNV 사업		전략적 접근
↑	지역개발사업으로 확대 (로컬 거버넌스 증진)	←	지역개발위원회(Community Development Committee, CDC)를 통한 사업 운영 계획, 사업 진행
	가계소득 및 시장 접근성 확대 (소득증대)		지역사회 사업모델 개발 (지역 특산물 재배, 가축 대부사업) 다목적 조합
	사회적 · 인적 자본 (교육, 보건위생)		국가 교육 정책 학교 환경 개선 의료서비스, 위생환경 구축 지역주민 주도의 주거개선 사업
↓ 구 호	기반시설 구축 (Cash for Asset)		도로, 수로 등 기반시설 구축 (Cash for Work)

MOU를 WFP 로마 본부에서 체결하면서 시작되었다. 이후 6월부터 사업 대상국인 네팔과 르완다에 대한 사전 타당성 조사 시행 후, 같은 해 7월 FFNV 사업 관련 이해관계자를 대상으로 KOICA 연수를 시행하였다. 같은 해 8월 사업 대상지 기초조사 및 수요조사를 시행하였으며, 12월 네팔과 르완다를 대상으로 WFP-굿네이버스 간 협약을 체결하였다. 사업 체결 후 2012년부터 네팔과 르완다 2개국을 대상으로 시범사업을 진행 중이며, 2013년 4월에는 방글라데시 · 탄자니아를 추가하여 제2차 사업을 확대 추진 중에 있다. 굿네이버스는 현장을 기반으로 한 전문성과 지역주민의 역량강화를 위한 지역 기반의 접근을 강화함으로써 사업의 효과성을 제고하였다. 결과적으로 제2차 사업을 추진할 수 있게 되어 사업의 대상을 확대하는 선순환으로 이어졌다는 점이 FFNV의 성과라고 할 수 있다.

사업운영체계는 지역개발위원회(Community Development Committee)를 중심으로 세웠다. 지역개발위원회에서는 아동, 어머니, 농부, 부모, 청소년, 건강, 장년층까지 총 7개의 하위 그룹으로 이루어진 지역주민 의견을 청취했는데, 이를 통해 참여적 모니터링과 평가가 가능해졌다. 지역개발위원회에서는 하위 그룹별 대표자를 한 명씩 선발하는데, 여성이 50%를 차지한다는 점이 특징이다. 사업의 운영체계부터 성 주류화를 적용하여 성 평등적 관점을 준수하고자 노력한 것이다. 지역개발위원회 상위 기관인 프로젝트 운영위원회(Project Management Committee, PMC)는 지역개발위원회의 7개 그룹 대표로 구성되었으며, 상위에 지방정부개발위원회와 중앙정부개발위원회를 두었다. 민주적으로 대표를 선발하고, 성 평등 요소를 중시함으로써 사회통합과 양성평등에 기여하였다는 평가를 받는다. 또한 지역개발위원회는 2주에 한 번씩, 프로젝트 운영위원회는 한 달에 한 번 씩 정기적으로 회의를 진행함으로써 지역사회의 역량을 강화하는 데에도 크게 기여하였다.

국제기구를 통한 민관협력 사업의 의의는 정부의 역할보다는 거버넌스 측면에서 다양한 행위자가 가지고 있는 전문성을 발휘할 수 있다는 점에서 찾을 수 있다. 국제기구가 가지고 있는 사업 모델과 한국형 ODA 모델을 연계하여 한국의 농촌개발 경험을 전수하는 동시에 상호보완적 협력을 통하여 지속가능한 지역사회의 발전을 구축할 수 있다. 무엇보다도 현지의 참여와 민주적인 절차를 통하여 사업대상 내 지역 주민을 조직화하고 현지화하며 사업을 진행한 점이 이 사업의 효과성을 제고한 주요한 성공요인으로 분석된다.

2) 한국의 개발협력 파트너십을 위한 제언

(1) 개발협력 파트너십을 위한 정책기조

제3차 원조효과성 고위급 회의(HLF-3)에서 합의된 아크라행동강령은 시민사회를 독립적인 개발행위자로 정의함으로써, 한국 내 개발협력사업에도 점차 시민사회의 주체성을 존중하는 분위기가 조성되었다. KOICA에서도 시민사회협력 프로그램을 고안하였으며, 기존의 전통적인 개발협력사업을 수행하는 시민사회단체뿐만 아니라, 다양한 개발NGO가 개발협력에 참여하여 수원국의 빈곤퇴치와 개발에 기여하는 방향으로 프로그램이 확대되고 있다. 한국 내 다양한 개발NGO의 활동이 활발해지고, 정부가 시민사회협력 프로그램을 시행하는 것은 한국정부가 국제개발협력에서 개발NGO를 단순한 사업수행자가 아닌 실질적인 역할을 하는 주체로 인식하는 것으로 이해할 수 있다. 즉, 시민사회의 역할에 대한 한국 정부의 인식이 변화하고 있음을 알 수 있다.

시민사회협력 프로그램은 NGO에게 대응자금지원 방식을 통하여 사업의 효과성을 제고하고 있지만, 단순히 자금제공에만 그치지 않고 사후관리 및 역량개발도 사업의 중요한 요소로 고려하며, NGO와 동반자 및 협력자로서의 관계를 구축하고 있다. 개발효과성 제고를 위하여 KOICA 또는 개발협력사업을 주관하는 주무부처가 NGO의 독립적인 영역과 특성을 존중하고, NGO가 비교적 우위를 점하고 있는 현지 전문성을 고려하여 정책에 반영한다면, 개발협력 사업을 한 단계 진전시킬 수 있을 것이다. 무엇보다도 분절화된 원조체계로 발생하는 사업의 중복성 등의 문제가 개발협력 사업에까지 연결되지 않도록 부처 간, NGO 간의 협업도 중요하다. 상당수의 선진 공여국들은 시민사회협력 프로그램을 수행할 때 자국 원조정책과의 조화와 일치를 제고하기 위한 노력을 기울이고 있다. 개발협력의 주체들이 사업수행 지역을 분담하며, 정부 ODA사업의 사후 운영관리를 NGO에 위임한다. 특정 분야 및 주제의 ODA사업을 전문성이 있는 NGO에 위임하는 방식을 사용하기도 한다. 따라서 우리나라에서도 원조정책의 일치와 조화를 위하여 NGO의 참여를 통해 개발효과성을 제고할 수 있는 프로그램인 '특정 지역 및 분야지원 프로그램'을 시민사회협력 프로그램에 반영한다면, 원조의 중복성을 어느 정도 방지하고, 원조정책의 조화 및 일치에도 긍정적인 효과를 가져올 것이다.

(2) 시민사회 지원을 위한 장기적 자금 확충 및 신규NGO 지원

개발협력 사업의 효과성 제고를 위해서는 장기적인 재원 마련이 필수적이다. 정부부처에서는 단년도 사업을 중심으로 개발협력 사업을 진행하고 있으며, 무상원조 사업의 지원 금액 또한 단년도 프로젝트 사업이 주를 이루기 때문에 제한적인 차원에서만 효과를 확인할 수밖에 없는 현실이다. 개발효과성은 단시간에 효과를 보기 어려우므로, 빈곤감축을 위해서는 장기적이고 다면적으로 접근할 필요성이 있다. 또한 사업의 지속가능성과 효과성을 담보하기 위해서는 시민사회 지원을 위한 자금을 확충하고, 장기적인 재원 마련을 위한 정치적 · 제도적인 지원도 필요하다. 특히 신규 NGO인 경우 기존의 시민사회단체보다 역량과 재원마련 부분에서 장벽이 높아 민간단체 지원사업 제도에 쉽게 진입하기 어려운 현실인데, 이런 문제들이 해결되어야 한다.

KOICA의 사업발굴지원사업은 경험이 부족한 NGO가 전문적인 개발협력단체로 성장할 수 있도록 교육, 컨설팅, 예산을 지원하는 프로그램으로, 1년 단년제로 운영하며, 사업당 최대 1억 원을 지원한다. 이 프로그램은 매년 1회 공모 방식으로 지원 사업을 선정하는데, 정부기관에 등록된 비영리단체로서 3년 이상의 자체 국제개발협력사업 수행 경험이 있는 단체들이 신청할 수 있다. 첫 해 사업지원은 이전에 KOICA 시민사회협력 프로그램에 참여한 경험이 없어야 한다는 조건이 있다. 역시 매칭그랜드 재정지원 방식을 사용하고 있는데, 신규단체 지원 프로그램인 만큼 KOICA가 80%의 사업 자금을 지원해주고 있다. 이 프로그램은 정부가 개발협력분야의 파트너십을 확대하는 데 점점 증가하는 신규단체를 중요하게 인식하고 있음을 보여주는 사례이다. 신규단체 지원 프로그램을 통하여 아직 역량이 부족한 NGO의 역량을 제고할 수 있으며, 다양한 NGO의 참여를 가능하게 함으로써 장기적인 시민사회 협력을 가능하게 한다는 점에서 긍정적인 효과를 기대할 수 있다.

(3) 효과적 사업수행을 위한 비정부기구의 역량강화 프로그램 지원

시민사회협력 프로그램의 효과성을 담보하기 위해서는 NGO의 전문성과 역량 강화가 필수적이다. 개발사업을 수행하는 많은 NGO가 전문적이고 체계적인 사업발굴과정을 거치지 못한 채 사업을 제안하고 착수한다. 이러한 사례는 NGO의 역량 부족뿐 아니라, 한국 내 개발협력사업의 사업기초조사 과정과 사업발굴과정 등에서 전문성과 체계성 부족으로 발생하는 것이다. 전문적인 사업기초조사 과정을 통한 사업발굴은 사업수행의 전 과정과 개발효과성에 큰 영향을 미친다. 따라서 개발협력사업의 발굴 및 선정단계에서 전문성과 부처 간 또는 부처와 NGO 간의 긴밀한 협의와 조사를 통하여 사업을 제안하고 선정할 필요성이 있다.

모범적인 선진사례로 꼽히는 덴마크에서는 사업조사지원금을 제공하여 NGO의 성공적인 사업제안서 작성을 지원하고, 사업의 효과성 제고를 통해 개발효과성을 더욱 견고히 하고 있다. 덴마크는 네 가지 유형의 프로젝트 자금 지원에서 사업조사지원금을 포함하고 있는데, 최대 14,000달러를 지원한다. 이 지원금은 현지사업 조사를 위한 여행경비, 2명의 출장경비 및 사업형성을 위한 현지 파트너의 연구와 조사가 포함되어 있다. 지원금 중 3,800달러는 워크숍과 연구에 사용하도록 규정하고 있다. 일본은 NGO 사업 보조금을 통하여 NGO의 전문성 및 사업역량을 강화할 수 있도록 지원하고 있다. 지원규모는 3,900~26,000달러이다.

이처럼 다른 공여국에서는 사업선정 이전부터 NGO의 역량강화를 위한 프로그램을 운영하여 사업의 효과성을 담보하려는 노력을 활발히 기울이고 있다. 한국정부도 현지 사전조사를 통하여 사업의 타당성을 평가하고 있지만, 사업에 선정된 일부 NGO에만 혜택이 부여되는 한계가 있다. 또한 현지의 실질적인 수요를 수렴하고 조사한다기보다는, 외교부를 통한 일원화된 창구를 통해 한국에서 제안된 사업의 필요성 정도를 확인하는 형식이 주를 이루고 있어 제한적이라는 평가를 받는다. NGO의 역량강화를 위한 프로그램의 확대가 필요하며, 사업을 시행할 때는 사업 발굴 이전단계부터 장기적인 관점으로 NGO 자체 역량강화를 위한 프로그램을 확충해야 한다. 또한 NGO 간의 활발한 토의 과정을 통하여 상호 역량강화를 위한 정기적인 포럼 형태의 장을 마련하는 것도 검토할 수 있는 방안이다. 사업발굴과정에서의 전문성과 체계성 확보를 위해서는 무엇보다 사업 대상지역에 대한 체계적인 조사를 통하여 수원국의 수요(needs)를 중심으로 사업을 발굴하고 확대해야 할 것이다.

(4) 전략적이고 장기적인 파트너십 구축

전략적이고 장기적인 파트너십을 형성하기 위해서 앞에서 소개했던 영국의 PPA 프로그램을 참고할 필요가 있다. PPA 프로그램은 전략적 파트너십을 구축하여 장기적이고 큰 규모의 프로그램을 발굴하여 시행하고 있다. 장기적이고 규모가 큰 사업 발굴을 위해서는 단기적인 프로젝트 사업보다 대상단체 선정에서 체계적이고 면밀한 심사가 필요하다. 영국 DFID의 PPA 프로그램에서 활용되는 선정 및 심사과정을 참고하여 우리나라도 전략적이고 장기적인 파트너십 구축을 위한 제도를 구축할 필요가 있다. 특히 PPA 프로그램에서 시행하고 있는 인증제도는 NGO에게 자신들의 역량을 공식적으로 평가받을 기회를 제공할 뿐만 아니라 정부 입장에서도 기본적인 역량이 충족된 NGO를 비교적 간편하게 선별할 수 있어 정부와 개발NGO 모두가 혜택을 받는 방식이라고 할 수 있다. 인증 과정에서 다양한 전문가와 기관의 참여를 통한 협의 과정을 거쳐 투명하고 공신력 있는 체계를 구축한다면 NGO의 발전뿐만 아니라 개발효과성 제고에도 상당한 영향을 미칠 것으로 기대된다.

민관협력을 통해 파트너십을 제고하고, 체계적이고 전문성 있게 사업을 선정하고 시행 및 관리를 위해서는 수평적 파트너십의 구축이 필요하다. 동시에 개발효과성 제고를 실현하기 위해서는 단순히 공적사업에 민간자본이 참여하는 것을 넘어서 개발도상국의 수혜자인 지역주민을 파트너로 참여시켜야 한다. 이런 과정에서 공적기관, 민간부문, 개발NGO, 그리고 지역주민 모두가 이익을 보는 윈-윈(win-win)형의 파트너십을 형성할 수 있을 것이다. 결론적으로 볼 때, 전략적이고 장기적인 파트너십 구축을 위해서는 기업의 사회적 책임, NGO의 역량강화, 민간자원의 활용, 정부의 NGO 지원을 위한 제도 구축, 기술역량 강화, 재원 구축 등 다양한 측면에서의 접근이 필요하다. 그러나 무엇보다 사업의 최종적 수혜자인 개발도상국 지역주민의 실질적인 수요(needs)를 반영하고 이들에게 결과적으로 혜택이 돌아가도록 민관협력에 참여하는 모든 주체의 공통된 목적의식이 전제되어야 한다.

제5장

책무성

제 5 장 책무성

1. 책무성의 개념과 역사적 흐름

1) 책무성의 개념

책무성(accountability)의 사전적 의미는 '회계가 갖는 관리 책임'이다.[1] 책무성의 개념은 1970년대 미국의 행정, 교육 분야의 책무성 운동을 중심으로 발전하였다. 우리나라에서도 행정과 교육을 중심으로 책무성에 대한 논의가 집중되어 있으며, 점차 보건·의료, 공영방송 등의 분야로 그 영역이 확대되고 있다.[2] 이처럼 책무성은 회계(accounting) 개념에 뿌리를 두고 있으며, 처음에는 부기(bookkeeping)를 수행하고 이를 외부인에게 설명(account)한다는 좁은 의미에서 출발하였다.

공공행정의 책무성이나 시민사회의 책무성을 말할 때 그 의미와

---

1) 국립국어원, 『표준국어대사전』(서울: 국립국어원, 2000).
2) 김기경, "책무성의 개념분석," 『간호행정학회지』 제10집(2)호(2004), p. 233.

정의를 명확하게 설명하는 것은 쉽지 않다. 책무성에 대한 학자들의 기존 논의를 살펴보면, 먼저 쉐들러(Andreas Schedler)는 책무성 개념이 두 가지의 기본적인 의미를 가지고 있다고 보았다. 하나는 '설명능력(answerability)'이며, 다른 하나는 '시행(enforcement)'이다. 정부는 시민으로부터 받은 세금인 공적 자금을 통해 어떤 업무를 수행했으며, 어떠한 성과를 창출했는지에 대해서 설명할 의무와 능력이 있다. 시행은 정부의 업무 수행에 있어서 공정하고 민주적인 절차와 규칙, 법규를 따랐는가에 대한 문제이다. 쉐들러는 설명능력과 시행이라는 두 가지 개념적 의미를 통합하여 책무성의 의미를 다음과 같이 재 정식화하였다. 'A는 B에게 설명할 책임이 있다. A가 과거에 행한, 현재하고 있는, 미래에 행할 일들과 결정에 대해 B에게 정보를 제공할 의무가 있다. A는 자신의 행동에 대한 근거와 정당성을 B에게 설명해야 하며, 자신이 잘못된 행동을 했을 때 처벌받을 수 있음을 알려야 한다.' 쉐들러는 위와 같이 공공행정의 책무성이 정보제공(information), 정당화(justification), 처벌(punishment)의 세 가지 영역으로 구성되어 있다고 정의하였다. 책무성은 다양한 방식으로 변용되어 사용될 수 있는데, 예를 들어 언론이나 시민사회의 감시와 요구에 반응하는 것으로서의 책무성은 수직적 책무성이며, 유권자들이 주기적인 선거를 통해 국회의원을 선출하는 것은 선거적 책무성으로 개념화할 수 있다.[3)]

물간(Richard Mulgan)은 책무성 개념이 단순히 대답할 능력과 시행을 따르는 책무를 넘어서는 것으로 설명하면서 몇 가지 개념적 의미의 확장을 시도하였다. 첫째, 책임이 내적인 측면, 개인적 차원, 윤

3) 이숙종 · 양세진, "시민단체의 책무성과 정부의 역할에 대한 연구: 행정자치부의 비영리민간단체 지원 사업을 중심으로," 『한국행정학회 학술발표논문집』 제12집(2007), p. 81.

리·도덕적 의미를 내포하는 반면, 책무성은 그러한 가치를 넘어 공식적이고 제도적인 의미까지 포함한다. 둘째, 일반적으로 책무성은 '통제(control)' 그 자체로 설명되기도 하지만 통제는 책무성을 수행하는 하나의 수단일 뿐이며, 책무성은 통제 이상의 의미와 가치를 지닌 개념이다. 셋째, 책무성은 '반응성(responsiveness)'과 상호 교환적으로 사용될 수 있는 개념이다. 책무를 감당해야 할 주체에게 다차원적인 반응성을 요구하는 추세에서 책무성을 갖는다는 것은 곧 외부의 요구에 민감하게 반응함을 의미한다. 넷째, 책무성은 '대화(dialogue)'를 통해 민주주의의 가치를 드러낸다. 책무성의 가장 핵심은 'A가 B에게 A의 행위에 대하여 설명하는 것'이다. 이러한 설명 의무는 곧 대화를 통해 이루어지며, 따라서 책무성의 개념은 이러한 대화의 의미를 포함한다.[4)]

이처럼 책무성 개념이 확장되는 과정에서 현재 국제사회에서 통용되고 있는 '민주적 책무성' 개념을 발견할 수 있다. 모든 의사결정이 그 결정에 의해 영향을 받는 사람들에게 설명되는 사회를 추구하는 민주적 책무성은 '누가(who), 누구에게(to who), 무엇을(for what), 어떻게(how)'라는 네 가지 형식으로 설명할 수 있다. '누가'는 수혜자나 수혜자 그룹에게 영향을 미치는 사람 또는 그룹이며, 그 영향을 받는 수혜자나 수혜자 그룹이 설명을 받는 대상이 된다. '무엇을'은 수혜자 또는 그 그룹이 받는 영향, 특히 그중에 부정적인 영향을 말하며, '어떻게'는 그(부정적인) 영향을 주는 사람이나 그룹의 행동을 바꿀 수 있는 방법을 말한다.[5)]

---

4) 이숙종·양세진(2007), pp. 81-82.
5) Jem Bendell, "Debating NGO Accountability," *Ngls Development Dossier*(UN, 2006), p. 5.

〈표 5-1〉 책무성의 비교 개념들

개 념	설 명
책임성 (responsibility)	내적인 측면, 개인적인 차원, 윤리적이고 도덕적인 의미
투명성 (transparency)	회계와 사업 등 모든 정보공개 개념 원조의 효과성 · 책무성 · 예측가능성 등을 결정짓는 중요한 요소
책무성 (accountability)	단순한 책임 가치를 넘어 공식적이고 제도적인 차원의 책임까지를 포함하며, 규범적이고 사회적으로 구성된 개념

책무성 개념을 둘러싼 이런 논의에서 약간의 차이점을 발견할 수 있지만, 책무성이란 나와 관계된 다른 이들에게 설명이나 대화를 통해 정당성을 확보하는 과정이라는 공통분모를 확인할 수 있다. 책임성·투명성 등 다른 개념들과 비교해보면 책무성 개념을 보다 명료하게 이해할 수 있을 것이다. 〈표 5-1〉에서 보듯이 책무성은 책임성의 의미를 넘어서는 개념이며, 투명성의 개념을 포괄한다.

2) 개발NGO 책무성의 역사적 흐름

과거에 비해 개발NGO의 역할이 확대되고 그 중요성이 높아짐에 따라 이들에 대한 책무성이 크게 요구되고 있다. NGO의 책무성은 시대적 배경, 역사적 흐름에 따라 조금씩 다른 측면들이 강조되어 왔다. 신자유주의의 팽창과 구조조정의 시대였던 1980년대에는 재정적 책무성, 조직역량, 효율성, 수행능력 등이 중요시되었으며, 1989년 베를린 장벽 붕괴 이후 1990년대에 불어온 민주화 열풍은 NGO의 내부적 거버넌스와 조직행동 형식(행동강령, 미션) 등의 측면에서 책무성을 강조하였다. 1990년대 후반에는 굿거버넌스(good governance) 측면에서 독자적 인증제도, 협회를 통한 자기규제가 주를 이루었다.

2000년 이후에는 정부우위정책으로 신뢰성 스크리닝(screening)과 정부의 통제가 있기도 했으나, NGO에 대한 신뢰 및 권리에 기반한 접근(RBA) 측면에서 규제보다는 승인이 주를 이루었으며, 책무성 제고를 위한 체계적인 틀이 개발되기 시작하였다.

2000년대 들어 미디어들은 미국과 전 세계에 있는 자선기관과 관련된 스캔들이 증가하고 있다고 보도하였다. 뉴욕 타임즈 · 워싱턴 포스트 · 월스트리트 저널과 같은 미국의 주요 신문사들은 30개가 넘는 NGO의 윤리적인 문제에 관한 기사를 내보냈다. 최고위층 임원진의 높은 연봉과 사업비에 이들의 여행비용 등이 포함되어 있었다는 비난 기사들이 사회적 관심을 끌었다. 언론은 NGO의 이런 행태가 조직의 미션 달성 실패와 관련이 있다며, NGO예산 집행에서 투명성이 부족한 점을 집중 조망하였다.[6] 한편, 국제기구들도 NGO의 투명성과 책무성에 관한 이런 상황에 주목하였다. 2005년 세계은행은 "NGO의 영향력이 계속 증가함에 따라 NGO는 대중의 감시를 받아야 하고, 책무성에 대한 즉각적인 요청을 받게 된다"는 입장을 밝혔다. 국제사회에서 NGO의 존재감이 커지고 영향력이 확대됨에 따라 정책 입안자 및 언론 매체 등에서 NGO의 정당성에 의문을 제기하게 된 것이다. 이런 사회적 의문은 NGO의 책무성이 강조되는 맥락으로 이어졌다.[7]

책무성 개념은 냉전시대 공여국 중심의 개발원조에서는 개념조차 모호했지만, 냉전 종식 이후 다양한 이해관계자들이 출현함에 따라

---

6) P. Shiras, "The New Realities of Non-profit Accountability," *Alliance* 8(4)(2003), pp. 25-29.

7) Alison Van Rooy, *The Global Legitimacy Game: Civil Society, Globalization and Protest*(Palgrave Macmillan, London, 2004).

수원국의 이해관계 등이 반영되는 제도들로 자리 잡아가고 있다.[8] 책무성에 관한 세계적 흐름을 확인할 수 있는 대표적인 국제적 합의는 2010년 채택된 'CSO 개발효과성을 위한 이스탄불 원칙'이다. 공여자 주도의 개발협력 패러다임의 근본적 변화와 권리에 기반한 접근의 중요성이 강조된 이스탄불 원칙 중 하나는 '투명성과 책무성 실천'이다. 그 내용을 보면 "NGO들은 개발 행위자로서 자신들의 내부 운영에서의 투명성, 다양한 측면에서의 책무성 및 청렴성에 대한 조직 차원의 지속적인 헌신을 보여줄 때 효과적"이라고 명시하였다. 이로써 책무성에 대한 국제사회의 요구가 전면에 나타나기 시작하였다.

한국에서도 2010년대에 들어와 보건복지부의 감사로 인해 불거진 사회복지공동모금회 사건을 계기로 NGO의 투명성과 책무성이 미디어의 관심을 받기 시작하였다. KCOC는 2007년 '국제개발협력NGO 행동규범'을 만들어 NGO가 투명성과 사회적 책임, 책무성에 대한 기초적인 사항들을 확보하도록 하였으며, '개발NGO 책무성 증진 포럼'을 개최하는 등 개발NGO의 책무성을 강화하기 위한 노력을 본격화하고 있다.

2. 개발NGO 책무성 제고의 해외 사례

개발NGO의 책무성을 측정 · 평가하고 일정 수준 이상의 책무성을 유지하기 위해 각국 정부와 국제 시민사회는 NGO의 책무성에 관심

8) 김태균, "글로벌 거버넌스와 개발협력의 책무성," 『국제정치논총』 제53집(4)호 (2013), p. 270.

을 갖고 관련 체계를 구축해나가고 있다. 정부 차원에서 시행되는 대표적인 사례로는 호주 원조개발청 AusAID에서 개발협력에 참여하는 NGO들에 대한 인증제도(NGO Accreditation)를 들 수 있다. 시민사회 측에서도 자신의 책무성 문제를 중요시하고 적극적으로 대응하고 있다. 호주 개발NGO 협의체인 ACFID는 자체적으로 NGO들이 지켜야 할 행동강령(Code of Conduct)을 만들어 책임 있는 활동의 중요성을 강조하였다. 또한 전 세계 110개국 882개 단체의 연합체인 CIVICUS와 캄보디아의 NGO협의체인 CCC(Cooperation Committee for Cambodia)도 회원단체 간의 네트워크를 활용하여 책무성을 갖추고자 하였다. 이 외에도 영국의 One World Trust, 미국의 Charity Navigator 등의 단체들이 이러한 활동을 하고 있다. 세계 각국 정부와 NGO에서 시행하는 다양한 책무성 프로그램들에 대해서 살펴보고자 한다.

1) 정부 주도의 책무성 제고 사례: AusAID[9)]

AusAID는 'NGO 인증제도(NGO Accreditation)'를 통해 매년 NGO의 개발사업에 대한 대응자금(matching grant)을 제공하고 있다. NGO 인증제도는 AusAID가 ACFID와 함께 만들어 1997년 처음 도입하였으며, 협력 NGO들을 분별하는 행정적 제도로 사용되고 있다. 이 제도는 완전인증(Full Accreditation)제도와 기본인증(Base Accreditation) 제도로 구분되는데, 인증제도에 따라 보조금이 차등 지원된다.[10)] NGO

9) 손혁상 외(2011b), pp. 25-27.

10) 기본인증 NGO는 연간 약 15만 호주 달러를 지원받으며, 완전인증 NGO는 연간 약 30만 호주 달러 이상을 지원받는다.

인증제도는 호주 NGO들만 지원할 수 있으며, NGO의 경력과 전문성, 그리고 재정능력에 따라 선택해서 지원할 수 있다. NGO 인증제도는 조직체계도, 운영과정, 정책 등을 깊이 있게 반영하며, 호주 정부와 NGO를 연결해주는 중요한 접점 역할을 하고 있다.

인증 대상 NGO는 2년 이상 국제개발협력 사업을 운영한 단체로 개발NGO들의 행동강령에 서명한 단체여야 한다.[11] 인증 과정은 다섯 단계로 진행된다.

먼저 NGO가 자신의 단체프로필을 AusAID에 제출하면 서면검토(desk assessment) 및 현장방문을 거쳐 개발협력위원회(Committee for Development Cooperation, CDC)[12]에 전해진다. 이 위원회는 AusAID를 대표해 인증 대상 NGO를 최종 결정한다. 인증 및 심사과정에서 동료검토(peer review)가 있으며, 개발협력위원회 회의 과정에 AusAID 관련자뿐만 아니라 다른 NGO들의 의견이 반영된다는 것이 특징이다.[13]

기본인증 NGO가 되기 위해서는 20개의 항목 중 16개를 충족해야 하고, 완전인증은 20개 항목 모두 충족해야 한다.[14] 20개 항목은 크게 5개 영역으로 분류될 수 있다. 1) 단체의 정체성 및 구조, 2) 개발철학 및 관리방안, 3) 파트너십 및 개발협력에 대한 접근, 4) 호주 커뮤니티와의 연계성, 5) 재정관리 및 위험관리 등이다. 이 기준

---

http://www.ausaid.gov.au/ngos/ancp.cfm(검색일: 2011. 8. 16).

11) 2010년 현재 완전인증 NGO는 33개, 기본인증 NGO는 9개로 총 42개의 NGO가 인증되어 있다.

12) 개발협력위원회는 AusAID와 NGO들이 공동자문과 정책협의를 위해 1975년부터 운영된 위원회로, 정부 원조기관과 시민단체 사이의 완충역할을 하고 있다.

13) 인증을 받은 NGO는 소규모 프로젝트를 하는 단체부터 개발NGO까지 다양하다. 자격을 인정받은 NGO라도 5년마다 재인증 절차를 받게 되어 있다.

14) http://www.ausaid.gov.au/ngos/pdfs/draft-accreditation-man-jun 2011.pdf(검색일: 2011. 8. 16).

〈표 5-2〉 AusAID의 NGO 인증을 위한 검토 내용

요 소	세부지표
단체의 정체성 및 구조	• 자발적, 비영리, 비정부 기관인지 여부 • 법적 단체 • ACFID 행동강령 서명 여부
개발철학 및 관리방안	• 원조 관련 프로젝트/프로그램에 대한 기록 • 호주정부의 원조 프로그램과 목표 일치 여부, 복지/복음주의/당파적 활동이 아니어야 함 • 기관의 프로젝트/프로그램의 목표를 달성할 수 있는 역량 • 모니터링, 활동의 효과성에 대한 기록 및 정도 • 기관의 관리 및 운영을 지속적으로 향상시키는 시스템
파트너십 및 개발협력에 대한 접근	• 기관이 활동하는 국가에서 맺은 파트너십(서류) • 기관의 역량 및 개발프로젝트/프로그램을 수행하는 파트너 기관의 역량에 대한 평가 • 파트너십의 효과성 및 일관성
호주 커뮤니티와의 연계성	• 호주 단체여야 하며 호주 커뮤니티와 상호작용 여부 • 기관 및 기관의 목표, 대국민 대상 활동에 대한 정보 제공 • 기관의 개발 프로젝트/프로그램을 위해 재정, 현물, 자원봉사를 통한 호주 커뮤니티의 지원을 유지하고 활용 • 후원자의 인식을 늘리고, 현 개발 이슈에 대한 참여를 확대할 계획
재정관리 및 위험관리	• 효과적인 관리, 행정, 재정 시스템 • 재정운영 능력의 전문성과 책임성 • 지출과 관련하여 위험을 관리하고 평가하는 시스템

출처: 손혁상 외(2011b), p. 27.

은 호주 주요 개발NGO들과 ACFID, 그리고 NGO 커뮤니티와의 협의를 통해 만들어졌다.

2) NGO 자체의 책무성 제고 사례

(1) ACFID[15)]

호주 개발NGO 협의체인 ACFID는 1986년부터 국제기준에 부합

15) 손혁상 외(2011b), pp. 236-238.

하는 개발 사업을 위해 노력하였다. ACFID는 윤리강령(Code of Ethics)을 자발적으로 제정하여 1989년에 회원단체의 의무사항으로 결정하면서 개발NGO의 책무성에 관심을 두기 시작하였다. 책무성에 관한 보다 실천적인 노력은 1995년 당시 ACFID의 회원단체는 아니지만 호주의 개발NGO 중 한 곳의 투명성에 대한 공개적 비판이 제기되었을 때이다. 이와 같은 상황에 대처하기 위해 개발협력·태평양담당 장관은 '실행자문위원회'와 AusAID, ACFID의 합동워킹그룹을 설치해서 책무성에 관한 논의를 진행하였다. 여기에서 나온 의견을 바탕으로 행동강령이 제정되었고, 1997년에 ACFID 회원단체의 의무사항으로 받아들여졌다. 또한 ACFID의 비회원단체들도 AusAID의 재정지원을 받기 위해서는 반드시 서명하게 되었다.

ACFID의 행동강령 서명은 ACFID의 회원단체로 가입할 때, 그리고 AusAID의 NGO 인증제도를 신청할 때 반드시 필요한 전제조건이다. 행동강령은 개발NGO 간 협력에 관한 내용을 비롯하여 단체 내 모금, 인사, 경영, 커뮤니케이션 등에 관한 기준을 제시하고 있다. 이 행동강령의 목적은 개발NGO 커뮤니티의 기준들을 향상시키고, 호주 국민의 신뢰를 유지하며, 개발NGO들 프로그램의 질적 효과성을 높이기 위한 것인데, 세부내용은 〈표 5-3〉과 같다.

행동강령에 서명한 단체들은 자체평가(Compliance Self-Assessment, CSA)를 통해 매년 자신들의 활동이 행동강령의 요구를 잘 이행했는지 평가해야 한다. 자체평가는 단체의 회장이나 운영그룹의 이사장이 서명을 해야 하며, 연간보고서 및 재정보고서와 함께 제출한다.

행동강령이 만들어진 이후 여러 번의 검토 및 수정 작업이 있었다. 2004년 쓰나미 대참사에 대한 국민의 후원이 폭발적으로 계속되자, 행동강령위원회(Code of Conduct Committee)는 모금 행동강령에 맞

〈표 5-3〉 ACFID 행동강령 구성요소

요 소	세부 지표
단체의 윤리성	• 인권 기반, 수원국의 존엄성, 가치, 역사, 종교, 문화 존중 • 자발적이며 비영리 기관 • 사기 및 부패와 같은 불미스러운 일과 관련이 없어야 하며, 혹시 발견되어도 즉시 시정 • 단체 내부에 잘못된 일을 보고할 수 있는 정책 • 다른 기관을 중상모략하지 말 것 • 아동의 안전과 복지를 위한 정책과 과정 • 재정 및 자원을 목적대로 사용하는지 여부 • 제3자에게 재정/자원을 보낼 때 기관과의 전략의 일치성, 제3자의 역량 여부, 적법한 단체, 적절한 컨트롤과 위험 관리가 있어야 함
거버넌스	• 정관, 조직의 목적/목표, 회원, 조직구조, 정족수 등이 법적 조건에 부합 • 운영그룹(governing body)의 존재 여부, 연간 예산 승인 역할, 책임성 여부, 운영그룹과 사무국의 분명한 권한 • 운영그룹의 임명, 면직, 보수에 대한 명문화된 정책 • 운영그룹 및 직원, 자원봉사자들의 이해 대립문제에 대한 태도 • 단체의 목적, 프로그램, 재정 및 거버넌스에 대한 정보 공개 • 연간 회의, 재정 감사
대중과의 소통	• 연간보고서 발행 여부 • 모금에 대한 책무성 • 기부자의 권리를 보호하기 위한 정책 • 제3자에게 보낼 때 책임성, 계약서 및 합의서 등 서류화
재정관리	• 내부의 통제 절차 및 보고체계 • 연간보고서, 재정보고서 발행 • 외부 감사 • 기관의 전체 재정보고서를 발행하지 않을 시, Code of Conduct Summary Financial Reports 발행 • 목적에 맞는 기부금 사용 • 보고서에 비율을 사용할 때, 그에 대한 설명 포함
인력 및 경영 관리	• 직원에 대한 정책 및 절차 • 직원 및 자원봉사자가 지녀야 할 태도에 대한 명확한 설명 및 ACFID 행동강령과 일치 • 경영의 지속적인 향상 • 성 평등을 위한 정책 및 전략 존재 여부

출처: 손혁상 외(2011b), pp. 236-237.

춰 웹 기반 모금자원의 평가 과정을 세웠다. 그 과정은 유용하고 성공적이었다는 평가를 받았고, 오늘날 대규모 재난에 대한 위원회의 대응방법 기준을 제공하게 되었다. 2002년과 2007년, 2009년의 내부 재검토 과정을 거치는 것 외에, 2009년에는 외부 컨설팅을 통해 행동강령의 전반적인 내용에 대한 검토 작업을 시행하였다. 2010년에는 2012년에 적용될 새로운 행동강령을 마련하여 통과시켰다. 18개월간 ACFID 회원단체들과 행동강령에 서명한 단체들의 자문을 거친 개정안이 탄생되었다. 개정안에는 원조, 개발효과성, 파트너들과의 관계, 애드보커시, 긴급구호 관리에 대한 내용이 포함되었으며, 단체들이 건의사항을 받아들이는 절차를 마련하는 내용이 추가되었다.

개정안은 NGO의 책무성을 증진시키는 데 중요한 역할을 할 것으로 기대된다. 특히 원조 및 개발 활동으로 직접적인 영향을 받는 수혜국 주민들에 대한 책무성을 가장 우선시하였다는 점에서 개발의 질적인 효과를 높이려는 노력을 엿볼 수 있다.

(2) CIVICUS

전 세계 110개국 882개 단체의 연합체인 CIVICUS[16)]의 대표적인 책무성 강화 프로그램은 LTA(Legitimacy, Transparency and Accountability)이다. LTA 프로그램은 신뢰도 향상(시민사회의 책무성 시스템과 구조 개선을 통한 대중적 신뢰도 향상)과 NGO의 역량강화(시민사회의 대중적 영향력 강화, 청렴성과 효과적인 사업수행능력 강화, 시민사회의 기반과 권위에 대한 도전에 대응할 수 있는 역량 강화)라는 두 가지 목적과 1) LTA 확보를 위한 시민사회 내에서의 필요와 도전에 대한 인식 증대, 2) LTA 확보 메커니즘에 대한 시민사회 내부 교차학습과 소통의 증대, 3) LTA

16) 1993년 전 세계의 시민행동과 시민사회 강화를 위해 만들어진 국제적인 연합이며, 남아프리카공화국의 요하네스버그에 본부를 두고 있다. 주요 활동으로는 시민사회의 권리 보호, 시민사회 내의 좋은 사례 발굴 및 강화, 정부와 국제기구 및 민간영역에서의 정책 및 실행에 대한 영향력 강화 등이 있다.

이슈 전파 및 지식창출을 위한 기능적 구조 설립, 4) LTA 프레임워크와 개념의 이해 및 지식 향상, 5) LTA 참여단체에 의한 자체적이고 주도적이며 지속 가능한 프로젝트 수행이라는 다섯 가지 목표를 갖고 있다. 주요 내용으로는 시민사회의 정당성 · 투명성 · 책무성을 증진하고 이를 유지하기 위한 지원 활동, 시민사회 활동이 보다 높은 수준에서 수행되도록 지원하고 격려하는 활동, 책무성 이슈에 대한 인지 증진 및 경각심을 고취하는 활동 등의 내용을 담고 있다. 이를 달성하기 위해 CIVICUS는 광범위한 네트워크를 통해 좋은 사례를 발굴하고 공유하며, 관련 정보 및 자료 제공과 공유를 통한 상호 학습을 추진하는 등의 방법을 사용하고 있다. 이 프로그램에서 CIVICUS는 프로그램 수행자(실제 사업수행단체)와 학계 등 프로그램 참가자들 간 연결고리, LTA 증진을 위한 상호 학습, 자원 공유, 안내자의 역할을 맡고 있다.

(3) 캄보디아 CCC

캄보디아 CCC[17]의 책무성 관련 주요 프로그램은 GHP(Governance Hub Program), NGO GPP(Governance & Professional Practice), Member

17) 1991년 설립된 캄보디아 내의 지역NGO와 국제NGO의 협의체로서 2013년 기준 총 137개 회원단체로 구성되어 있다. CCC의 비전은 '강하고 역량 있는 캄보디아 시민사회를 만들고, 캄보디아의 개발협력 도전에 대한 협력과 반응성을 강화하는 것'이며, '캄보디아 내의 전문적 NGO협력체로서 시민사회에 양질의 서비스를 제공하고, 공유된 목소리로 캄보디아의 개발 파트너들에게 영향을 주고자 하는' 미션을 가지고 활동한다. 이런 비전과 미션 달성을 위해 CCC는 캄보디아 정부와 연락 역할을 하고, 지역NGO와 국제NGO, NGO네트워크, 기부자 단체들 간의 효과적이고 공고한 협력체계를 구축하며, 캄보디아 내 NGO 역량강화, 조사연수, 자료센터 역할, 책무성과 투명성 강화를 위한 활동을 하고 있다.

Peer Learning Forums(역량강화 및 상호 학습) 등이 있다. 1995년, CCC 집행위원회가 NGO를 위한 행동규범의 첫 번째 초안을 내놓은 이래로, CCC는 캄보디아 내 NGO의 책무성과 굿거버넌스 확립을 위해 선도적 노력을 기울여왔다.

GHP는 캄보디아 개발협력 활동 핵심주체들의 기대와 다양한 조언에 대한 반응, 그리고 NGO에서 굿거버넌스 실행을 위한 도전과제 이슈화를 목적으로 하는 프로그램이다. CCC의 목표 성취를 위한 세 가지 구성 요소는 1) 자발적 인증제(Voluntary Certification), 2) 역량개발과 학습(Capacity Development and Learning), 3) 지식관리(Knowledge Management)이다.

NGO GPP는 캄보디아에서 활동하는 NGO의 모범사례와 전문성 촉진을 위해 운영되고 있다. NGO 역량강화를 위해 운영되는 프로그램으로는 1) 모니터링과 평가 포럼, 2) 재정 포럼, 3) 인사관리 포럼, 4) 정보와 커뮤니케이션 기술 플랫폼이 있다. 2004년에 프로그램 개발을 착수한 이래, 기존의 행동규범에 기반을 두고 계속 발전해왔으며, 현재 캄보디아 내의 NGO들과 국제사회의 폭넓은 지지를 받고 있다. 또한 NGO의 내부구조 및 실행을 강화하고 자기규제를 실행함으로써 대중적 신뢰도 구축에도 기여하였다. 2007년 자발적 인증프로그램을 시작한 이래 2012년까지 총 121개 단체가 지원하였고, 33개 단체가 인증을 받았다. GPP는 일곱 가지 영역에서 가이드라인과 세부지표를 제시하였는데,[18] 이 중 책무성과 관련된 부분은 다섯 번째 지표이다.

---

18) 1) 미션, 비전과 가치, 2) 거버넌스, 3) 관계와 소통, 4) 재정 관리, 5) 책무성과 투명성, 6) 품질 보증, 7) 인적 자원(HR) 관리.

〈표 5-4〉 캄보디아 CCC의 GPP 중 책무성 지표

<table>
<tr><td rowspan="3">Standard 5.1</td><td colspan="2">NGO는 공공기관, 기부자, 정부에 그들의 활동, 재정상황, 관련 정보에 대한 정확한 정보를 제공한다.</td></tr>
<tr><td>Guideline</td><td>• 각 NGO는 연간보고서나 재정현황 보고를 이해당사자들에게 보고한다.
• 각 NGO는 활동 지역이나 다른 이해당사자들에게 연간 진행 상황을 보고하는 회의를 개최한다.</td></tr>
<tr><td>Indicator</td><td>• 정보 분배 리스트 확인 가능
• 공공, 수혜자, 기부자, 관련 정부는 어떤 종류의 정보를 NGO로부터 받았는지 설명 가능</td></tr>
<tr><td rowspan="3">Standard 5.2</td><td colspan="2">NGO는 개발과정 중에 있는 예상(목표) 그룹이나 지역의 참여를 보장한다.</td></tr>
<tr><td>Guideline</td><td>• 제안서, 연간보고서, 관련문서는 NGO가 개발과정 가운데 어떤 식으로 지역주민들을 포함시키는지 설명한다.
• 개발지역주민의 기초 수요조사나 개발 프로그램 활동에 수혜자들을 참여토록 한다.
• NGO는 수혜자들이 직접 프로그램을 모니터링하고 궁금한 것들을 물어볼 기회를 준다.</td></tr>
<tr><td>Indicator</td><td>• 개발 목표 지역 참여는 연간보고서, 프로젝트 제안서 등에 기재된다.
• 수혜자들은 NGO의 활동에 대해 만족도를 표현할 수 있으며, 개발과정에 참여할 수 있다.</td></tr>
<tr><td rowspan="3">Standard 5.3</td><td colspan="2">NGO는 모든 이사회 구성원이나 직원에 대해
이해 상충에 관한 방침을 서문으로 작성한다.</td></tr>
<tr><td>Guideline</td><td>• 이해 상충에 대한 설명이 조직의 방침이나 연관된 문서에 포함되어야 한다.
• 이해 상충에 대한 설명서(진술서)는 그 이해 상충에 대한 정의를 내리며, 정기적으로 이해 상충과 연관된 정보를 제공하며, 이해가 충돌하는 일이 실제로 발생했을 때 핸들링하기 위한 구체적 절차가 포함되어야 한다.</td></tr>
<tr><td>Indicator</td><td>• 관리 문서에는 이해 상충을 정의하고 모든 직원과 이사회 구성원에 적용되는 NGO의 정책을 명확히 표현해야 한다.
• 방침에는 이해 상충을 다루기 위한 절차가 포함되어야 한다.</td></tr>
</table>

출처: http://www.ccc-cambodia.org

(4) One World Trust

영국의 책무성 관련 리서치 및 평가기관인 One World Trust는 1951년 APPGWG[19]의 지원으로 설립된 이래 영국 의회와 지속적

관계를 유지하면서 글로벌책무성보고서(Global Accountability Report)를 발간하고 있다. One World Trust는 이 밖에도 주요한 기관들의 규정 연구 및 데이터베이스화, 책무성 툴(tool)과 권고사항 개발, 글로벌 조직의 책무성 증진 연구와 애드보커시 활동을 수행하고 있다.

글로벌책무성보고서는 글로벌 책무성 프레임워크의 네 가지 범위(투명성, 참여, 평가, 불만사항 및 응답)를 사용하여 정부, 비정부 및 다국적 기업 부문의 책무성을 분석, 평가하는 보고서이다. 2006년, 2007년, 2008년에 각 30개의 단체를 대상으로 작성되었다. 평가대상 단체는 자신의 정책과 관리시스템이 주요 책무성 원칙들과 어떻게 부합하는지를 평가받게 된다. 보고서는 이들 단체 중에 책무성 수준이 높은 단체와 낮은 단체의 차이를 설명하고, 특별히 개혁해야 할 부분들을 강조하며, 책무성의 트렌드와 도전과제에 대한 방향성도 제시한다.

한편, One World Trust의 사이트는 전 세계 시민사회의 자체 규정을 모두 포괄하는 목록을 제공한다. 시민사회 내부 규정 데이터베이스를 통해 사용자는 지역의 내부규정과 특정한 지역, 타입에 따라 필터링하여 검색할 수도 있다. 또한 One World Trust의 사이트에는 애드보커시, 로비활동 등과 관련된 조직에 도움을 주기 위해 설계된 정책연구에 대한 책무성 도구 데이터베이스도 있다. 캐나다 국제개발연구센터의 지원으로 4년간 연구 끝에 완성된 온라인 책무성 데이터베이스는 200여 가지의 책무성 관련 도구, 표준과 프로세스 목록을

19) APPGWG(The All-Party Parliamentary Group for World Governance)는 영국의회, 유럽의회, 웨일즈의회의 의원 163명이 참여하는 초당파 그룹이다. 글로벌 거버넌스 이슈와 민주성 · 책무성 · 투명성 확보를 위한 유엔 및 국제기구의 개혁 과정에서의 의회 역할을 논의하고 촉진하는 역할을 한다. 1947년에 설립되어 영국의회에서 가장 역사가 깊은 그룹 중 하나로, APPGWG 구성원들이 1951년에 One World Trust를 설립하였다.

제공하고 있다. 관련 데이터베이스는 다양한 맥락 및 다양한 조직에 충분히 적용 가능하도록 설계되었으며, 사업의 질, 연관성, 정당성 증진을 위한 제도적 변화를 주도록 고안되었다. 사용자는 One World Trust 사이트에서 자신이 필요로 하는 책무성 도구들을 검색할 수 있다. 검색은 키워드로 할 수도 있으며, 원칙, 프로세스, 이해관계자로 구분된 분류표에서 자신이 원하는 분야를 선택함으로써 그와 관련된 책무성 도구를 확인할 수도 있다.[20] 이 도구의 특징은 상호작용이다. 즉, 사용자가 각각의 책무성 도구에 자신의 아이디어를 제안하여 데이터베이스와 상호작용이 가능하도록 되어 있다. 그리고 데이터베이스에 없는 책무성 도구라도 자신이 고안해낸 아이디어를 등록하고 피드백을 받아볼 수 있다.

(5) 국제NGO 책무성 헌장(INGO Accountability Charter)

'국제NGO 책무성 헌장'은 2003년 6월 국제투명성기구(Transparency International)가 주최한 국제옹호비정부기구(International advocacy NGOs, 이하 IANGOs) 워크숍에서 처음 논의되어 만들어졌다. 이 워크숍에서는 국제무대의 자원 및 정책결정에 대한 국제 NGO의 향상된 영향력과 역할에 비추어 비교적 덜 엄격한 국제 NGO의 합법성과 책임의 문제가 제기되었다. 이에 헌장 작성을 통해 점점 더 증대되는 투명성과 책무성에 대한 요구를 해결하기로 하였다. 2006년 6월 6일에

20) One World Trust 사이트에서 제시하는 분류는 원칙(참여, 평가, 투명성, 대응성), 프로세스(조직 거버넌스, 전략, 프로젝트 ID&디자인, 프로젝트 실행, 프로젝트 종료), 이해관계자(혜택 요구, 기부자, 직원, 미디어, 파트너, 정책 결정자, 연구 커뮤니티, 연구 참여자, 통제기관)로 구성되어 있다.

는 11개 선두 IANGOs가 공개 헌장을 채택하고 선언하여 다른 IANGOs에 대한 표준을 설정하고, 좋은 지배구조에 대한 그들의 참여를 장려하는 기자회견을 열기도 하였다.[21] 사무국은 초기에 CIVICUS에서 가입 및 보고, 프로세스와 커뮤니케이션을 관리하는 역할을 하였고, 현재는 베를린시민사회센터로 사무국을 이전하였다.

책무성 헌장에서는 탁월성・투명성・책무성의 공통된 의무를 제시한다. 이 의무를 이행하기 위해 다음의 네 가지 원칙을 추구한다. 1) 공통된 원칙, 정책, 실제를 정의하고 증명한다. 2) 내・외부적으로 투명성과 책무성을 강화한다. 3) 이해관계자들과 의사소통을 장려한다. 4) 조직으로서의 수행과 효과성을 개선한다.

헌장의 첫 번째 책임은 국제 NGO의 미션을 효과적이고 투명하게 달성하는 것이다. 그리고 미션에는 NGO의 가치가 포함되어야 하며, NGO들은 이해관계자들에게 그들의 미션에 대해 설명할 책임이 있다. IANGOs의 이해관계자들은 1) 미래의 세대를 포함하여 우리가 권리를 보호하고 발전시키고자 하는 사람들, 2) 스스로는 대변할 수 없고 지켜질 수 없는 생태계, 3) 회원과 지지자들, 4) 단체의 스텝과 자원봉사자들, 5) 재정, 재화, 서비스를 기부한 단체들과 개인들, 6) 함께 일하는 정부, 비정부 파트너 단체들, 7) 단체가 영향력을 행사하기를 원하는 정책, 프로그램, 행동의 주체들, 8) 조직설립과 운영에 관여하는 규제기관, 9) 언론, 10) 대중들이다.

이 밖에도 헌장에서는 다음과 같은 몇 가지 원칙을 제시하였다.

---

21) 11개의 INGO는 ActionAid International, Amnesty International, CIVICUS World Alliance for Citizen Participation, Consumers International, Greenpeace International, Oxfam International, International Save the Children Alliance, Survival International, International Federation Terre des Hommes, Transparency International, the World YWCA이다.

1) 존엄성과 평등권 등 보편적인 원칙의 존중, 2) 어떠한 정부, 정당, 비즈니스 분야로부터도 독립적일 것, 3) 책임감 있는 옹호활동을 할 것, 4) 효과적인 프로그램의 실행, 5) 비차별 원칙, 6) 투명성(보고, 회계감사, 정보의 정확성)의 확보 및 시행, 7) 굿거버넌스, 8) 윤리적 모금(기부자, 기금의 사용, 현물기증, 대리인), 9) 전문적 경영(재정규제, 평가, 비판여론, 파트너들, 인적 자원, 뇌물과 부패, 성적 청렴함, 내부고발자)이 그것이다. 이러한 원칙들은 국제 NGO의 점점 커지고 있는 영향력에 부응하도록 투명성과 책무성을 증진시키기 위한 기준들이다.

(6) Charity Navigator

Charity Navigator는 미국 내에 있는 자선기관들을 평가하는 기관이다. 2002년에 설립된 이 단체는 시민이 확신을 가지고 기부하도록 후원자들의 결정을 돕기 위한 정보를 제공하고, 효과적이고 투명하게 운영되는 기관들이 그 빛을 발하도록 도움을 주는 데 그 설립 목적이 있다. Charity Navigator는 웹사이트에서 미국 내 자선기관을 평가하여 그 등급과 기부 관련 정보를 공개하고 있다. 2013년 현재 약 5,400여 개 이상의 기관을 평가하고 있으며, 그중 1,100여 개 기관의 등급을 제공한다. Charity Navigator에서 평가하는 두 가지 내용은 재정건전성 평가와 책무성·투명성 평가이다. 재정건전성 평가는 각 기관이 제출하는 IRS Form 990[22] 또는 소득신고서를 기반으로 평가하며, 일곱 가지 핵심영역의 재정 상황을 분석한다. 유사기관과 비교 분석하며, 일곱 개의 성과 매트릭스에 의거하여 0에서 10점까

22) 미국 납세자들이 미국 국세청에 재정 정보를 신고하기 위한 양식 중 하나이다.

지 점수를 부여한다. 책무성과 투명성 평가는 IRS Form 990의 추가 기재된 정보를 활용하며, 12~17개의 책무성과 투명성 항목에 기관이 응답하지 못하면 단체 평가 점수를 감점 처리하는 식으로 평가한다.

Charity Navigator의 책무성 진단표인 CN시리즈는 2002년에 CN1.0으로 시작하여 CN2.0을 거쳐 현재는 CN3.0으로 발전해왔다. CN1.0에서는 IRS Form 990만을 평가 자료로 삼고 재정건전성 차원에서만 평가하였다. CN2.0에서는 IRS Form990 외에 기관 웹사이트 리뷰를 추가적인 평가 자료로 활용하고, 재정건전성을 비롯해 책무성·투명성 차원까지 평가하였다. CN2.0의 특징은 단체의 책무성(투명성, 거버넌스, 단체 경영 포함)을 평가도구로 포함하였다는 점이다. CN3.0은 CN2.0의 평가자료(IRS Form 990, 기관 웹사이트 리뷰)에 기관 성과보고 자료를 포함시켰으며, 기존의 재정건전성·책무성·투명성뿐 아니라 성과보고의 차원에서도 평가하고 있다. Charity Navigator의 CN3.0은 책무성 평가에서 감점 방식을 채택하고 있다. 평가 대상 기관들은 70점에서 시작하여 〈표 5-5〉의 각 항목에 해당되는 만큼 점수를 감점하여 책무성과 투명성 정도를 진단받는다. 최고등급(별 4개)은 60점 이상이며, 25점 이하는 최하위 등급(별 0개)이다.

〈표 5-5〉 CN3.0 책무성 진단표

Form990으로부터 수집된 자료	
성과 매트릭스	점수에서 공제
독립적인 이사회 투표권을 가진 구성원이 5명보다 적거나, 독립적인 구성원이 투표 주류를 구성하지 않음	15 points
충분한 설명 없이 지난 2년 안에 주요한 자산을 유출	15 points
충분한 설명을 하고, 지난 2년 안에 주요한 자산을 유출	7 points
회계 감사가 독립적인 회계사에 의해 시행되지 않았음	15 points
회계 감사가 독립적인 회계사에 의해 시행되었지만, 그 회계사가 내부 위원회에 의해 선택되거나 감시되지 않았음	7 points
경영자나 다른 이해 그룹에게 자금을 빌려주거나 받았음	4 points
조직은 이사회 시간을 준수하지 않음	4 points
Form 990이 기록 전에 이사회에 제공되지 않음	4 points
이해 상충에 관한 정책 없음	4 points
내부고발자 보호 정책 없음	4 points
기록 보관/파기 정책 없음	4 points
Form990에 CEO의 보수를 정확히 보고하지 않음	4 points
CEO 보수를 검토하고 갱신하는 절차가 존재하지 않음	4 points
Form 990에 이사회 구성원과 보수에 대해 전체적으로 보고하는 데 실패하거나, 이사회 구성원이 그들의 참여로 보상받을 자격이 있다고 보고하는 것	4 points
자선기관 웹사이트 검토	
성과 매트릭스	점수에서 공제
웹사이트에 이사회 구성원을 게재하지 않음	4 points
웹사이트에 고위 직원을 게재하지 않음	3 points
웹사이트에 최근 회계 감사 자료를 게재하지 않음	4 points
웹사이트에 최근 Form990을 게재하지 않음	3 points
기부자 개인정보 보호 정책 부재[23]	4 points
선택적 거부(opt-out) 방식의 기부자 개인정보 보호제도 사용[24]	3 points

출처: Charity Navigator, http://www.charitynavigator.org(검색일: 2013. 11. 28).

23) 기부자의 개인정보가 목적에 맞지 않게 사용되고 유출되는 것은 굉장히 민감한 문제이다. CN은 이와 관련하여 단체의 공개된 기부자 개인정보 보호정책이 있는지 여부를 평가한다.

24) 선택적 거부(opt-out)방식의 기부자 개인정보 보호제도는 단체의 메일링 리스트에

3. 한국 개발NGO의 책무성

1) 한국 개발NGO의 책무성 논의 현황

국제개발협력 분야에서 개발NGO들이 자체적으로 책무성을 측정하고 평가하며 일정 수준 이상의 책무성을 유지해야 한다는 시대적 요청은 한국 개발NGO도 예외는 아니다. 2000년 이래 한국 NGO와 개발NGO는 성장 일로에 있다. 한국 NGO의 설립연도별 분포를 보면 2011년 현재 전체 NGO의 8.3%가 1980년 이전에 설립되었고, 1980년대에 12.1%, 1990년대에 38%, 그리고 2000년 이후에 설립된 단체가 41.5%로 한국 NGO는 양적으로 폭발적인 성장을 해왔다. 개발NGO 역시 2014년 10월 현재 KCOC의 122개 회원단체를 기준으로 했을 때 1980년대까지 설립된 단체가 29개인데 비해, 1990년대에는 43개 단체, 2000년대에 설립된 단체는 이보다 많은 50개 단체에 이르는 등 급속한 양적 확대를 경험하였다. 뿐만 아니라 NGO 활동에 대한 외부의 자원제공과 법인격 부여 등 정부와 민간으로부터의 지원도 확대되고 있다. 2013년 한국 개발NGO의 수입 중 개인 및 기업을 통한 외부 지원이 50%를 초과한 상태이다.

개발NGO의 양적 규모의 증가 추세에 비례하여 한국 개발NGO의 사회적 역할에 대한 관심과 기대도 높아졌다. 사회적 영향력 또한 급격하게 증대하였다. 이처럼 양적인 성장과 영향력이 급격히 증대된 개발NGO가 한국사회의 중요한 행위자로 자리잡아가는 과정에서 이

있는 기부자의 이름과 연락처가 기부자의 요청에 의해 삭제되는 제도를 말한다. 선택적 거부(opt-out)의 형태는 단체별로 다를 수 있지만, 어떤 경우라도 기부자가 어떠한 행동을 취할 것이 요구된다.

에 부합하는 높은 수준의 책무성이 요청되는 것은 당연하다고 하겠다. 그럼에도 불구하고 국내에서는 개발NGO의 책무성에 대한 학계의 논의는 활발하지 않다.[25] 개발NGO 내부에서조차 책무성에 대한 인식이 충분히 형성되지 못한 실정이고, 책무성 평가를 위한 틀 또한 제대로 구축되어 있지 않다.

개발NGO들이 책무성 문제를 스스로 해결해야 한다는 문제의식을 가지고 책무성 논의를 시작한 것은 2006년부터로, 국제적인 흐름에 비하면 비교적 최근의 일이라고 할 수 있다. 국제개발과 구호활동에 참여하는 단체들 사이에서 개발현장에서 수행하는 사업수준의 향상과 자기규제의 필요성이 꾸준히 제기되어 오던 차에 2006년 KCOC가 한국 개발NGO의 행동규범을 제정하는 일에 나섰다. KCOC는 각계 전문가가 참여한 전문위원회를 구성하여 본격적인 논의에 착수했고, 그 결과 2007년에 이르러 비로소 한국 개발NGO의 자체적인 책무성 평가규범인 '국제개발협력NGO 행동규범(Code of Conduct)'이 제정되었다. 행동규범은 2014년에 보다 강화된 내용으로 개정되었으며, KCOC는 이 행동규범과 연계한 책무성 자가진단서도 개발하는 등 책무성 강화 노력을 현재까지 지속하고 있다. KOICA에서도 '개발NGO 책무성 증진 포럼'을 개최하고, 책무성 자가진단서를 개발하는 등 개발NGO의 책무성 강화를 위한 노력을 펼치고 있다.

---

25) NGO의 투명성이나 성과 평가 등 책무성의 부분적 요소에 대한 평가가 아닌, 종합적인 수준에서 NGO 일반의 책무성을 논의한 것으로는 이숙종·양세진(2007)의 연구가 있으며, 국제 개발NGO의 책무성에 대한 논의는 김태균(2013) 등이 있으나, 한국 개발NGO의 책무성에 대한 경험적 연구는 전무하다.

2) 한국 개발NGO의 책무성 제고 노력

(1) KCOC의 국제개발협력NGO 행동규범

앞서 기술했듯이 KCOC는 2007년 7월 '국제개발협력NGO 행동규범'을 제정, 공표하였다. 행동규범 제정의 취지는 합리적이고 발전

〈표 5-6〉 국제개발협력NGO 행동규범

항 목	주요 내용
조직	• 민주적인 의사결정 구조를 마련하고 일반시민이 제안하고 참여할 수 있는 열린 조직체계를 갖추기 위해 노력해야 함 – 조직의 의사결정은 관계법령과 민주주의 일반원칙에 입각해야 함 – 이해관계자 의견 존중. 일반시민이 단체사업/정책에 대한 의견제시/참여 – 합리적 직원 처우, 직원 역량강화 교육, 훈련, 연수기회 정기 제공
사업	• 비전과 사명에 따라 중장기 목표를 설정하고 그에 따른 계획에 의거하여 사업을 기획, 시행, 평가하며, 이 사업은 국제적으로 합의된 원칙을 충족시켜야 함 – 사업수행 시 'CSO 개발효과성을 위한 이스탄불 원칙' 이행 – 인도적 지원 사업을 수행할 시에는 '재난구호 시 국제적십자/적신월사 운동과 비정부기구를 위한 행동강령' 준수
재무회계	• 모든 재정을 투명하게 처리하고, 전문적인 재정운영을 통해 지속가능한 개발활동을 추진하도록 노력해야 함 – 국제기준 및 국가별 회계법규 및 단체 회칙이 정한 바에 따라 모든 거래내역을 사실에 입각하여 정확하게 기록·관리하며 정기 감사를 받음 – 회계전담팀 구성, 적절한 리스크 관리
정보공개	• 단체의 운영, 활동 및 회계정보 등에 대한 객관적이고 신뢰성 있는 정보를 제공하고, 이해관계자 및 일반시민, 다른 NGO와도 적극 소통 및 공유 – 이해관계자가 신뢰할 유용한 양질의 정보 공시 – 모금활동 시 단체의 정체성과 사업목적, 현장 요구를 정확하게 설명. 모금을 위한 자료제작에 있어 협력대상국 주민의 인권과 현지 문화 존중 – 정보공유를 통해 개발활동 자원의 중복투입으로 인한 비효율성 방지
임직원 행동윤리	• 임직원은 다음의 윤리를 준수하여 책임감을 가지고 활동해야 함 – 전문가로서의 품위와 자질을 유지, 성실하고 공정한 업무 수행 – 공익활동 수행자로서 이해관계자 의견 존중, 각 단체와의 연대 중시, 정치적·경제적 이익집단으로부터 독립성 유지 – 어떤 형태의 뇌물, 부패, 강요 및 횡령도 금지, 단체의 직책을 이용한 부적절하고 부당한 이익 추구 및 단체의 공신력을 훼손하는 비윤리적 행위 금지, 부정행위 발견 시 확고하고 신속한 시정조처

출처: KCOC(2014b)를 토대로 재구성함.

적인 조직 체계를 구축하고, 빈곤퇴치사업을 수행함에 있어 협력대상국 주민의 요구와 참여를 우선시하며, 투명하고 책임감 있는 사업을 수행하기 위해서이다. 2007년 제정 당시의 행동규범은 크게 조직운영 기준, 사업시행 기준, 재무회계 기준, 정보공개 기준으로 구성되었으며, 2014년 2월 NGO 임직원이 갖추어야 할 행동윤리를 추가하여 총 5개 항목으로 완성되었다. KCOC는 이 행동규범을 단체들이 자율적으로 채택하는 것을 원칙으로 하였다. 그렇지만 KCOC는 행동규범을 채택한 단체들이 행동규범 준수를 선언하고, 단체의 경영시스템을 통해 공지하며, 한국본부뿐 아니라 현지의 지부에까지 적용하도록 권고하고 있다. 나아가 이 행동규범 이외에도 국내법과 협력대상국가의 법률 및 국제법상의 제반 의무를 준수하여 경영해야 함을 인지하고, 단체가 법적 준수 수준을 넘어 국제적으로 인정되는 표준을 따르도록 장려하고 있다.[26]

(2) 국제개발협력NGO 책무성 자가진단서[27]

KCOC는 회원단체와 학계 전문가의 자문을 받아 2013년 12월에 한국가이드스타와 공동으로 '국제개발협력NGO 책무성 자가진단서'를 개발, 발표하였다. 그 취지는 개발NGO의 책무성 증진 활동이 내부의 선언적 구호가 아닌 실천적 이행으로 이어지도록 돕기 위한 것이다.

이 자가진단서는 국제개발협력NGO 행동규범과 연계하여 개발된 것으로, 행동규범이 포괄적이고 핵심적인 가치를 담고 있다면, 자가

---

26) KCOC, "국제개발협력NGO 행동규범(Code of Conduct)"(서울: KCOC, 2014b).
27) KCOC, "국제개발협력NGO 책무성 자가진단서"(서울: KCOC, 2013).

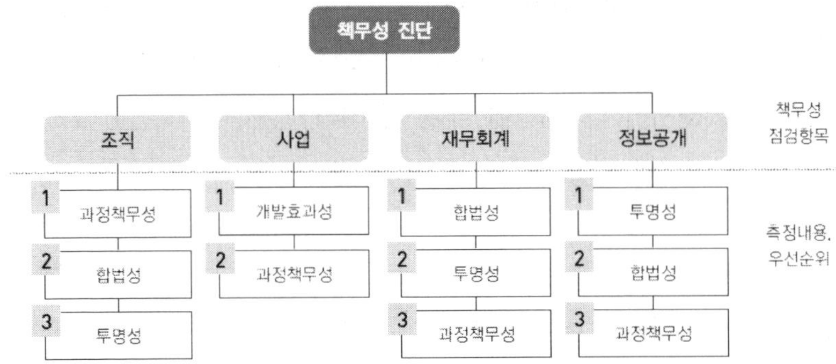

출처: KCOC(2013).

〈그림 5-1〉 국제개발협력NGO 책무성 자가진단서의 구조도

진단서는 행동규범의 적용을 도울 수 있는 지표와 가이드라인을 제시하고 있다. 이 자가진단서는 2014년 2월에 개정된 내용이 아닌, 2007년 제정 당시의 기준으로 제작되었기 때문에 임직원 행동윤리 부분은 없는 상태이며, 조직, 사업, 재무회계, 정보공개 등 네 가지 항목으로 구성되어 있다. KCOC는 회원단체들로 하여금 연 1회 책무성 자가진단을 통해 책무성 수준을 향상시키도록 독려하고 있다.

자가진단서의 네 가지 점검항목에는 과정책무성・합법성・투명성・개발효과성에 해당하는 지표들이 우선순위를 달리하여 설문항목에 포함되어 있다. 각 점검항목별 우선순위는 점검 마지막 부분에 결과표 최종점수를 환산하기 전에 가중치를 부여한다. 즉, 우선순위가 높을수록 높은 가중치를 부여한다. 과정책무성은 단체를 운영하고 사업을 수행하는 과정에서 의사결정의 합리성・집행수단의 적절성・타당성・정확성・유용성을 다룬다. 개발효과성은 NGO활동으로 지역사회에 빈곤퇴치와 관련하여 얼마나 실질적이고 긍정적인 변화가 있었는지를 고려함을 의미한다. 합법성은 관련 법령과 규범을 준수하고

〈표 5-7〉 국제개발협력NGO 책무성 자가진단서

분류	문항	내용
1. 조직	8	단체의 내부규정(자율규제, 운영강령 등)을 적극 실천하고 있다.
	9	협력대상국가와의 이익충돌에 대비한 규정과 규칙이 있다.
	11	외부로부터의 다양한 의견과 비판을 수용할 의사수렴 창구가 제도화되어 있다.
	12	조직구성, 이사구성, 주요임원 정보 등을 공개하고 있다.
	13	제3자에게 조직운영에 관한 자문 및 컨설팅을 받고 있다.
2. 사업	5	사업은 지역의 유지가 아닌 소외된 이를 포함한 주민의 아래로부터의 리더십을 강화하는 데 기여하고 있다.
	6	사업 평가 시 단순한 주민참여율뿐 아니라 주민참여의 질도 함께 평가하고 있다
	8	사업으로 인해 환경·사회적 영향을 받는 현지주민의 불만에 대한 해결책을 모색하는 절차를 수립하여 운영하고 있다.
	10	현지주민이 쉽게 정보에 접근할 방법을 활용하여 정보를 제공하고 있다.
	11	사업의 내용과 방식을 결정할 때, 재원을 제공하는 주체의 목적과 의도가 아니라 민주적으로 수렴된 현지주민의 뜻을 우선 반영한다.
	13	다른 단체와 성공/실패 사례 등을 공유하며, 동일한 실수를 반복하지 않도록 노력하고 있다.
	19	사업 시행 중 사업관리를 위한 모니터링을 반드시 시행하며, 모니터링 결과를 바탕으로 사업계획의 수정이 필요할 때는 이를 반영하고 있다.
3. 재무 회계	6	외부회계 전문가로부터 감사를 받고 있다.
	7	감사인의 의견사항을 차기 회계연도에 반영하여 개선한다.
	8	재정보고서를 제작하여 다양한 방법으로 배포하고 있다.
	10	후원자를 대상으로 기부금 사용내역을 보고하고 있다.
	14	관리·운영경비 비율을 단체의 기준에 따라 측정·분석하고, 그 기준과 측정 결과를 후원자에게 보고하고 있다.
4. 정보 공개	1	공개정보는 기본정보, 고유목적사업내용, 조직운영, 재무정보를 포함하고 있다.
	2	후원자 및 일반 시민이 정보에 쉽게 접근하도록, 다양한 채널을 통해 정보를 공개한다.
	3	모금/홍보를 위해 제작된 자료가 특정한 목적으로 과장되거나 왜곡되지 않았다.
	4	홈페이지에 재무정보를 회계연도별로 공개하여 누구나 열람할 수 있다.
	5	국세청 공익법인 결산서류 등 공시시스템 또는 제3의 정보공시시스템에 정보를 공시하고 있다.
	8	정보공개에 관한 매뉴얼이 있어, 일관성 있게 정보를 공개하고 책임을 진다.
	11	모금활동을 위한 촬영 시, 촬영의 대상이 되는 현지민의 사전 동의하에 촬영이 이루어지도록 하며, 현지민이 촬영의 목적과 활용계획을 명확하게 이해할 수 있도록 설명하였다.
	12	모금활동을 위한 촬영 시, 촬영 과정 혹은 이후 미디어에 노출됨으로써 현지민에게 발생할 수 있는 부정적인 영향을 충분히 사전에 고려하고 필요한 경우 예방조치를 취하였다.
	13	후원자에게 현장의 현실을 전달하되, 현지민이 무기력한 수혜자가 아니라 지역사회개발의 능동적 참여자로 성장하도록 묘사하였다.
	14	타 기관과의 정보공유를 통해 개발활동 자원의 중복투입을 예방하고자 노력하였다.

출처: KCOC(2013)을 토대로 재구성함.

있는가에 관한 항목이며, 투명성은 의사결정 과정과 회계재정을 포함한 사업수행 과정을 외부 사람이 쉽게 이해할 수 있도록 공개하는 것과 관련한 것이다.

〈표 5-7〉에는 자가진단서의 4개 점검항목의 지표들 중 책무성과 직접적인 관련성이 높은 질문들을 모아 놓았다. 4개 점검항목의 지표는 총 62개(조직 14개, 사업 20개, 재무회계 14개, 정보공개 14개)이고, 이 중 27개의 지표가 책무성과 많은 관련이 있으며, 이는 전체 지표 중 약 44%를 차지한다. 자가진단 결과는 항목별 점수와 총점으로 표시되며, 우수·양호·보통·미흡의 네 가지 등급으로 나누어진다. 그리고 각 항목별 점수를 레이더 차트로 시각화하여 확인할 수도 있으며, 이 사각 모형을 통해 기관의 부족한 책무성 역량을 쉽게 파악할 수 있도록 도움을 준다.

(3) 월드비전

월드비전은 국내 개발NGO 중 책무성에 대한 관심과 책무성 확보를 위한 노력을 가장 많이 하는 단체 중 하나이다. 월드비전은 연간 발행하는 사업·재무보고서를 통해 수입, 지출 현황을 공개한다. 월드비전은 영등포세무서, 영등포구청, 보건복지부 등 정부부처 및 공공기관뿐 아니라 외부 회계법인의 감사를 받는 등 여러 기관으로부터 철저한 감사를 받고 투명하게 재정을 운영하고 있다고 평가받는다. 또한 월드비전은 영국의 One World Trust, 미국과 캐나다의 BBB (Better Business Bureau), 미국의 자선기관 평가기관인 Charity Navigator 등 해외의 여러 기관들로부터 책무성에 대한 평가를 받는데, 이 기관들로부터 최상위 신뢰등급을 받고 있다.

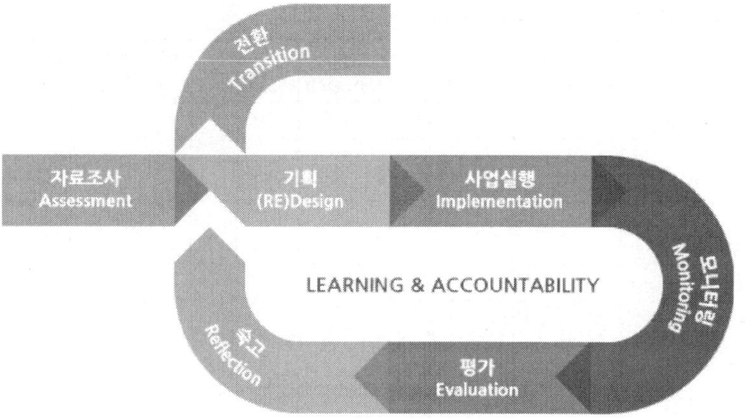

출처: 월드비전, http://www.worldvision.or.kr(검색일: 2013. 12. 2).

〈그림 5-2〉 월드비전의 LEAP

책무성 확보를 위한 내부적 절차로 월드비전은 'LEAP(Learning through Evaluation with Accountability and Planning for Quality)'라는 시스템을 운영하고 있다. LEAP는 월드비전의 지역개발사업의 평가 틀로서, 현장에서 사업을 수행할 때 사용하는 자료조사, 기획, 사업실행, 모니터링, 평가, 숙고, 전환의 7단계 프레임워크를 말한다.

또한 월드비전은 사업의 책무성을 높이기 위해 수혜그룹을 사업의 능동적인 주체가 되게 하여 사업 디자인 단계, 실행 단계, 평가 단계의 모든 과정에 포함시키고자 한다. 이에 따라 1) 정보의 공유, 2) 현장 직원과의 협의, 3) 참여 촉진, 4) 피드백과 불만 수집 및 처리의 네 가지 요소에 중점을 둔 PAF(Programme Accountability Framework)를 적용하여 실천하고 있다.

지금까지 국내외의 책무성 평가 툴(tool)과 지표들을 살펴보았다. 국내에서도 책무성에 대한 이슈가 부각되고 있고, KCOC 등의 단체

〈표 5-8〉 국내외 개발NGO 책무성 측정지표 비교

기관 \ 항목	정보제공 (이해관계자)	수혜자 참여보장	불만관리 (이해상충 관리)	투명성	평가	평가결과 반영 메커니즘	파트너와 협의
ACFID 행동강령	○	○	○	○			
GPP (캄보디아 CCC)	○	○	○				
GAR (One World Trust)	○	○	○	○	○	○	
Charity Navigator	○		○	○			
국제개발협력 NGO 행동규범 (KCOC)	○	○		○			○
국제개발협력 NGO 책무성 자가진단서 (KCOC)	○	○	○	○			○

에서 실질적인 움직임을 보이고 있지만, 해외의 다양한 툴과 시도에 비하면 많이 부족한 실정이다. 〈표 5-8〉은 KCOC에서 발간한 국제개발협력NGO 책무성 자가진단서와 국제개발협력NGO 행동규범을 해외의 다른 지표들과 비교한 것이다.

〈표 5-8〉에서 드러나듯이 여러 평가지표들 중 One World Trust의 글로벌책무성보고서(Global Accountability Report)가 가장 포괄적으로 책무성 지표들을 포함하고 있다. KCOC의 행동규범과 책무성 자가진단서는 가장 중요한 항목인 평가 관련 항목이 빠져 있지만, 그 외의 다른 기관들이 다루는 책무성에 관한 요소들은 대체로 포함하고 있다. KCOC의 도구들은 강제성이 없고, 다른 기관들과의 비교 · 평가도 힘든 구조로 설계되어 있다. 단체 스스로 자신의 역량을 파악하고 점검해볼 수는 있지만, 평가 이후에 부족한 책무성을 지속적으로 발전시키고 역량 강화를 위한 노력으로 연결되기 위한 방안이 고안될

필요가 있다. 글로벌책무성보고서나 Charity Navigator처럼 단체별 점수나 등급을 공개하고, 그것에 의해 기부자나 다른 기관들이 단체의 책무성 이행정도를 파악하도록 함으로써 NGO에게 동기 부여를 하는 것도 하나의 방안이 될 것이다.

3) 한국 개발NGO 책무성 제고를 위한 제언[28)]

책무성에 대한 개념이나 책무성을 평가하고 판단하는 기준은 학자나 기관마다 조금씩 다르게 제시되지만, 유사한 항목을 발견할 수 있다. 공통적으로 확인되는 내용은 첫째, 활동과 재정 상황에 대한 투명한 외부 보고, 둘째, 책무성에 대한 외부기관의 평가, 셋째, 책무성 확보를 위한 내부적 절차, 넷째, 수혜자들의 참여 보장이다. 이와 같은 내용을 담보하는 책무성을 높이기 위해 국내외의 많은 단체들이 다양한 노력을 펼치고 있다. 이를 바탕으로 한국 NGO의 상황을 고려하여 책무성을 향상시키기 위한 방안들을 몇 가지 살펴보고자 한다.

첫째, 교육을 통한 책무성에 대한 인식제고와 역량강화를 통한 전문성 강화이다. 단체 내에서 책무성에 대한 인식전환은 임원과 관리자부터 시작되어야 한다. 책무성관련 조직문화 변화를 위해서는 단체리더의 인식전환이 우선되어야 하므로 이들을 대상으로 한 교육과 프로그램들을 진행할 필요가 있다. 그리고 진행 중인 프로젝트에 대한 책무성 평가를 시행하고, 그 결과를 다시 프로젝트에 반영하는 노력을 통해 단체의 책무성 역량강화를 꾀할 수 있다. 여기서 중요한 점은 책무성에 대한 인식을 제고하고 역량을 강화해야 하는 이유와 필

28) 손혁상, "연구자가 바라본 개발NGO의 투명성과 책무성"(제4회 국제개발NGO포럼 발표문, 2012b).

요성에 대해서 조직 구성원들의 공감대가 형성되어야 한다는 것이다. 조직의 문화를 새롭게 하고, 개인의 숙달을 위한 전략을 개발하며, 공감대가 형성된 비전을 공유하는 것이 단체의 전문성 강화의 선결조건이다.

둘째, 민관 합동으로 구성되는 독립적인 중간조직을 통한 책무성 제고 방안을 고려할 수 있다. 중간조직은 반관반민(半官半民)의 기금으로 운영하여 NGO에도 재정 지원을 할 수 있으며, 단체들의 책무성을 향상시킬 수 있도록 관리·감독하는 역할을 할 수 있다. 예를 들어 미국의 NED(National Endowment for Democracy), 영국의 제3자 기관인 CC(Charity Commission for England and Wales)와 같은 기관들을 참고하여 한국형 중간조직의 설립을 검토해 볼 필요가 있다. 중간조직을 반관반민 형식으로 추진하는 것이 적합한 이유는 NGO책무성 인증제도를 정부 차원에서 추진할 때 불필요한 정치 논리에 휩쓸릴 수 있기 때문이다. 중간조직에서 사회적 인증시스템 구축을 통한 책무성 증진 방안도 가능할 것으로 기대할 수 있다.

셋째, 개발NGO가 자가진단을 토대로 한 자발적 책무성 보고서 발간을 독려하는 분위기를 조성하는 것이다. 보고서에는 연차보고서와 지속가능보고서의 형태가 있을 수 있다. 보고서는 일정 기간에 달성한 NGO의 활동과 성과를 공개하고, 내부적으로는 부서 간의 의사소통을 증진시키는 데 기여할 수 있다. 목표를 재검토할 수 있는 자체검증의 수단으로써 자가진단을 토대로 한 보고서는 매우 효과적일 것이다. 이때 자가진단은 개별사업부서가 담당하는 것보다는 독립된 담당부서가 시행할 때 진단결과에 대한 실제적 판단이 가능하다는 점을 염두에 두어야 한다.

넷째, 민관의 중간조직이나 제3기관을 통한 책무성 조성 방안을 현실적으로 시행하기 어려우면 NGO협의체를 통한 책무성 증진 노력을 구체화하는 것도 하나의 방법이다. 한국에서는 제3기관(중간조직)이 아닌 호주의 ACFID와 같은 NGO자체 협의체 사례를 심도 있게 검토할 필요가 있다. NGO협의체인 KCOC가 책무성 인증제도를 주관할 수 있는데, 현실적으로 회원단체들의 정서적 저항을 어떻게 극복할 것인지가 최대 관건이라고 할 수 있다. 그렇지만 정부기관뿐만 아니라 수혜그룹, 민간 기부자들도 NGO책무성에 대한 요구를 지속적으로 제기하는 상황에서 향후 협의체 차원의 자체적인 노력이 필요하다고 본다.

제6장

모니터링 및 평가

제6장 모니터링 및 평가

1. 개발NGO 사업평가의 국제적 동향

NGO가 빈곤퇴치와 지역개발을 위해 수행하는 개발 사업은 평가를 통해 비로소 그 사업의 질(quality)이 완성된다고 할 수 있다.[1] 최근 사업수행을 위한 기금 경쟁이 심해지고, 사업 기금이 행정경비 지출보다는 사업에 온전히 쓰이기를 바라는 목소리가 커지면서 개발사업 평가의 중요성은 더욱 부각되고 있다. 그럼에도 많은 NGO들은 의미 있는 평가를 수행하지 못하는 실정이다.[2] 평가를 수행하더라도 그것을 통해 얻는 결과를 공유하는 환류시스템이 마련되어 있지 않아 이후 사업에 적용하지 못하는 사례가 빈번하다. 또한 많은 단체가 사

---

1) A. Liebenthal, O. N. Feinstein and G. K. Ingram, "World Bank Series on Evaluation and Development," *Evaluation and Development: The Partnership Dimension* 6(New Brunswick, New Jersey: Transaction Publishers, 2004).

2) J. Ferguson, "The Anti-politics Machine: Development," *Depoliticization and Bureaucratic Power in Lesotho*(Cambridge, UK: Cambridge University Press, 1990).

업평가를 '평가 프로젝트' 수행을 위한, 즉 사업의 일환으로 시행하는 경우도 많다.[3] 그레거슨과 룬드그렌(Gregersen and Lundgren)은 효과적인 평가를 위해서는 단체의 지원이 가장 중요하다고 주장하였다. 한편, 많은 현장 실무자는 제도적으로 가이드라인이 제시되어야 하며, 적절한 교육과 평가 전문가 고용이 필요하다고 이야기한다.[4] 결론적으로 유용한 평가 수행을 위해서는 무엇보다 평가역량을 강화하고 평가 환경을 조성하는 것이 중요하다고 할 수 있겠다.

양질의 개발 사업 평가를 위해서는 충분한 지원과 시간이 필요하다. 그러나 NGO의 현실은 정반대이다. NGO 사업의 가장 큰 장점을 비용절감으로 인식하는 사회적 분위기로 인해 NGO는 경쟁적으로 저비용으로 사업을 수행하게 된다. 저비용 구조에서 평가예산은 쥐어짜듯이 마련할 수밖에 없다. 또한 사업 기간이 단기간인 경우가 많아 영향평가 등 장기간 관찰과 분석을 필요로 하는 평가 방법의 도입은 현실적으로 불가능에 가깝다. 이런 현실적 한계에서 개발 사업 평가가 온전히 이루어지기는 힘들다. 그렇지만 많은 개발NGO 활동가는 자신이 수행하는 사업에 대해서 적절하고 의미 있는 평가를 바라며, 그렇지 못하면 도덕적 죄책감을 갖기도 한다.

개발NGO의 평가 현실을 미네소타대학(University of Minnesota)에서 시행한 한 설문조사 결과를 통해 간접적으로 살펴볼 수 있다.[5] 설문

3) E. Mebrahtu, "Perceptions and Practices of Monitoring and Evaluation: International Aid Experiences in Ethiopia," *Development in Practice* 12(3/4)(2002), pp. 501-517.

4) H. M. Gregersen and A. L. Lundgren. "Linking Monitoring and Assessment to Sustainable Development," Working Paper 2, Forestry for Sustainable Development Program(St. Paul, MN: University of Minnesota, College of Natural Resources, 1989).

5) 1994년 미네소타 대학의 Eckman은 설문조사를 통해 92개 국제기구와 75개 개발

결과에 의하면 평가 가이드라인을 활용하는 개발NGO는 전체의 25%에 불과하다. 이는 86%라고 응답한 유엔과 비교했을 때 현저히 낮은 수치로, 평가 가이드라인 마련이 시급함을 확인할 수 있다. 평가 교육과 관련한 설문에서는 응답자의 절반 정도만 교육을 받았다고 대답하였다. 모니터링 횟수를 살펴보면, 개발NGO 전체의 약 52% 정도가 사업 시행 전에 사전조사를 시행한다고 밝혔다. 유엔의 사전조사 시행 비율은 86% 정도이다. 사후 조사는 개발NGO의 45%가 시행한다고 답하였는데, 이 역시 유엔의 71%와 비교해볼 때 낮은 비율이다. 기준치 조사(Baseline Survey)[6]와 연관해서는 주목해야 할 결과가 나왔다. 조사는 수행했으나 자료 분실 등으로 향후 평가에 사용하지 못하는 사례가 빈번했다고 응답한 것이다.[7] 모니터링을 할 때 부족한 점과 보충해야 할 점에 관한 조사 결과를 살펴보면, 개발NGO와 유엔 모두 더 많은 교육과 지원이 있어야 한다고 답하였다. 좀 더 세부적인 조사 내용을 살펴보면, 개발NGO의 실태가 더욱 열악함을 확인할 수 있다. 좀 더 많은 가이드가 필요하냐는 질문에는 개발NGO는 53%, 유엔은 29%로, 개발NGO가 유엔보다 두 배가량 더

NGO를 대상으로 현장에서 어떻게 개발 사업 모니터링과 평가를 수행하고 있는지 발표하였다. 원문의 제목은 Karlyn Eckman의 'How to NGOs Monitor Projects for Impacts; Results of Recent Research'이다.

6) 기초선 조사라고도 하며, 개발 사업에 앞서 사업에 관련된 상황, 특히 사업 목표(target)와 관련 있는 상황을 기술하는 분석으로, 이를 바탕으로 향후 사업이 진행되는 동안 관련 사항이 어떻게 변화하는지 관찰하는 기준을 제공한다. 예를 들어 사업 시작 직전의 문맹률, 가계 소득, 주민의 인식 정도 등을 점검하는 것을 들 수 있다.

7) H. Goyder, R. Davies and W. Williamson, "Participatory Impact Assessment: A Report On A DFID Funded ActionAid Research Project on Methods And Indicators For Measuring The Impact Of Poverty Reduction"(London: ActionAid, 1997).

〈표 6-1〉 개발NGO 사업평가 현황

조사 항목	조사 세부항목	개발NGO	유엔
평가 지원 현황	평가 가이드라인	25%	86%
	평가 매뉴얼제공	38%	
	평가 부서	57%	
	평가 교육 제공	45%	
	연 1회 이상	7%	14%
	3번 뒤 재교육	3%	
모니터링	기초선 조사	52%	86%
	주간	2%	-
	월간	7%	14%
	1~3 개월	2%	14%
	3~6 개월	28%	71%
	프로젝트 종료 시	45%	71%

출처: Karlyn Eckman, "How to NGOs Monitor Projects for Impacts; Results of Recent Research," *Impact Assessment*(1996)에서 발췌하여 저자 작성.

필요하다고 답하였다. 모니터링 데이터가 더 많이 필요하냐는 질문에는 개발NGO의 62%가 더 많은 데이터 수집이 필요하다고 답을 한 반면, 유엔은 14%로 큰 차이를 보였다. 이런 결과는 다른 기관에 비해 개발NGO에 다양한 교육과 지원이 더욱 절실하다는 사실을 보여준다.

그러나 세계은행과 같은 대규모 개발기구와 달리 작은 규모의 개발NGO들은 지속적인 모니터링과 평가를 수행하기에 크고 작은 어려움이 많다. 재정의 한계, 인력 부족, 기부자들의 압력 등으로 인해 평가 작업에 필요한 충분한 투자가 이루어지기 어려운 현실이다. 이는 평가를 통해 얻은 결과를 이후 개발 사업에 적절하게 반영하지 못하는 결과를 낳으며, 평가수행을 통해 알게 된 사업의 한계점과 극복할 사항을 충분히 반영하지 못하는 악순환으로 이어진다. 경우에 따라서는 평가 수행을 통해 단체가 가진 역량과 잠재력의 약점이 드러나게 될 수도 있어 이 사실을 숨겨야 하는 상황이 발생하기도 한다.[8]

최근 국제개발협력 분야에 성과중심의 사업 관리가 대두되면서 평가에 있어서도 기존 방식보다 좀 더 사업의 논리 구조를 정확하게 파악하도록 도움을 주는 보조적 평가 방법들이 고안되고 있다.[9] 캐나다에서 시도되는 결과지도(Outcome Mapping)나 변화이론(Theory of Change)이 대표적인 사례이다. 특히 변화이론의 경우 평가 시, 평가 대상사업의 수행과정에서에서 '결과 고리'(Result chain)를 파악하여 실제 벌어질 수 있는 일련의 결과를 사업계획서에서 제시된 성과지표들과 비교할 수 있는 장점을 가지고 있다.

변화이론에 관해서는 현재 다양한 정의가 존재한다. 데이비스(Davies)는 변화이론을 의도한 변화가 일어나기 위해 벌어져야 하는 일련의 과정에 대한 묘사로 정의하고 있다.[10] 영국의 개발NGO인 Comic Relief는 변화이론이란 변화와 그 원인, 그리고 특정 상황과 관련된 구성원들 사이에서 변화를 유발하려는 당사자들의 역할의 의미에 대한 계속적인 성찰 과정으로 정의하였다.[11] 일부에서는 변화이론을 프로젝트의 논리를 구성하기 위한 기법으로 간주하기도 한다. 따라서 변화이론은 기법이면서 동시에 과정이라고 할 수 있다.[12]

---

8) F. Mulwa, *Participatory Monitoring and Evaluation of Community Projects*(Nairobi, Kenya: Paulines Publications Africa, 2008).

9) 아래 변화이론에 관한 논의는 손혁상, 『민관협력사업 성과관리 프레임워크 개발연구: CSO 국제개발 질적 평가 매뉴얼』(성남: KOICA, 2013b)을 바탕으로 작성되었음.

10) Rick Davies, "Criteria for assessing the evaluability of a Theory of Change" (2012); http://mandenews.blogspot.kr/2012/04/criteria-for-assessing-evaluablity-of.html(검색일: 2014. 6. 20).

11) C. James, "Theory of Change Review," A report commissioned by Comic Relief(Comic Relief, 2011).

12) I. Vogel, *Review of the use of 'theory of change' in international development*

변화이론은 프로젝트의 논리를 좀 더 넓은 변화 분석의 맥락 안에 위치시킴으로써 심도 있는 이해와 분석을 시도할 수 있게 도와준다. 또한 변화이론은 기존의 다른 평가방법과 비교해보았을 때, 사회적·정치적·환경적 조건들과 변화를 일으킬 수 있는 다른 요소들 사이의 맥락을 파악하는 데 용이하고, 수혜자들의 삶에 일어날 수 있는 장기적인 변화를 고려할 뿐만 아니라, 장기적인 변화를 위해 일어나야 할 변화들을 순서대로 짚어 나갈 수 있다는 장점이 있다. 변화이론은 성과중심의 평가 방법에서 중요시하는 결과 논리에 초점을 맞추어 진행하므로, 사용자는 이를 이용하여 평가의 바탕이 되는 결과체인(Result chain)을 강화할 수 있다.

그러나 변화이론에서도 한계로 지적되는 내용이 있다. 바로 논리의 끊임없는 순환과 복잡한 흐름도이다. 앞에서 살펴본 것처럼, 변화이

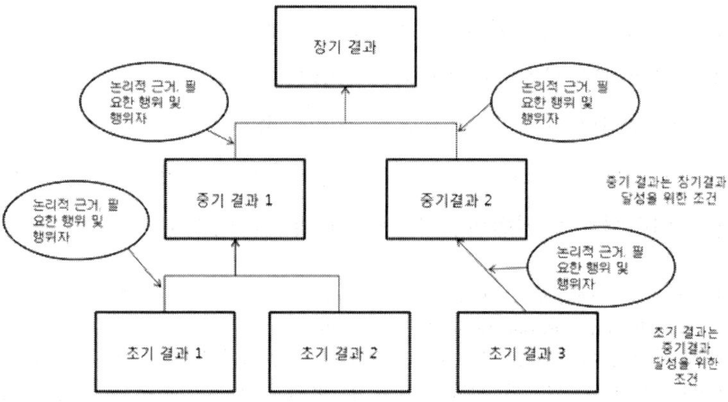

출처: 손혁상(2013b), p. 12.

〈그림 6-1〉 변화이론의 구성 요소와 결과체인

(London: DFID, 2012).

론은 지역사회가 원하는 변화를 지목하고, 이를 중심으로 구체적인 변화의 흐름을 파악하며, 변화를 이끌어내기 위한 중심요소를 열거하는 데에 매우 효과적인 방법으로 평가되며, 복잡한 요소들 사이의 관계를 파악하여 나타내는 데 유용성도 있다. 하지만 변화이론 적용 시 원인과 결과가 끊임없이 꼬리를 물거나, 상황의 복잡성을 그대로 반영하기 위해 너무 복잡한 논리 구조를 개발하는 등의 부작용이 발생할 수 있다. 따라서 변화이론 설계를 주도하는 진행자(facilitator)는 앞에서 지적한 부작용을 염두에 두고, 결과의 한계를 명확하게 정의하도록 이끌어야 한다.

프로젝트 평가의 궁극적인 목표는 의도했던 변화가 일어났는가에 대한 검증에 있다. 변화이론은 목적한 변화의 인과관계, 원인과 결과의 경로(impact pathway) 등에 초점을 맞춘다. 예를 들어 역량강화 사업에서 원하는 역량강화에 이르기까지 여러 가지 변수들이 작용할 수 있는데, 변화이론은 이러한 변수들이 각각 어떤 이해관계자와 함께 작용하고 있는지를 점검하고 전체적인 지도를 그릴 수 있는 기회를 제공한다.

변화이론은 대부분 참여적 방법을 통해 구성되는데, 기관마다 다양한 접근 형식을 시도하고 있다. 기존의 문헌들을 종합해 보면 다음과 같은 절차를 거치게 된다.

- STEP 1. 궁극적인 변화인 장기 결과를 수립한다.
- STEP 2. 장기 결과에서 시작하여 이를 이루기 위한 중기 결과와 중기 결과 수립을 위한 초기 결과를 확립한다.
- STEP 3. 전체적인 환경과 맥락에 대한 기본 가정을 확인한다.
- STEP 4. 원하는 변화를 끌어내기에 적절한 개발 활동을 파악한다.

- STEP 5. 결과(result)와 성과(performance)를 측정할 지표를 설정한다.
- STEP 6. 사업의 논리를 밝힌다.

변화이론은 종종 논리모형(logical framework)과 비교된다. 대부분의 원조기관에서 기본적인 프로젝트 설계 기법으로 많이 사용되는 논리모형은 변화이론과 공통점이 많지만 접근 방식에서 차이가 있다. 논리모형은 프로젝트의 전반적인 논리적 연관 고리와 상위 단계의 성취를 위한 가정, 그리고 성취 정도를 측정하기 위한 도구(지표 및 증명 수단)를 이해자 분석, 문제 분석, 목표 분석 등 일련의 참여적 방법을 통해 설계하는 것이 특징이다. 이에 반해 변화이론은 원하는 방향의 변화와 이에 관련된 의사 결정자 및 변화 요인의 분석을 통해서 논리와 실질적인 변화 도구 사이의 연관성을 확립하고, 이를 바탕으로 평가를 시행한다. 변화이론의 핵심 요소는 논리모형의 그것과 크게 다르지 않지만, 변화이론은 결과물의 제시 형식 및 내용에서 논리모형보다 훨씬 자유롭게 논리의 흐름을 제시한다는 장점이 있다.

2. 개발NGO 사업평가의 주요 이슈

효과적인 개발 평가를 위해서는 단순히 통계 수치 분석에 그쳐서는 안 되며, 사업의 전 과정으로 확대되어야 한다. 따라서 개발NGO의 사업 수행은 개발이론, 사업실행, 평가, 이 세 항목의 끊임없는 대화가 바탕이 되어야 한다. 이 대화는 한쪽 방향으로 흐르는 선형이

(linear) 아닌 순환적인 형태인 원(cycle) 모양에 가깝다. 개발 평가가 잘 이루어지지 않았거나 그 결과가 반영되지 않았을 경우 조직의 개발 사업 자체는 정체(halt)되었다고 할 수 있다.[13] 이 절에서는 NGO 사업 평가에서 주요 이슈인 평가의 질, 프로그램 확대에 따른 평가의 어려움, 영향평가, 평가의 활용, 평가자의 참여방식 등을 검토한다.

1) 평가의 질 확보(quality assurance)

각 원조기관은 자신만의 평가기준을 마련하여 투명하고 과학적인 평가의 질을 유지하는 데 노력하고 있다. 평가의 질 확보를 위해서는 신뢰할 수 있는 평가시스템 및 평가 기준의 일관성이 요구된다. 현재 가장 널리 사용되는 평가기준은 OECD DAC의 평가기준(OECD DAC Evaluation Criteria)이다. OECD DAC는 적절성(relevance)·효과성(effectiveness)·효율성(efficiency)·영향력(impact)·지속가능성(sustainability)을 평가기준으로 제시하고, '개발 평가 품질기준(Quality Standards for Development)'을 발표하여 개발 평가 현장에 적용하도록 하였다.[14]

하지만 많은 개발NGO의 평가 방법은 여전히 수사적(rhetorical)일 때가 많다. 개발NGO들은 같은 내용의 사업을 반복적으로 수행하면서도 실제로 사업성과에 대한 데이터 수집이 체계적으로 이루어지지 않을 때가 많다.[15] 이런 문제 해결을 위한 대안으로 이해관계자들의

---

13) Jeffrey Swindle, "The Tough Realities Small NGOs Face When Evaluating Their Efforts: Observations from Guatemala and Mexico," *Consilience: The Journal of Sustainable Development* 6-1(2011), pp. 251-263.

14) Janice Giffen, "The Challenges of Monitoring and Evaluating Programmes" (Oxford: INTRAC, 2009).

15) Ferguson(1990).

평가 참여를 높이는 방안이 종종 제기되곤 한다.[16) 개발사업의 비전과 목적을 공유하고 평가 방법을 학습하도록 하는 것이다. 그러나 많은 개발NGO가 경험하듯이 지리적·언어적·문화적·재정적 차이는 공평한 참여를 어렵게 하며, 합의된 계획과 평가를 수행하는 데 걸림돌로 작용하는 것이 현실이다.

이해관계자들 간의 인식과 입장의 현격한 차이로 인해 이해관계자들이 작성한 개발평가서를 NGO 관계자나 기부자가 정확히 이해하기 힘든 사례도 때때로 발생한다. 가령 마을에서 인근 병원까지 연결된 길을 포장하는 프로젝트 사업을 평가한다고 할 때, 기부자에게는 몇 명의 환자가 그 길을 이용했는지가 중요한 평가 사항일 것이다. 하지만 지역 주민들은 환자를 운송할 때 수많은 아이가 그 차에 올라타는 광경을 목격한 것을 바탕으로 이 사업에 만족감을 표할 수도 있다. 환자를 운송할 수 있는 수단이 새로 생겼다는 것보다는 마을에 새로운 재미가 생긴 것에 긍정적으로 평가할 가능성이 있는 것이다.

이처럼 저품질 평가 결과(poor quality of evaluation)는 사업 결과에 대한 믿을 만한 정보를 제공하지 못한다. 저품질 평가의 가장 큰 원인으로는 시간과 경험의 부족을 꼽는다.[17) 개발 사업의 성격이 점점 복잡해지면서 적절한 데이터 수집에 어려움이 생기고, 이는 현지 맥락과 사정을 파악하지 못하는 결과로 이어지게 된다. 이에 영국 DFID의 패트릭(Johnathan Patrick)은 "NGO 스스로 평가 기준을 마련하거나 기존의 평가 방법에 대한 메타평가(meta-evaluations)가 필요

16) Liebenthal et al.(2004).

17) Jean Ellis, "Monitoring and Evaluation in the Third Sector: Meeting Accountability and Learning Needs Paper," presented at the 15th NCVO/VSSN Researching the Voluntary Sector Conference(2009)

하다"고 주장하였다.[18]

파울러(Fowler)는 개발NGO가 자신이 수행한 사업의 효과를 입증하기 어려운 이유 중의 하나로 평가 프레임의 한계를 든다.[19] 현재 가장 많이 사용 중인 논리모형에 관한 논란은 지속적으로 이어져 오고 있다.[20] 물론 논리모형이 계획 단계에서 지표설정에 효과가 있다고 알려져 있지만, 실제로 사업을 수행하는 과정에서 얼마나 사용되는지는 미지수이다.[21] 따라서 계획단계에서 설정한 지표는 계획에만 머무를 가능성이 크며, 최악의 경우는 측정 가능한 지표만을 설정하는 경우라 할 수 있다.[22] 이러한 한계를 극복하고자 많은 개발NGO는 자체적인 평가 프레임을 개발하는 데 노력하고 있으며, 참여적 평가 방식을 가장 선호하고 있다.[23]

2) 프로젝트에서 프로그램으로 전환에 따른 평가의 어려움

최근 들어 국제개발협력은 개별 프로젝트 지원 대신 개도국 국가나 지방정부의 개발 프로그램을 포괄적으로 지원하는 방향으로 전환

---

18) Christina Laybourn, "Evaluations of NGO International Development and Humanitarian work"(Bond, 2011).

19) Fowler(1997).

20) T. Wallace, S. Crowther and A. Shepherd, "Standardising Development - Influences On UK Ngos' Policies and Procedures," *World View Publishing*(Oxford, 1997).

21) R. J. Davies, "Donor Information Demands and NGO Institutional Development," *Journal of International Development* 9-4(1997), pp. 613-620.

22) Team Technologies Inc., *Teams and Project Design*(Team UP Workbook. 1994).

23) IIRR "Participatory Monitoring and Evaluation: Experiences and Lessons. Workshop Proceedings," *International Institute of Rural Reconstruction*(Cavite, 1997); I. Guijt, "Participatory monitoring and impact assessment of sustainable agriculture initiatives," SARL Discussion Paper 1(July 1998), pp. 112.

하는 추세이다. 공여국이 임의로 설립한 일방적 프로젝트 수행이 수원국의 역량에 도움이 되지 않는다는 비판과 더불어 프로그램 지원방식이 2005년 파리선언에서 주창되었던 원조효과성 원칙에 더욱 적합한 형태라는 평가를 받기 때문이다.[24] 또한 프로그램 접근이 프로젝트 수행에 비해 행정비용(transaction costs) 절감 효과가 있어 큰 지지를 받고 있다.

프로그램 지원 방식은 단순히 프로젝트를 모아 놓는 것을 의미하지는 않는다. 스웨덴 Sida는 프로그램에서는 특정한 목표 수행을 위해 파트너 간 협력이 중요하다고 강조하며, 프로그램에 참여하는 개별 단체의 역할은 있을 수 있지만 독자적으로 목표를 설정하는 것에는 제한을 두어야 한다고 하였다.[25] 프로그램이 지향하는 하나의 분명한 목적을 가진 여러 단체의 강한 결합도가 핵심적 요소인 것이다. 그동안 개발NGO들의 프로젝트 사업에서 지역 주민의 관계가 매우 중요했던 것에 비해, 프로그램 사업에서는 다양한 기관과 단체 등이 참여하고 프로젝트 사업보다 더 광범위한 목표를 지향하다보니 주민과의 관계나 지역주민의 주인의식보다 프로그램 실행을 위한 계약된 업무를 수행하는 역할이 우선시되는 것이다.

프로젝트에서 프로그램 사업으로 전환되는 원조 환경의 변화는 개발NGO 사업평가에서도 새로운 도전 과제를 제시하였다. 프로그램 내의 프로젝트가 실제로 전체 목표에 얼마나 영향을 주었는지 가늠하는 것이 현실적으로 불가능하여 평가 주체 및 범위가 모호해지는 문

---

24) R. Lavergne and A. Alba, "Program-based approaches: A new way of doing business," *Development Express*(Ottawa: Canadian International Development Agency, 2003).

25) Giffen(2009).

제가 발생한 것이다. 또한 개별 프로젝트 단위에서 자체적으로 사용한 지표의 총합이 전체 프로그램의 평가 지표로 사용될 수 있는지 등에 대한 기술적인 사항도 큰 문제로 대두되었다. 예를 들어 교육 지원 프로그램의 경우, 학생 취학률, 자퇴율, 여학생 출석률 등은 객관적인 수치로 표기 가능한 지표로서, 개별 프로젝트 단위에서 취합하여 총합을 나타낼 수 있다. 하지만 교육의 질, 학업 자세 등 태도의 변화에 관한 지표는 개별 프로젝트에서 관찰하고 기술한 내용을 취합하여 이를 프로그램 성과로 단정 짓기는 매우 어렵다. 이는 역으로 해당 프로그램에 참여한 개발NGO의 역할과 성과가 무엇인지 확인하기 힘듦을 의미하기도 한다. 따라서 프로그램에 참여한 개발NGO는 자체적으로 그 지역의 변화를 관찰하고 기록하여 자신이 수행한 사업이 해당 지역에 어떤 영향을 주었는지 별도의 평가 과정을 필요로 하게 된다. 즉, 프로그램 전체의 목적 달성 확인을 위한 별도의 중간 고리(missing middle)를 찾는 과정이 필요하다. 그렇지 않으면 개발NGO의 사업은 단순히 '인상 깊은(impressionistic)' 활동에 머무르고 말 것이다.[26)]

3) 영향 평가

20세기 중반 이후 영향(impact) 평가는 책무성, 사업 향상, 지식 공유 등의 차원에서 그 중요성이 점점 커지고 있다.[27)] NGO가 수행한

---

26) Giffen(2009).

27) J. Valadez and M. Bamberger, "Monitoring and evaluating social programs in developing countries: A handbook for policy makers, managers and researchers"(Washington, D. C: The World Bank, Economic Development Institute, 1994); C. H. Weiss, *Evaluation*(Second Edition)(Upper Saddle

개발 사업의 영향을 파악하기란 쉽지 않으며,[28] 변화를 확인하였더라도 그 요인이 무엇인지 찾는 것은 더욱 어려운 일이다. 평가 방법 역시 전문가들 사이에 다양한 의견이 존재한다.[29] 즉, '영향(impact)'에 대한 합의된 정의나 해석조차 없으며,[30] 설사 지표(indicator)가 만들어져 평가를 시행한다고 해도 부정적인 영향(negative impact)은 그것이 심각해지기 전까지는 잘 드러나지 않아 평가 기간에 파악되지 않는 경우도 많다.[31]

최근 영향 평가 방법 중 가장 널리 알려져 있는 방식은 Randomised Controlled Trial(이하 RCT)이다. RCT는 실험 설계(experimental design)라고도 불리는데, 실험을 통해 변인들 간의 인과관계를 밝혀낼 수 있다는 점에서 가장 강력한 평가 방법(golden standard)으로 여겨진다.[32] 현재 시행 중인 RCT 평가 방법은 기초적인 수준이며,[33] 실제 RCT

River: Prentice Hall, 1998); R. Picciotto, "International Trends and Development Evaluation: The Need for Ideas," *American Journal of Evaluation* 24(1998), pp. 227-234.

28) Karlyn Eckman, "Avoiding Unsustainability in Natural Resources Projects in Developing Countries: The Precautionary Monitoring Approach," Ph.D. dissertation(St. Paul: University of Minnesota College of Natural Resources, 1994).

29) B. E. Cracknell, *Evaluating Development Aid: Issues, Problems and Solutions*(New Delhi: Sage Publications, 2000).

30) J. Jiggins, "Development Impact Assessment: Assessment of Aid Projects in Nonwestern Countries," F. Vanclay and D. A. Bronstein(eds.), *Environmental and Social Impact Assessment*(Chichester: John Wiley and Sons, 1995).

31) Karl Hughes, "Can We Obtain the Required Rigour without Randomisation? Oxfam GB's non-experimental Global Performance Framework," *International Initiative for Impact Evaluation*, Working Paper 13(2011).

32) J. Newman et al., "Using Randomized Control Design in Evaluating Social Sector Programs in Developing Countries," *The World Bank Research Observer* 9-2(1994), pp. 181-201.

33) J. W. Veerman and T. A. van Yperen, "Degrees of freedom and degrees of

방식 적용을 위해서는 윤리적 · 법적 · 정치적 · 재정적인 문제를 고려해야 하는 어려움이 있다.[34] 특히 작은 단위의 사업은 실용성이 거의 없다는 평가도 제기된다.[35]

한편, 질적 조사(qualitative methods) 및 참여적 평가(participatory approach) 방식을 통해 영향 평가가 가능하다는 주장이 있다.[36] 사회가 변화하는 원인은 다양하며, 결과는 예측하지 못하는 요인에 의해 언제든지 변동될 수 있다는 것이 이들의 기본적인 철학이다. 따라서 결과를 모니터링하는 것보다, 참여를 통해 지식을 공유하는 과정을 통해 지속적인 성장을 하는 것이 결과적으로 성공한 사업이라고 평가한다. 하지만 참여적 평가는 지속적인 모임과 회의를 거쳐야 하며, 참여자 간의 갈등이나 정치적 여건 등에 따라 평가를 수행하지 못할 수도 있는 한계가 있다. 무엇보다 평가 결과의 객관성이 높은 수준에서 담보되기 어렵다는 점이 가장 큰 한계이다. 이러한 이유로 대부분의 평가는 하나의 방식을 고수하기보다 다양한 평가 방식의 장점을 선택적으로 적용하고 있다.

비록 다양한 개발 평가 방법이 혼용되어 사용되더라도 여전히 많은 개발NGO는 전통적인 방식인 수혜자 설문조사나 참여적 방식을 고수하고 있다. 하지만 최근 정부나 기부자들은 단순히 산출(output)

---

certainty: A developmental model for the establishment of evidence-based youth care," *Evaluation and Program Planning* 30-2(2007), pp. 212-221.

34) P. H. Rossi et al., *Evaluation: A Systematic Approach*(Seventh Edition)(Thousand Oaks: Sage Publications, 2004); M. Bamberger et al., *Real World Evaluation: Working Under Budget, Time, Data, and Political Constraints*(Thousand Oaks: Sage Publications, 2006)

35) H. White, "A Contribution to Current Debates in Impact Evaluation," *Evaluation* 16-2(2010), pp. 153-164.

36) M. Lay and I. Papadopoulos, "An Exploration of Fourth Generation Evaluation in Practice," *Evaluation* 13-4(2007), pp. 495-504.

을 나열하는 것에 만족하지 못하고 사업의 결과를 보다 구체적으로 서술해주기를 요구한다. 더 나아가 단체의 효과성에 대한 관심이 증대하면서 하나의 사업에 대한 평가를 넘어서 다양한 지역에서 수행했던 모든 사업들의 '효과 합(sum up their effectiveness)'을 제시하기를 원한다.[37]

4) 평가 활용

평가는 성과가 무엇인지, 성과를 얻기 위해 어떤 노력을 하였는지, 부족한 점은 없었는지 등을 살펴보면서 사업의 전 과정을 돌아보게 한다. 한 마디로 평가의 목적은 학습(learning)이라고 할 수 있다. 하지만 많은 NGO는 펀딩을 통해 사업 기금을 마련하다보니, 그 과정 중에서 의무적으로 평가서를 제출할 때가 많았다. 즉, 보여주기 위한 평가서를 작성하는데, 그러다보니 학습보다는 성과에 치중한 평가서를 작성하게 된다. 실제 한 조사 결과에 따르면, 평가를 통해 학습한 것을 이후 사업에 연결시켜 활용한다는 응답이 거의 없는 것으로 나왔다.[38] 또한 평가 결과에 대한 기부자들의 제안과 조언에 '방어적인 자세(defensive attitude)'만을 보이는 경향이 있다는 분석도 있다. 따라서 NGO 사업 평가자에게는 '학습과 의무(learning and accounting to donor)' 사이에서 한쪽으로 치우치지 않기 위한 의식적 노력이 중요하다.[39] 또한 평가 결과에서 취득한 자신들의 약점과 한계를 인식하고 학습하려는 적극적인 자세가 필요하다.[40]

---

37) Hughes(2011).
38) ALNAP, "Review of humanitarian action in 2005"(London: ODI/ALNAP, 2005).
39) INTRAC(2005).

OECD DAC 또한 개발 평가는 학습을 통해 개발효과성을 향상시킬 뿐만 아니라 결과에 대한 책무성을 강화한다고 강조하였다. 그러나 책무성에 주안점을 두는 경향이 강한 현실에서 평가의 '학습' 기능이 소홀해질 수 있다. 평가를 통한 학습의 좋은 예는 〈박스 6-1〉에서 설명하듯이 일본의 JICA가 시행하고 있는 '풀뿌리 기술협력 사업'이다.

최근 개발기구들은 평가결과를 온라인 등을 통해 공개하는 추세이다.[41] 몇몇 개발NGO 역시 자신의 평가 결과를 공유하여 투명성과

〈박스 6-1〉 일본 JICA의 '풀뿌리 기술협력 사업'

'풀뿌리 기술협력 사업'은 JICA의 지원으로 시행되는 다양한 단체(NGO, 대학, 지방 자치단체 및 공익법인 등)의 국제개발협력 사업에 대한 통칭이다. 목표는 '개발도상국 경제사회발전에의 협력'과 '국민의 협력활동 조장 및 촉진'에 있다.

JICA는 사업의 객관적인 평가를 위한 사업 개선과 책무성의 향상이라는 목표를 두고 평가 틀을 고안하여 전문가가 직접 사업현장을 방문하여 사업 진행 단체와 사업 참가자(beneficiary)들을 대상으로 평가를 진행하도록 하였다. 질적・양적 평가 방법의 보완적 진행, 현장에서 이루어지는 전문가와 사업 진행자들 사이의 대화, 평가 결과 보고서 등을 통해 얻은 현장 자료 등은 '학습'의 효과가 매우 컸다. 특히 질적 평가는 사회개발 효과 중 수치로 판단하기 어려운 주민의 의식변화, 행동변용 등의 변화를 사업 전후로 측정하고, 사업 참여자들의 목소리를 직접 반영하는 데 큰 도움을 주었다.

출처: 손혁상(2013b), p. 3.

40) Rodger C. Riddell, "The Quality of DFIDs Evaluation Reports and Assurance Systems"(IACDI, 2009).

41) 한 예로 영국의 www.mande.co.uk는 개발평가에 관련된 다양한 소식과 정보를

책무성을 높이는 데 노력하고 있다. Christian Aid는 수원국NGO들에게 평가 보고서를 공유하여 수원국NGO의 평가 역량에 도움을 주고 있다.[42] ALNAP(Active Learning Network for Accountability and Performance)도 '인도주의적 평가(humanitarian evaluation)' 방식을 개발하여 아시아NGO들과 평가 방법을 공유하고 교육한다.[43]

5) 평가자(evaluators) 참여 방식

평가에서 비용과 시간이라는 현실적 조건을 극복하기 위해서는 평가자의 참여 방식을 검토해볼 필요가 있다. 평가자 참여 방식에 따른 평가 방식은 크게 자체평가(self-assessment), 공동평가(joint evaluation), 동료검토(peer review), 외부평가(external assessment)로 나눌 수 있다.

최근에는 많은 NGO의 개발 평가 경험이 축적되면서 자체평가를 수행하는 사례가 늘고 있다. 자체평가란 사업을 수행한 담당자가 직접 평가하는 방식이다.[44] 이 방식의 가장 큰 장점은 내부 인력이 평가를 직접 수행하므로 비용 절감 측면에서 큰 효과가 있다는 점이다. 또한 평가 수행 과정에서 학습의 기회가 생기며, 그 사업에 대한 주인의식(ownership)이 고양된다. 뿐만 아니라 프로젝트 사업 평가를 통해 사업의 복잡한 맥락을 좀 더 이해할 수 있게 된다. 그러나 이 방

제공하고 있다.

42) Laybourn(2011).

43) Hallam Alistair, "Strengthening Organizational Capacities for Evaluation of Humanitarian Action"(London: ALNAP, 2010).

44) Jean Ellis, "Accountability and Learning: Developing Monitoring and Evaluation in the Third Sector," *Research Briefing*(London: Charities Evaluation Services, 2008).

식은 직원의 평가 역량에 따라 평가 효율성이 크게 영향을 받으며, 평가 결과에 대한 신뢰성을 담보하지 못한다는 한계가 있다. 따라서 평가 역량을 증진시키고 다양한 이해관계자가 자체평가에 참여하는 방안이 필요하다.

공동평가란 두 단체가 함께 평가를 하는 방식이다. 이 방식 역시 상대적으로 비용절감에 효과가 있는 것으로 알려져 있다. 유사한 사업을 수행하는 단체들이 함께 평가를 수행하기 때문에 자체평가보다는 좀 더 객관적인 결과를 기대할 수 있다. 대형 NGO는 다른 지역에서 활동하는 직원을 파견하여 공동평가에 참여시키기도 하는데, 이럴 때 자기 소속 단체의 비전과 미션에 익숙하기 때문에 사업 목표를 이미 공유하는 장점이 있다. 공동평가를 잘 수행하기 위해서는 '믿음' 관계를 형성하는 것이 중요하다. 가령 두 기관이 기금(funding) 경쟁 관계라면 서로의 사업을 면밀히 검토하지 않을 것이며, 최악의 경우 상대의 정보를 악용할 가능성도 있다.

동료검토는 자체평가 결과를 다른 기관에 보내 검토를 받는 형태의 평가 방식이다. 이 방식을 도입하기 위해서는 일정한 평가 양식이 있어야 가능하다. 다른 기관에서 직접 평가하지 않는다는 한계가 있는 평가 방식이다.

외부평가란 평가 전문가를 고용하여 평가를 수행하는 방식으로, 자체평가의 한계를 보완하는 이점이 있다. 외부평가는 대체로 대규모 사업을 수행할 때 시행하는데, 자체평가나 공동평가에 비해 더 객관적인 결과를 예상할 수 있다. 하지만 지금까지 언급했던 평가 방식 중에 비용이 가장 많이 들기 때문에 사업 전체 예산을 고려하여 시행 여부를 결정해야 한다.

3. 개발NGO 평가프레임 사례

NGO 사업 평가를 위한 적절한 평가프레임을 찾기 위해서는 개발평가방법론에 대한 이해와 논의가 필요하다. 현재 널리 사용되는 개발 평가 방법들을 살펴보면, Performance indicators, The logical framework, Theory-based evaluation, Formal surveys, Rapid appraisal methods, Participatory methods, Public expenditure tracking surveys, Cost-benefit and cost-effectiveness analysis, Impact evaluation 등이 있다. 나열된 개발평가방법론을 실제 사업에 적용하여 효과적인 평가결과(effective Monitering and Evaluation)를 도출하기 위해서는 오랜 시간과 많은 자원이 필요하다.[45] 따라서 이런 현실적인 한계를 극복하면서 동시에 양질의 평가를 시행하기 위해서는 NGO 스스로 내부 평가방법론을 개발할 필요가 있다. 가령 옥스팜 GB는 'Programme Evaluation Standards'를 개발하여 자체적인 평가 방법 및 환류 정책을 시행하고 있다.

1) NGO-IDEAs의 평가프레임: 영향 도구상자 (Impact-Toolbox)[46]

NGO-IDEAs(NGO-Impact on Development, Empowerment and Actions)는 독일의 NGO연합체인 VENRO(Verband Entwicklungspolitik deutscher

45) Jean Ellis(2008).

46) NGO-IDEAs, "NGO-IDEAs Impact Toolbox: Participatory Monitoring of Outcome and Impact"(VENRO, 2011).

Nichtregierungsorganisationen e.V.)의 지원으로 독일의 14개 개발NGO와 아프리카 및 아시아 40개 NGO가 모여 개발사업 모니터링과 평가 연구를 수행하는 연구 모임이다. 지난 7년의 연구를 통해 NGO

〈표 6-2〉 Impact-Toolbox 네 가지 평가 툴 개요

평가명	평가 목적	평가 주체
Participatory Well-being Ranking(PWR)	지역주민 가정을 웰빙 정도에 따라 분류하기 위함	NGO
Situational Assessment and Goal Establishment(SAGE)	개인과 가정의 변화 정도를 알기 위함	지역주민, NGO
Participatory Assessment by Groups(PAG)	그룹의 변화 정도를 알기 위함	지역주민, NGO
Participatory Impact Analysis and Reflection(PIAR)	성과(outcomes)와 영향(impact)을 파악하기 위함	NGO

〈표 6-3〉 산출 및 영향 평가 기준표

기 준	설 명	단점 및 한계
실행가능성 (Easy to Implement)	현장 직원 및 이해관계자가 사업계획서를 이해할 수 있고 실행하기 용이한가?	직원 및 주민교육 필요
사전 점검(Tested)	전문가 및 주민들은 새로운 사업계획서를 사전에 점검하였는가?	3회 정도 검토과정 필요
유연성(Flexible)	현장 직원 및 이해관계자는 현장에 맞게 계획서를 수정할 수 있는가?	정기적인 모니터를 위한 지표 및 질문 필요
효율성(Efficient)	모니터링 지표 수집 및 평가 시 업무의 과중함이 없는가?	정확한 평가를 위해서는 시간과 노력이 필요함
일관성(Consistent)	사업 전체 구성과 평가 반영 방식이 서로 긴밀하게 연결되어 있는가?	정보수집(data collection) 과정에서 삼각측량법이 사용되기도 함
정확성(Precise)	수집된 정보(data)는 정확한가?	'대략(approximately)'의 정확함이 잘못된 정보보다는 나음
참여(Participatory)	이해관계자가 참여하는가?	참여의 의미는 대화에 참여했음을 의미하는 것으로 신뢰성이 바탕이 되어야 함

출처: NGO-IDEAs, Monitoring Self-Effectiveness(VENRO, 2011).

사업의 효과를 검증하기 위한 자체 평가 프레임인 영향 도구상자(Impact-Toolbox)를 개발하였다.

Impact-Toolbox는 참여적 웰빙 순위(Participatory Well-being Ranking, PWR), 상황 평가와 목표 달성(Situational Assessment and Goal Establishment, SAGE), 그룹의 참여적 평가(Participatory Assessment by Groups, PAG), 참여적 영향 분석과 성찰(Participatory Impact Analysis and Reflection, PIAR), 이 네 가지 평가 프레임이 합쳐진 평가 방식으로 지역주민의 참여가 용이하다는 장점이 있다.

Impact-Toolbox에서 제시하는 모니터링 및 평가 기준은 〈표 6-3〉과 같다.

(1) Participatory Well-being Ranking(PWR)

PWR 평가 툴은 사업지역 주민 가정을 소득, 건강, 교육, 사회적 혹은 정치적 지위 등에 따라 분류하는 방식으로, 평가보고서는 지역주민들이 직접 참여하여 작성한다. 이 평가의 목적은 지역의 해결해야 할 문제를 지역 주민 스스로 이해하고 발전가능성을 직접 찾아보기 위한 것이다. 즉, 가정과 지역의 발전을 위해 무엇이 가장 필요한지를 스스로 찾는다면, 그 문제를 해결하기 위한 방안 역시 스스로 찾게 된다는 원리이다. 이렇게 찾은 대안은 지역 개발사업 계획의 최우선 과제로 설정되며, 사업이 종료되었을 때 해당 문제가 얼마나 해결되었는지를 파악하여 평가에 활용된다. 조사를 위해서는 무엇보다 지역 주민들의 참여가 필요하다. 조사를 수행하기 위해서는 지역 주민과 사업 수행단체와의 관계가 중요하므로, 개발사업 시행의 목적과 방법, 조사 결과 등이 각 가정에 전달될 수 있도록 하여야 한다. 조사

〈표 6-4〉 Participatory Well-being Ranking 평가 사례: Sri Ramakrishna Ashram Nimpith, India

분류(Criteria)			웰빙 지수(Categories of Well-being)			
			상(Rich)	중(Middle)	하(Poor)	최하(Very Poor)
1	주택	형태	확장된 정부 주택	정부주택	오두막	임시주거지
		크기	25	1, 4, 5, 9, 11, 12, 16, 19, 20	3, 8, 17, 18, 10, 13, 21, 23, 24, 14, 26, 27, 29, 32	2, 6, 7, 15, 22, 28, 30, 31
2	식량 공급	안정적 식량 공급	안정	3개월	2개월	1개월
			2, 20	1, 3, 4, 13, 17, 23, 25, 32	5, 6, 7, 8, 9, 10, 11, 12, 14, 15, 16, 21, 22, 24, 26, 27, 28, 29, 31	18, 19, 30
3	건강, 영양, 장애	질병의 종류	건강함	말라리아 및 장티푸스	빈혈 및 영양실조	AIDS 및 만성질환
			10	1, 2, 3, 4, 5, 6, 7, 8, 9, 23, 25, 28, 31, 32	11, 12, 13, 15, 16, 17, 18, 20, 21, 24, 27, 29, 30	14, 19, 22, 26
4	부채	부채 이유	부채 없음	Debts for IGAs	긴급상황(emergency debts)	생필품(life-cycle, consumption debts)
				3, 10, 11, 13, 15, 25, 29	5, 8, 9, 12, 16, 17, 18, 19, 22, 24, 26, 27, 31, 32	1, 2, 4, 6, 7, 14, 20, 2123, 28, 30
5	교육	교육 수준	고등 교육	중등교육	초등교육	미 교육 및 중퇴
			31	10, 27	11, 15, 19, 20, 8, 21, 24	18, 25, 26
6	수입	수입	30,001라 (Rs.) 이상	25,001~30,000라	20,001~25,000라	20,000라 이하
				3, 9, 10, 11, 13, 15, 17, 18, 25, 26, 29, 32	1, 2, 3, 4, 5, 6, 12, 19, 20, 21, 27, 28, 31	7, 8, 14, 16, 22, 23, 24, 30

시기는 사업이 시작되기 전, 주로 마을 지도를 작성하는 시기가 가장 바람직하다. 또한 모든 데이터는 기호화하여 제3자가 알아볼 수 없도록 해야 한다.

〈표 6-4〉에서 설명하는 조사 기준(criteria)은 지역의 여건을 고려하여 작성 가능하며, 경우에 따라서는 시행하고자 하는 사업의 종류에 맞게 작성되기도 한다. 위 사례에서 사용된 'rich', 'very poor' 등과 같은 분류 기준을 나타내는 용어를 결정할 때 지역 주민과 논의를 통해 결정하는 것이 중요하다. 이 조사는 단순히 빈곤 실태조사가 아닌 빈곤 퇴치를 위해 적절한 목표 설정을 위한 기준으로 사용됨을 이해하는 것이 매우 중요하다.

(2) Situational Assessment and Goal Establishment(SAGE)

SAGE 평가 툴은 사업 지역의 개인과 가정의 변화 정도를 확인하

〈표 6-5〉 SAGE 평가 지표 및 모니터링 툴 예시

VP(very poor), P(poor), M(midium), R(rich)	P	P	VP	VP	M	R	....	No. of Yes	No. of No	% of Yes
주민 번호	1	2	3	4	5	6	....			
주민 이름	A	B	C	D	E	F	....			
지식, 태도, 기술(knowledge/attitude/skills)										
자녀를 정기적으로 학교에 보내겠다.	Yes	Yes	No	NA	NA	Yes	....	4	3	57
가정과 지역사회에 폭력을 행사하지 않겠다.	Yes	No	No	Yes	No	No	....	4	0	40

참조: 항목별 점수(긍정=1, 부정=0, NA=관찰 안 됨)
Possibility to Score: 1=yes, 0=no, NA=not applicable
% of Yes : Total No. of Yes/(Total No. of member-Total No. of NA)

는 평가 방법이다. 평가 방식은 각자 도달 가능한 목표를 정한 후 그 목표에 얼마나 도달했는지를 측정하게 한다. 자신의 목표 설정을 위해 PWR 조사를 바탕으로 단기 목표(goals)부터 정치적·사회적·문화적 변화를 위한 장기 목표(vision)까지 설정할 수 있다.

(3) Performance Assessment by Groups(PAG)

PAG 평가는 '그룹 목표(group goals)'를 설정하고 그 목표에 얼마나 도달하였는지를 평가하는 방식이다. SAGE가 사업 지역의 개인과 가족에 초점이 맞춰진 평가 방식이라면, PAG는 마을 전체를 대상으로 설정하여 진행하는 평가 방식이다. 이 방식은 지역이 해결해야 할 가장 시급한 문제가 무엇인지를 알 수 있어 책임감과 주인의식을 높이는 데 효과가 크다. 하지만 지역의 문제를 논의하고 해결의 우선순위를 정하기 위해서는 정기적인 회의를 개최해야 하며, 보다 많은 주민이 참여할 수 있도록 홍보나 캠페인이 필요하다. 회의에 참여하도록 접근성을 마련하는 것도 중요한 문제이다. 이때 접근성이란 단순히 도로 사정만을 의미하는 것이 아니다. 유지비용 및 행정비용 등도 필요하며, 회의에 참석할 만한 시간적·정신적 여유도 간과할 수 없

〈표 6-6〉 모니터링 커뮤니티 액션 플랜 예시

계획 (What activities were planned?)	성과 (What was achieved?)	편차 원인 (Reasons for deviations)	추가 작업 (Need for action?)
알코올중독 조사	일부 가정에서만 성과가 있음	위험수위에 있는 주민들이 응답에 참여하지 않았음	현재 미정
타 지역 사례 조사	3군데 지역에서 의미 있는 아이디어를 얻음	-	-
전략 계획	계획수립 완료/동기부여	-	-

는 중요한 문제이다.

목표가 설정되면 활동 계획을 수립해야 한다. PAG는 SAGE와 달리 공동의 노력이 필요하므로 세밀한 계획이 세워져야 하며, 계획서에는 모니터링 정보가 포함되어야 한다.

(4) Participatory Impact Analysis and Reflection(PIAR)

PIAR은 성과와 영향(outcomes and impact)을 분석하기 위한 평가 방법으로, 위에서 설명한 PWR, SAGE, PAG를 통해 모인 각각의 데이터를 종합적으로 분석한다. 우선 수집된 데이터를 분류하여 지표에 얼마나 도달하였는지를 점검한다.

그룹 분류는 지역 상황에 맞춰 변형할 수 있다. 가령 그룹 1을 'very poor'로, 그룹 2를 'poor'로 정한다면, 웰빙 정도에 따른 목표 달성 비율을 파악할 수 있다. 개발사업의 달성 정도를 평가하였다면 '원인-결과 분석(cause-effect analysis)'을 시행한다.

〈표 6-7〉 성과 도달 평균 사례 (단위: %)

목표 지표(Goals/Indicators)	그룹 1	그룹 2	그룹 3	그룹 4	평균
충분한 수입이 있어 식품을 구매할 수 있다.	40	45	55	60	50
텃밭이 있다.	10	20	20	30	20
자녀를 학교에 보낸다.	100	65	55	100	80
폭력을 행사하지 않는다.	30	25	35	30	30

2) NGO1의 평가프레임: NGO1 Methodology[47)]

NGO1은 1982년 설립된 개발NGO로서, 주로 농촌이나 마을개발 사업을 수행하는 단체이다. NGO1은 조직 설립 이래 다양한 평가 방법을 활용해왔으나, 최근 조직의 개발 정체성에 근간한 평가프레임(NGO1 Methodology)을 개발하였다. 이 평가프레임은 조직의 다섯 가지 개발 정체성을 리더십과 자기개발, 교육기회, 생활환경, 건강, 시장접근성으로 설정하고, 이들 다섯 가지 평가 항목에 각각 하위 7~12개의 세부항목을 구성하여, 각 항목에 1~5점으로 점수를 표기하는 방식으로 설계되어 있다. 각 점수별 평가지표가 평가자에게 미리 제공되며, 사업 수행은 3점 이상을 목표로 한다. 점수는 모니터링을 통한 다양한 데이터를 수집하여 6개월에 한 번 씩 다양한 이해관계자 및 온라인 토론을 통해 결정한다. NGO1 Methodology는 조직

〈표 6-8〉 NGO1 Methodology 리더십 평가 지표

	랭킹 1	랭킹 2	랭킹 3
마을 조직 (village organization)	마을 조직이 없거나 선거를 통해서 조직되었다 하더라도 대표성이 없는 경우	선거를 통해 조직되어 최소한의 대표성을 가지고 있음. 위원회는 필요에 의해서 구성되었음	마을개발위원회(Village Development Committee, VDC)가 구성되었고, 건강, 교육 등 하부 위원회가 구성되었음
리더십 (leadership skills)	리더십이 없음(No clear leadership in the village)	일반적인 비전을 제시하는 수준이거나 NGO1 직원과 리더십을 공유하는 상태	개발 재원을 어떻게 활용할지에 대한 명확한 이해를 바탕으로 NGO1의 도움 없이 프로젝트를 수행할 수 있음
네트워크 (networking)	재원에 대한 이해가 전혀 없거나 프로젝트 재원의 80% 이상을 NGO1에서 처리함	마을의 리더와 NGO1 실무자 간 토론과 협상을 통해 결정. 재원의 50% 이상을 NGO1에서 처리함	재원의 20% 이하를 NGO1에서 처리함

47) Swindle(2011), pp. 251-263.

의 비전을 잘 드러낸 평가 방법으로 의미가 크다는 평가를 받고 있다. 다섯 가지 평가항목에서 리더십 평가지표는 〈표 6-8〉과 같다.

3) Oxfam GB-Global Performance Framework[48]

옥스팜은 현재 약 55개 국가에서 1,200여 개 프로젝트를 시행 중이다. 옥스팜은 사업효과성 검토를 위해 2011~2012년 지역과 주제에 따라 26개의 Effectiveness Reviews를 수행하였고, 그 결과를 통합하여 Global Performance Framework을 개발하였다. Global Performance Framework은 사업의 영향력 분석, 평가를 통한 학습, 이해관계자들과의 신뢰 구축이라는 세 가지 목표를 위해 개발되었다. 목표를 이루기 위해서는 우선 개발 사업에 따라 적합한 평가 절차를 계획해야 하며, 평가가 일상의 업무 속에 자리 잡을 수 있도록 해야 한다. 또한 평가를 통해 학습한 것을 의사결정 과정에 연결시킬 수

〈표 6-9〉 옥스팜의 Global Outcome Indicators

주제별 영역(Thematic Area)	성과 지표(Outcome Indicator)
인도적 지원(Humanitarian Support)	인도적 지원을 받은 비율
재난위험감소/기후변화적응(Disaster Risk Reduction/Climate Change Adaptation)	외부 충격을 최소화할 수 있는 능력을 가진 가정 비율
생계 지원(Livelihoods Support)	하루 1파운드(영국) 이상 비율
여성 역량(Women's empowerment)	가정 및 지역사회 의사결정에 참여하는 여성 비율
대중 참여(Popular Mobilization(Citizen's Voice))	시민이 참여하여 활동하는 주요 기관 및 기구 비율
정책 참여(Policy Influencing)	정책 반영 비율

48) Hughes(2011).

있어야 하며, 평가를 위한 적절한 데이터 수집과 이해관계자의 참여도 중요하다. Global Performance Framework은 매년 400여 개의 프로젝트 평가 결과를 비교 검토하여 사업의 객관성을 높이려고 노력하고 있으나, 너무 많은 데이터가 수집되고 있어 현재는 총 6개 영역의 지표만을 수집하고 있다.

4. 한국 개발NGO의 평가 방향 제언

한국 개발NGO의 사업 효과성 제고를 위해 가장 시급히 요구되는 역량강화 분야는 사업 평가 분야일 것이다. 그동안 한국에서는 산출물 모니터링 수준의 종료 평가가 주로 이루어졌으며, 인력과 예산 부족으로 성과(outcome) 평가는 제대로 시행되지 못하였다. 그러나 최근 개발NGO 자체의 요구와 KOICA의 성과관리 요구가 맞물리면서, NGO 개발사업 평가분야의 역량강화 사업이 2013년부터 본격적으로 시작되었다.

KOICA 민관협력실의 평가역량 강화 사업은 개발NGO의 사업 평가를 독려하고 이를 통해 사업 효과성과 책무성 제고를 도모하고자 개발NGO에게 평가 자금과 평가 교육, 평가 틀 컨설팅을 지원하는 프로그램이다. 개발협력 사업을 3년 이상 수행한 경험과 민간단체지원 사업에 참여한 경험이 있는 단체를 대상으로 평가 역량강화 프로그램을 공모하여 지원하는 방식이다. 대상 사업은 프로젝트 착수 1년 이상 경과한 사업으로, 산출물(output) 단위 결과물이 발생하였거나 타 기관이 수행한 사업성과 관리를 시행하는 것으로, 단체 규모에 따

〈표 6-10〉 2013 KOICA NGO 평가역량 강화 프로그램

구 분	내 용
목 적	기관의 사업평가를 독려하고, 평가역량을 강화
지원 대상	개발협력 사업 3년 이상 수행, 민간단체지원사업 참여경험
지원 조건	1200만 원 한도로 단체규모에 따라(전년도 해외사업비 지출 20억 원 기준) 총 평가비용의 80% 또는 90% 지원
주요 절차	제안서제출, 심사, 선정사업 교육 및 컨설팅, 약정체결, 사업비지급, 평가실행, 보고서제출, 공개보고회
조사 기간	약정체결일로부터 4개월
도입 시기	2013년
지원 단체	9개 단체(2013년 기준)
기 타	대상사업의 성과의 정도는 심사 시 고려대상이 아니며 평가결과에 따른 성공, 실패여부는 향후 민간단체지원사업 심사에 반영되지 않음

라 1,200만 원 한도 내에서 차등(20억 원 미만 90%, 20억 원 이상 80%) 지원한다. 민관협력실은 2011년부터 2013년까지 KOICA 프로그램에 참가한 파트너 NGO들을 대상으로 설문조사를 시행하였다. 조사결과 자체 평가 틀로 사업 평가를 진행하는 단체는 약 10%로 나타났다. 평가 틀을 사용하는 단체들이 평가 틀을 다른 단체와 공유하는데 적극적이지 않다는 조사 결과도 있었다. 이런 결과를 종합할 때 NGO사업 평가 결과 공유를 통한 집단적 학습은 기대하기 어려운 실정으로 파악된다. 이에 KOICA 민관협력실은 2013년에 9개 단체를 대상으로 개발NGO 사업평가 역량강화 프로그램을 시행하였다.

여기서 한국 개발NGO 평가의 한 사례를 살펴보면, 2000년부터 베트남에서 암소은행 사업을 전개해 온 지구촌나눔운동은 KOICA의 역량강화 프로그램에 참여하여 13년 동안 진행했던 장기사업에 대한 체계적인 평가를 시행하여, 중간평가 보고서를 발간하고 2013년 9월 발표회를 여는 등 평가 결과를 사회적으로 공유하였다.[49] 수혜주민들

을 직접 접촉하지 못하는 베트남 사업 환경과 논리모형을 수립하지 못하고 출발한 사업임에도 불구하고, 베트남 암소은행 사업은 OECD DAC에서 제시하는 평가의 다섯 가지 기준인 적절성, 효율성, 효과성, 영향, 지속가능성 항목에서 비교적 충실한 평가를 받았다. 그러나 사업 목적 및 목표와 관련한 평가 질문의 비일관성 등 몇 가지 개선점이 제기되었다. 첫째, 암소은행 사업을 통해 성취하려는 목적과 목표, 하위 목표 간의 일관성 결여의 문제가 발견되었다. 베트남 농촌의 빈곤퇴치와 삶의 질 개선 및 자립, 주민역량 강화, 소득 증진과 생활 개선, 능력 및 주민의식 향상, 수혜자의 자립과 개발도상국 시민사회 발전 등이 결과체인(result-chain)으로 연계되어 있지 못하였다. 이는 사업의 논리모형에 대한 합의과정이 철저하게 진행되지 못한 결과이다. 최소한 평가에서는 사업담당자와 수혜자 그룹 간의 소통을 통해 일관된 목적과 목표 수립이 평가 결과를 판단하는 데 도움을 줄 수 있다. 이는 산출(output) 이후 단계에서 단기적·중기적, 또는 장기적 성과(outcome)를 구별해 연결하고 이후 영향(impact)을 구성해 내는 데에도 중요한 단계이다.

둘째, 중간평가 단계에서 전반적인 사업진행 상황을 평가하는 것은 바람직하지만, 보다 구체적으로 어떤 부분을 집중적으로 보고 싶은지에 대한 평가 질문이 드러나지 않은 아쉬움이 있었다. 예를 들어 평가 기획 단계에서 사업성과 달성의 장애요인으로 작용한 원인을 찾아내려는 질문, 집행 단계에서 단체 내 집행조직의 문제점이나 단체와 수혜자, 전문가, 정부기관, 마을조직 간 유기적 협력 관계를 평가하는 질문, 마을 수혜자의 인식과 지식의 변화에 관한 질문 등 중간평가에

49) http://www.gcs.or.kr/data/pdf/gcs_vietnam_cow.pdf(검색일 2014년 6월 20일)

서 중점적으로 분석하고자 하는 대상을 초기에 밝혔다면 시사점을 끌어내는 데 더욱 효과적일 수 있다. 특히 OECD DAC의 5가지 평가 기준에 기반을 둔 평가 매트릭스가 대부분의 개발평가에서 사용되지만, 단체 내 활동가와 현지주민과의 소통을 통해 논리모형(logic model)에 기반을 둔 변화이론(theory of change)을 작성해 보고 평가 틀을 재구성한다면 더 나은 결과를 얻을 수 있을 것이다.

종합적으로 개발 평가 방향을 제시하면서 한국의 개발 평가 역량 강화 방안을 제안하고자 한다. 첫째, 개발 평가는 산출물 중심의 측정을 넘어 성과 측정으로 초점을 확장해야 한다. One World Trust는 '효과적인 프로젝트 평가(How to Evaluate Project Effectiveness)'를 위해 개발 평가의 목적과 조직의 비전이 일치해야 한다는 점을 강조한다. 즉, NGO가 수행한 개발 사업이 그 조직의 비전과 미션에 부합하는 사업을 수행하는 것을 전제로 할 때, 개발 평가 역시 그 일치성을 확보해야 한다. 객관적인 개발 평가가 중요해지면서 산출(outputs)과 성과(outcomes)를 궁극적으로 영향(impact)과 직접 연결시키려는 경향도 생기고 있다. 가령 깨끗한 물을 제공하기 위한 우물사업을 한다고 할 때, 객관적인 산출은 몇 개의 우물을 만들었는지가 될 것이며, 그로 인해 물을 구하러 가는 시간과 노력이 줄었다는 성과를 냈다고 평가할 수 있을 것이다. 하지만 몇 년 뒤 사후평가를 위해 다시 현장에 방문하였을 때, 새로 지은 우물을 사용하는 사람이 많지 않음을 확인하게 된다. 그 이유는 그 지역 여성들에게는 물 길러 가는 시간이 유일한 휴식시간이었는데, 새로 우물을 파는 방식으로 진행한 사업에서는 이 점을 간과했기 때문이다. 이 사례가 시사하는 바는, 개발 사업의 영향은 산출물의 지표를 통해 파악되는 것보다 훨씬 더 복잡하고 다면적일 수 있다는 점이다.

둘째, 개발 평가는 책무성에 초점을 맞추기보다 사업을 통해서 무엇을 배웠는지를 확인하고, 그 배움 자체가 새로운 기회임을 보여주어야 한다. 즉, 평가 수행을 통해 잘못된 점을 지적하는 '감사'가 아닌 조직의 효과성을 향상시킬 수 있는 가능성의 기회로 삼아야 할 것이다. 개발 평가를 흔히 학습(learning)의 과정이라 이야기한다. 하지만 많은 개발NGO 실무자는 개발 평가를 통해 얻은 지식과 배움을 실제 조직의 배움으로 연결시키는 것이 쉽지 않음을 경험할 것이다. 이러한 이유는 대부분 평가를 특정 부서나 외부 인력이 수행하며, 평가를 수행한 지역과 조직 사무국과의 지역적 거리로 인해 보이지 않는 장벽이 있기 때문이다. 이러한 격차를 줄이기 위해서는 평가 결과를 공유하고, 이를 조직의 비전과 미션, 사업수행의 궁극적인 목표에 얼마나 부합되는지를 살피는 별도의 프로젝트가 마련되어야 한다. 하지만 평가 결과를 반영하기 위해 조직의 구조나 정책을 수정하다보면 불필요한 마찰이 생길 수도 있다는 점도 고려해야 한다. 사업평가 결과를 즉각적으로 반영한다고 하여 조직이 변화하는 것이 아님을 염두에 두고, 평가 결과를 조직 내적으로 수렴하는 과정이 필요하다.

셋째, 개발 평가를 수행할 때 평가의 효율성만을 고려하여 조직의 효율성을 간과하는 경우가 있는데, 이 둘 사이의 균형을 맞춰야 한다. 이는 효과적인 개발 평가 수행을 목적으로 과도한 계획을 수립하다 오히려 사업 수행에까지 부정적인 영향을 미칠 수 있기 때문이다. 최근 NGO 사업평가의 전문성에 대한 요구가 커지면서 계량적 평가가 어려운 창의적인 사업을 추진하는 유연함(flexibility)이 줄어드는 사례가 많다.[50] 즉, 평가에 인력과 자원을 지나치게 투자한 나머지 그들

50) One World Trust. "NGO Accountability Discussion Series: How to Evaluate Project Effectiveness"(London: OWT, 2004).

이 도달하고자 했던 사업의 목적과 미션에 소홀해지기도 하는데, 평가의 가장 기본적인 목적은 사업 결과가 사업 목적에 얼마나 부합하는지를 확인하는 것이라는 점을 명심해야 한다. 따라서 무엇을 평가할지를 현실적으로 고민하고, 지나친 목표 설정은 지양해야 할 것이다.

넷째, 개발 평가에서 질적 평가 방식의 유용성을 이해할 필요가 있다. 효과적인 개발 평가를 위해서는 데이터 수집이 기본이다. 하지만 생각처럼 쉽게 데이터가 수집되지 않으며, 시기를 놓쳐서 수집하지 못한 데이터도 많다. 가장 많이 시행하는 설문 방식 역시 대부분 긍정적인 결과만 보여주는 경우도 허다하여 그 정확성을 확신하기 힘들다. 또한 개발NGO 사업의 특성상 양적인 수치(quantitative data)로 표기하기 힘든 지표도 많다. 이에 따라 대화나 일화를 평가에 활용하기도 하는데, 종종 이러한 지표는 객관성에 도전을 받기도 한다. 하지만 실제 주민의 구체적인 대화나 일화가 객관적인 수치로 표기된 지표보다 더 정확한 데이터가 될 수 있다. 이처럼 때때로 양적 평가에 필요한 측정치가 부재하거나 계량적이고 실험적인 설계가 여의치 않은 NGO사업에서는 질적 평가가 양적 평가보다 유용한 사례가 많다. 질적 평가는 이미 수립된 지표들에 대한 조사를 넘어 다양한 변화에 대한 측정이 가능할 뿐만 아니라 대규모 설문조사보다 심층인터뷰를 통해 필요한 정보를 적은 비용으로 추출할 수 있다. 특히 단체나 개인의 경험이나 주인의식 등을 측정할 때나, 역량강화와 같이 개인별·집단별로 차별화된 성과가 나타나는 사업평가에서는 양적 평가보다 유용할 수 있다.

마지막으로 개발 평가는 과연 누구를 위한 평가인지를 염두에 두고 시행해야 한다. 기부자가 원하는 결과를 도출하기 위한 평가와 모든 이해관계자를 포함한 평가는 분명히 다른 결과를 가져올 것이다.

제7장

한국 개발NGO의 발전 방향 모색

제7장 한국 개발NGO의 발전 방향 모색

지금까지 한국 개발NGO가 국제개발협력의 세계적 흐름 가운데 어디에 위치하는지 발전과정, 현황, 역량, 파트너십, 책무성과 개발평가로 나누어 살펴보았다. 발전과정에서부터 개발평가에 이르기까지 이 책에서 다룬 주제들은 현재 국제개발협력의 실천과 이론의 장에서 가장 활발하게 논의되고 중요하게 검토되는 것들이다. 그러나 한국 개발NGO의 발전 방향을 모색하는 데는 이 밖에도 다루어야 할 주제들이 있다. 현재 한국 개발NGO는 NGO 개발사업의 발굴과 기획, 조직의 리더십과 1세대 리더십의 이양 문제, 활동가들의 역량 강화와 보상, 빈곤의 근본적인 원인 해결에 다가서려는 사회변혁적인 애드보커시 전략, 모금 방식, 국제 네트워크 확대 등 다양한 측면에서 커다란 도전에 직면해 있다. 이러한 모든 것이 한국 개발NGO의 개발효과성 증진을 위해서 반드시 해결해야 할 주제들이다. 이번에 충분치 못하게 다룬 주제들은 기회가 주어지는 대로 수정증보판에서 본격적으로 다루고자 한다.

이 책의 마지막 주제인 한국 개발NGO의 발전 방향에 관한 논의를 시작하려면, 우선 한국의 개발NGO가 지향하는 개발이란 과연 무엇인지 숙고해봐야 한다. 그동안 개발NGO 활동가들을 비롯해 개발 사업에 참여하는 주요 행위자들은 프로젝트의 성공적 수행과 사업 재원 조달에 지대한 관심을 갖는 반면, '개발'이 제기하는 근본적인 질문에는 상대적으로 관심이 덜했다. 그렇지만, 프로젝트가 지향하는 개발이 장기적으로 어떤 목적지로 향하는지, 도착하려는 목적지의 상은 과연 현지의 이해와 요구에 부합하는 것인지, 목적지로 가는 여정에 마주하는 장애를 해결하는 데 필요한 가치와 철학은 무엇인지 등 개발'사업' 이전에 '개발'이 제기하는 질문들을 간과한 채 한국 개발NGO의 발전방향을 모색하는 것은 적절치 않을 것이다.

• 개발의 정의

NGO가 지향하는 개발을 어떻게 정의할 수 있을까? 과연 개발에 관한 정의는 실제 현장에서 중요한가? 개념의 추상성을 하나의 정의로 압축한다면 세상을 제대로 이해하는 데 방해를 받을 우려가 있다. 또한 개발의 의미를 한두 가지로 정의하고 그것만을 과학의 공식처럼 인정하는 순간, 우리는 개발의 변화무쌍한 동학(dynamics)을 놓치는 어리석음을 범할 수도 있다. 그럼에도 불구하고 개발의 정의와 의미는 개발NGO 활동가에게 무수히 많은 변수가 작동하는 복잡한 개발사업 혹은 개발현장의 혼란을 최소화하는 데 도움을 줄 것이다.[1] 즉, 현장에서 개발의 의미는 개발NGO의 비전(vision statement)과도 같은 역할을 수행할 수 있다.

기본적으로 개발이란 '긍정적인 변화'[2]를 추구한다는 데 대부분의

---

1) Allan Kaplan, *Development Practitioners: Artists of the Invisible*(Cape Town: CDRA, 1999).

학자들이 동의하지만 개발의 개념 및 접근법은 학자마다 다르다. 개발을 이해하는 접근법을 크게 구분하면 '개발된 상태(state or conditions)'와 '개발의 과정(process or change dynamic)'으로 나눌 수 있다.

이때 개발된 상태란 수입, 소비정도, 영양상태, 의료지원, 교육수준 등을 통해 개발의 정도를 파악하는 방식으로, 전통적인 개발 개념과 유사하다. 전통적인 개발개념은 주로 경제발전을 의미한다고 할 수 있다.[3] 이런 입장에 있는 사람들은 '성장에 기초한(growth-based)' 정책과 시장 주도의 경제발전이 중요하다는 점을 강조하며, 국민총생산(Gross National Product, GNP) 혹은 국내총생산(Gross Domestic Product, GDP) 등의 지표를 통해 개발 정도를 확인하는 경향이 있다. 따라서 빈곤 퇴치는 '소득 증대'를 통해 가능하다는 결론에 이르게 된다.

경제발전을 개발의 핵심적 내용으로 인식하는 입장에서는 서구의 근대화 경험의 맥락에서 개발을 이해한다. 유럽 사회가 근대화되는 과정을 통해 경제가 성장하였고 동시에 정치적 · 사회적 · 심리적 변화가 이루어졌다는 점을 근거로 식민지 국가 역시 이와 같은 방식으로 성장할 수 있다는 입장을 취한다. 이스터리(William Easterly)는 성장은 '투자에 비례하기 때문에, 성장 목표에 도달하기 위해서는 최소한의 투자가 필수적이며, 원조는 소득 증가와 같은 방향'으로 움직여야 한다고 주장하였다. 동시에 큰 경제력이 있을 때 최빈곤층의 삶의 질까지 향상시킬 수 있으므로, 소득의 재분배 이전에 경제성장이 더 효과적이라고 설명하였다. 즉, 저개발의 원인은 자본이 충분하지 않

---

2) Robert Chambers, *Whose Reality Counts? Putting the First Last*(second edition) (Intermediate Technology Publications, 1995).

3) Matthias Sant'Ana, "The Evolution of the Concept of Development: from Economic Growth to Human Development," *Democratic Governance and Theory of Collective Action*(2008).

기 때문이며, 이 문제를 해결하기 위해서 선진국의 경제 원조가 필요하다는 것이다. 나아가 그는 수원국 정부의 부정 · 부패나 잘못된 금융 시스템 등 투명하지 못한 정부와 비효율적인 정치 · 경제적 제도 때문에 현재의 개발정책이 효과를 보지 못한 것으로 진단하고, 투명한 정부와 효율적인 개발정책에 더 많은 투자를 하면 개발정책의 효과가 더욱 커질 수 있다고 주장하였다.[4)]

같은 맥락에서 삭스(Jeffrey D. Sachs)도 유럽과 일본이 2차 세계대전 이후 미국의 지원을 통해 전후 복구에 성공할 수 있었던 것처럼, 원조를 통해 경제가 성장하고 가계 소득이 증대될 수 있다고 보았다. 원조의 양적인 확대는 빈곤국가의 소득 및 최저생계비 수준을 일정 수준 이상으로 끌어올리고, 이로 인한 저축과 세금은 순환적으로 다른 투자와 발전 사업에 이용된다는 것이다. 따라서 빈곤퇴치를 위해서는 자본축적을 위한 선순환 과정을 만드는 것이 우선되어야 하며, 최빈국 주민들이 성장의 사다리에 첫 발을 디디게 하는 정책이 중요하다고 주장하였다.[5)]

이에 반해 원조무용론을 주장하는 모요(Moyo)는 사하라 이남 지역의 국가들이 가장 많은 원조를 받고 있음에도 불구하고 상황이 좋아지기는커녕 오히려 악화되고 있다며, 이런 현실은 원조가 오히려 빈곤을 심화시키고 있다는 점을 확인시켜 주는 사례라고 주장하였다. 모요에 따르면, 아프리카는 유럽의 발전 경로와 상황이 크게 다르며, 지속적인 투자와 유입된 자원은 발전보다는 의존도를 키우고 있는 실

---

4) 윌리엄 이스터리 저, 박수현 옮김, 『성장, 그 새빨간 거짓말: 경제개발 정책을 위한 개발 경제학자들의 모험과 불운』(서울: 모티브북, 2008).

5) 제프리 삭스 저, 김현구 옮김, 『빈곤의 종말: 2025년, 지상의 모든 가난을 끝낼 밀레니엄 프로젝트』(서울: 21세기북스, 2006).

정이다. 또한 모요는 이스터리가 주장한 것처럼 투명하고 효율적인 정부와 경제제도에 따라 원조 규모가 결정된다면, 개도국은 공여국의 원조에 더욱 의존할 것이며, 특히 신자유주의적 경제체제에서 원조란 선진국 기업의 진출을 쉽게 하는 것에 불과할 수 있다고 주장하였다. 모요는 그 대안으로 원조가 아닌 직접투자 혹은 지분투자 방식을 제시하며, 투자에 의한 경제 성장이 결과적으로 아프리카 주민의 삶의 복지 향상에 기여한다고 본다.[6]

원조의 긍정적 효과성 측면에서 구분해보면, 모요의 입장과 이스터리와 삭스의 견해는 상반된다. 그러나 개발에 필요한 동력으로 경제적 투자와 경제성장이 우선되어야 한다는 입장을 취하고 있다는 점에서는 동일하다고 볼 수 있다.

자본주의 시장체계에 입각해 경제지표 위주로 개발에 접근하는 입장과 달리, 개발은 단순히 경제적인 성장만을 의미하는 것이 아니며, 일종의 정치적 구성물로서 지배행위를 정당화하기 위한 의도된 '프로젝트'라는 주장도 있다.[7] 마이클(Mac Michael)에 따르면 개발의 뿌리는 식민화와 산업화에서 시작되었으며, 식민지로부터의 수탈과 착취는 서구 유럽 산업화의 근간이 되었다. 그는 세계화 혹은 지구화를 통해 세계 시장을 재편하는 과정인 개발을 통해 불평등은 더욱 심화되었으므로, 개발협력은 자본의 확장에 조력하는 방향이 아닌 '탈성장 경제학'이 되어야 하며, 지역과 생태계가 복원되는 방식으로 추진되어야 한다고 강조하였다. 리스트(Gilbert Rist) 또한 서구에서 말하는

6) 담비사 모요 저, 김진경 옮김, 『죽은 원조: 아프리카 경제학자가 들려주는』(서울: 알마, 2012).

7) 맥 마이클 저, 조효제 옮김, 『거대한 역설: 왜 개발할수록 불평등해지는가』(서울: 교양인, 2013); 질베르 리스트 저, 신해경 옮김, 『발전은 영원할 것이라는 환상』(서울: 봄날의책, 2013).

발전이란 그것을 인식하는 방식에서부터 오류와 한계가 있다고 지적하였다. 즉, 발전은 어떤 상태에 있는 것이 아닌 지속적인 과정이기 때문에 특정 시기에 특정 요소나 지표를 통해서 파악하는 것이 불가능하며, 경제학을 근거로 경제성장을 이해하는 방식은 세계화 혹은 근대화를 정당화하는 논리에 지나지 않는다는 것이다. 서구 입장에서 발전은 식민지 건설을 통해 풍요로운 사회를 건설했던 과정이었지만, 이 개념이 개도국에게 똑같이 적용될 수 없다는 입장이다. 이에 리스트는 발전이란 '성장-역성장'처럼 이분법적으로 판단할 문제가 아니며, 오히려 서구 유럽의 성장을 중심으로 전개되는 '경제적' 사고 틀에서 벗어나는 것이 우선이라고 주장하였다.

개발의 상태와 과정에 대한 경제적 사고와 비경제적 사회적 구조 중심의 대립적 접근을 인간개발의 차원에서 종합한 입장도 있다. 바로 센(Amartya Sen)이다. 센은 GDP 등을 활용해서 발전을 이해하는 경우 정작 중요한 실질소득에 대한 정보는 파악하기 어렵다고 한계를 지적하였다. 그는 현재 인류가 세계적으로 전례 없이 풍요로운 시대에 살고 있지만, 오히려 빈부격차나 기아 문제는 점점 더 심각해지고 있으며, 여기에 기후변화 등 새로운 문제가 가중되어 기존의 발전 개념으로는 현재 우리가 직면한 문제들을 해결할 수 없다고 주장하였다. 센은 발전을 '인간이 향유하는 실질적 자유의 확장 과정'이라고 정의하고, 부자유의 원천인 빈곤, 사회적·경제적 기회 박탈, 공공시설 및 복지의 부재, 독재 정부 등을 제거하는 것이 실질적 자유를 보장하는 조건이라고 주장하였다. 센에게 자유는 개발의 목표이면서 동시에 수단이다. 개인에게 자유가 주어졌을 때에야 비로소 인류가 처한 문제 해결에 능동적으로 참여할 수 있어 발전의 선순환이 가능해지는 것이다.[8)]

이상의 논의처럼 개발은 현지 사회경제체제 내에서의 사회경제적 지표의 향상이나 현재의 빈곤 상황을 초래한 구조적 제약의 변혁, 또는 인간 개인의 자유의 확장과 같은 다양한 접근이 가능하다. 우리 개발NGO들은 과연 어떤 개발상을 가지고 있을까? 어쩌면 경제적·사회적 지표개선에 초점을 두는 주류 시장주의자의 개발론을 무의식적으로 내면화한 채 활동하는 것은 아닌지 성찰이 필요한 때이다.

● 한국 개발NGO의 특징과 문제점

한국 개발NGO의 발전 방향은 크게 두 가지 경로를 통해 모색될 수 있을 것이다. 하나는 지난 20여 년의 역사 속에서 확인된 한국 개발NGO의 특징과 문제점을 중심으로 현재적 상황을 냉철하게 분석하는 것이다. 다른 하나는 향후 10년, 20년을 내다보면서 한국 개발NGO의 나아갈 바를 설계하는 미래지향적인 발전 방향을 제시하는 것이다.

우선 지난 20여 년간의 개발NGO의 역사와 발전과정 속에서 발견된 특징과 문제점, 그리고 극복과제들을 살펴보고자 한다.

첫째, 한국 개발NGO는 종교적 기반이 강하다. 1980년대부터 한국 개발NGO의 주류가 되는 종교기반단체들(FBOs)은 한국 개발NGO의 급속한 성장의 원인이었다. 그러나 종교기반단체들은 개발 본연의 목적을 위해 개발 사업을 추진하기보다는, 종교 활동을 위한 수단으로 개발 사업을 도구화하는 경우가 있어 비판의 대상이 되기도 한다. 국제적 이슈가 된 사례도 있지만, 여전히 대형 교회들이 서둘러 개발NGO를 설립하고 선교사 중심의 현지 활동을 전개하는 현실

---

8) 아마티아 센 저, 김원기 옮김, 『자유로서의 발전』(서울: 갈라파고스, 2013).

이다. 이런 상황에서 개발 사업과 종교성과의 분리는 당장 해결하기 어려워 보인다. 물론 어느 종교인이든 개발 사업을 추진할 수 있고, 또 종교적 신앙을 바탕으로 개도국 현지주민의 삶의 변화에 기여할 수 있다. 그러나 종교성이 강조되면 전문적인 사업 능력 고양에 대한 단체의 노력이 우선순위에서 밀릴 수 있고, 사업성과를 평가할 때 종교 활동이 지표가 될 가능성도 있다. 이런 문제를 해결하기 위해서는 한국 개발NGO가 지향하는 개발의 목표가 무엇인지에 대한 끊임없는 대화와 소통이 우선되어야 하며, 활동가의 개발 전문역량 강화와 함께 현지 직원 고용부터 훈련까지 전문성 강화도 필요하다.

둘째, 한국 개발NGO의 역량개발이 미진한 실태이다. 현재 현지에서 활동하는 상당수의 활동가가 선교사나 NGO봉사단, 자원봉사단으로 구성되어 있다. 본부에서 전문 인력을 파견할 수 있는 여건이 충분히 조성되어 있지 않기 때문이다. 현지에 파견된 소수의 제한적인 한국 인력에 대한 문제뿐만 아니라 현지에서 고용되는 인력의 역량개발을 위한 투자도 이루어지지 않고 있다. 앞에서 살펴본 것처럼 역량개발이 제대로 이루어지지 않으면, 개인적 역량 측면뿐 아니라 사업 운영 방식과 조직 운영 시스템 등의 측면에도 부정적 영향을 미친다. 서구 개발NGO는 현지 파트너NGO 지원을 통해 많은 사업을 수행하고 있는데, 사업성과 관리를 위해서도 역량강화를 중점사업으로 추진하고 있다. 그렇지만 한국 개발NGO는 역량강화에 대한 투자가 매우 미약한 상태이다. 활동가들을 전문적인 개발 사업 인력이라기보다는 봉사정신이 강한 자원봉사자로 여기는 경향이 강하기 때문이다. 이런 문제점은 인력 교체가 언제든지 가능하다고 판단되는 단순 서비스제공 사업을 하는 단체에서 더 두드러지게 나타난다. 그렇지만 많은 개발NGO 활동가는 제3장의 역량 관련 조사 결과에서 확인된 것처럼, 사업기획, 집행, 평가에 관한 영역에서 전문적인 역량 강화를 필요로 하고 있다.

셋째, 한국 개발NGO는 직원복지 수준이 매우 낮다. 한국 사회에서 NGO의 급여나 복지체계 수준이 낮은 것은 일반적인 현상이다. 한 인식조사결과에 따르면 조사대상의 사분의 일 정도만이 '급여'와 '복지체계'에 긍정적인 응답을 하였을 뿐이다.[9] 옥스팜이나 월드비전과 같은 서구NGO의 급여수준은 사기업과 경쟁적인 관계에 있다. 필자가 한 인터뷰에서 이들 단체의 급여수준을 사기업과 비슷하게 책정하는 이유를 물었을 때 얻은 대답은 활동가를 전문 인력으로 본다는 것이었다. 개발 사업의 재원은 주로 정부나 기부자로부터 조달되기 때문에 사업의 성과가 분명히 나타나야 하고, 사업성과를 보장하기 위해서는 역량 있는 전문 인력의 참여가 필수적이므로, 사기업에 준하는 급여를 제공한다는 것이다. 이제 한국 사회에서도 개발NGO 활동가들에게 자발적인 헌신과 봉사를 강조하기보다는 현실적인 수준에서 임금 및 복지 체계를 마련해서 안정적인 활동 조건을 제공하고, 이런 변화가 활동가들의 역량강화와 개발효과성 증진으로 연계되는 선순환 구조를 형성해야 할 때이다.

넷째, 한국 개발NGO는 대안적이고 혁신적인 사업발굴이 부족하다. 우리 개발NGO들은 비교적 짧은 역사 속에서 개발재원이 부족하고 전문성을 확보하지 못한 상황에서도 괄목할 만한 성장을 경험하였다. 그 성장의 이면에 한국 개발NGO는 검증된 프로젝트에만 집중한다는 비판이 있다. 교육, 보건, 지역개발(CDP) 영역에 사업이 편중되어 있다. 네팔에서 주민조직사업을 하는 리치이니셔티브, WFP

---

9) 한재광 외(2013), p. 61.

와 파트너십사업을 진행하고 있는 네팔 굿네이버스, 공정무역과 사회적 기업을 결합한 동티모르 경희대-한국YMCA전국연맹 등과 같이 새로운 사업을 모색하는 노력들이 최근 늘어나고 있지만, 여전히 사업의 산출물이 비교적 용이하게 확보되는 교육과 보건사업에 지나치게 치중되어 있는 현실이다. 또한 주민 조직을 통한 지역 역량강화 사업과 사회구조적인 문제에 대한 옹호활동을 펼치는 애드보커시 활동들은 매우 드물게 이루어지고 있다. 이런 특징은 한국 개발NGO가 지향하는 개발의 목표와도 연관이 있지만, 재원 제공자인 KOICA나 후원기관이 장기간 지역사회 변화라는 목표보다는 단기간 사업결과를 요구하는 데서도 기인한 것이다. 따라서 우리 개발NGO들은 현지 주민들의 참여와 오너십에 바탕을 두고 해당 지역에서 지속가능한 개발 사업의 결과가 도출되도록 보다 장기적인 구상 아래 개발 사업을 기획할 필요가 있다.

다섯째, 파트너십과 연대활동이 미약하다. 현재 KCOC와 KOICA 지역사무소의 노력으로 네팔·몽골·캄보디아·케냐 등에서는 한국단체연합이 만들어져 현지 한국단체들 간의 연대가 이루어지고 있다. 그러나 대부분의 다른 국가에서는 아직 한국 개발NGO들 간의 연대활동은 논의수준에 머물고 있다. 더욱 시급한 문제는 현지 국제NGO와의 네트워크가 미비하다는 점이다. 한국형 개발 모델체계가 잘 마련되어 있고 단체의 사업 전략이 잘 수립되어 있다면, 외부 네트워크 없이 독자적으로 사업수행이 어느 정도 가능할 것이다. 하지만 그렇지 않은 상황에서는 연대와 파트너십 없이 효과적인 사업성과를 이루기는 매우 어렵다. 이때 특히 한국 개발NGO에게 문제가 되는 것은 객관적인 지표 없이 우리가 독자적으로 하는 '선한' 일이 현지 주민에게 도움이 될 것이라고 확신하는 것이다. 우리의 개발 사업이 현지

주민에게 실질적으로 기여하는가에 대한 검증 시스템이 온전히 구비되지 못한 상황에서는 현지에서의 네트워크가 개발사업의 환경과 영향력을 확인하고, 전문성을 보완하는 데 크게 도움을 줄 수 있다.

로컬NGO나 CBO(Community-based Organization)와의 파트너십 또한 활발하게 이루어지지 못하고 있다. 현지 정부와의 네트워크 측면에서도 많은 문제가 드러나고 있다. INGO나 현지NGO로 등록하지 않은 채, 혹은 정부와의 협의 없이 한국에서 파견된 활동가가 현지 인력과 결합하여 개발활동을 하는 경우가 여전히 존재한다. NGO활동가로서 비자를 취득하지 않고, 현지 중앙 또는 지방정부에 등록하지 않고 일하는 것은 법적인 문제뿐만 아니라 신뢰성 측면에서도 문제가 생길 수 있다. 최근 방글라데시와 네팔에서 한국인 중심으로 현지에서 NGO를 만드는 경우도 종종 있다. 한국에 본부가 없는 선교사들이 주도적으로 한국인 중심으로 이사회를 만들거나, 한국단체와는 파트너십만 가진 채 현지에서 활동하고 있다. 우리 NGO가 지향하는 개발의 의미를 실현하기 위해서는 그 지역에서 이미 활동하고 있는 국제 NGO, 국제기구, 개도국 정부, 그리고 현지 시민단체와의 연대와 적극적인 교류가 필요하다.

이상에서 논의된 특징과 문제점 외에도 여러 가지 제기할 문제들이 있다. 일례를 들면, 예산규모가 작은 단체들은 회계시스템이 구축되어 있지 않아 투명성 확보에 애로를 겪고 있다. 성과 평가 틀에 대한 예산부족과 평가전문성이 취약한 점도 한국 개발NGO가 직면한 큰 문제다. 그럼에도 불구하고 한국 개발NGO들이 갖고 있는 장점도 있다. 바로 빈곤 극복 경험이 있는 우리나라에 대해 현지인들이 신뢰감을 갖고 있다는 점이다. 선진 공여국들과 비교했을 때 정서적 · 심리적 거리감이 적다. 또한 적은 재원으로 최대한의 효과를 얻을 수 있는 헌신적인 인력과 부족한 예산으로도 사업을 추진하는 효율성도 주요한 장점으로 꼽을 수 있다. 개도국 현지NGO를 대상으로 재원지원이나 역량강화 사업보다는 현지 직접 개발 사업에 참여하려는 젊은 인력풀이 풍부하다는 점도 긍정적인 특징이다.

- **한국 개발NGO의 발전 방향**

향후 한국 개발NGO 발전 방향이 일반적인 서구의 발전경로에 수렴되는 양상을 나타낼 것인지, 한국의 고유하고 독자적인 경로를 새로이 개척할 것인지는 매우 흥미로운 쟁점이다.

서구 개발NGO 발전경로를 한마디로 정의하기는 어렵지만, 서구 개발NGO는 코르텐이 주장한 1, 2, 3, 4세대의 특징을 고르게 지향하는 모델이나 루이스와 칸지가 분류한 서비스제공, 촉진자(catalyst), 파트너십의 NGO역할 모두를 포괄하며 균형 있게 아우르는 경로를 보여준다. 서구 개발NGO는 구호와 복지 서비스 제공에 초점을 두는 활동에서부터 지역개발, 지속가능한 개발을 위한 제도적·정책적 개선을 추진하는 촉진자 역할, 그리고 글로벌 수준의 네트워크 형성과 조직 활동까지 모두 균형 있게 아우르는 경로를 밟아왔다.

서구의 개발협력 역사에 비해 단기간에 압축적인 성장을 해온 한국 개발NGO로서는 서구 모델에서 수렴할 내용이 상당히 있다. 개발 현장에서 사업 방향을 설정할 때, 국제 NGO나 협의체들의 방향성을 거울로 삼는 것도 좋은 방법 중 하나이다. 단기적인 사업 결과에 매몰되지 않고, 인권과 젠더, 환경 등의 보편적 가치에 기반을 둔 기관의 운영정책이나 책무성에 대한 시스템 구축, 모니터링과 평가에 대한 가치부여는 우리가 서구 NGO 모델을 수렴하면서 가야 할 방향이다. 실제로 최근 한국의 개발NGO들은 구호와 서비스 제공, 지역개발 중심의 활동을 넘어 애드보커시, 주민조직, 국제연대와 국제기관과의 파트너십 등으로 사업영역을 확장하는 등 국제적 추세와 보조를 맞추고 있다. 이런 점에서 한국 개발NGO는 단기간에 개발NGO 1세대부터 4세대까지의 특성을 모두 갖추었다고 할 수 있는데, 단기간에 개발NGO의 종합적 역할을 수행하는 경우는 전 세계적으로 드문 예이다. 이는 압축성장을 통해 경제개발과 사회개발을 동시에 성취한 한국의 특성과 같은 맥락을 보이는 특징으로, 서구 개발NGO와 시기별 경로는 다르게 나타났지만, 횡단적 측면에서 볼 때 1세대부터 4세대까지 모든 세대의 역할을 수행하고 있음을 보여준다.

그렇다면 한국만의 특색을 가지는 개발NGO의 발전 방향은 무엇인가. 안타깝게도 현재 국제개발협력 커뮤니티 내에서는 한국 개발NGO가 국제적 흐름의 어디쯤에 위치해 있고, 어디로 나아가야 하는지에 대한 진지한 성찰과 모색 노력을 발견할 수 없는 실정이다. 이렇게 한국 개발NGO의 발전 방향에 관한 논의가 진전되지 않는 근본적인 까닭은 앞에서 지적한 것처럼, 개발의 지향점이 무엇인지에 대한 진지한 모색과 개발NGO들의 비전과 사업목표에 대한 공유가 제대로 이루어지지 않기 때문이다.

빈곤을 극복하고, 경제와 사회개발을 성취하였으며, 정치적 민주화까지 이루었으면서도 식민지배의 역사를 갖지 않은 우리나라에 대해 개도국 주민은 정서적 · 심리적으로 친근감을 갖고 있다. 이 점은 한국이 개발 사업을 펼치는 데 유리한 조건이다. 현지 지역사업의 재원지원이나 역량강화 사업보다는 직접 사업을 주로 하고 있으며, 무엇보다도 개도국 오지의 열악한 조건에서도 헌신적으로 활동하는 풍부한 활동가 인력풀이 존재한다는 점도 한국적 개발NGO 모델을 수립하는 데 양질의 토양을 제공한다.

최근 여러 NGO들이 새마을운동을 기반으로 하는 개발 모델에 집중하는 이유도 단순히 정부정책에 부응하는 차원을 넘어 우리만의 새로운 사업모델을 구축해보려는 노력의 일환으로 판단된다. 1970년대 한국발전에 기여했다고 평가받는 새마을운동은 국제사회에서 개발협력의 성공사례로 공유되고 있다. 이런 점에서 새마을운동의 국제개발협력모델화 작업은 정부차원에서 추진하고 있지만, 개발NGO에게도 시사하는 바가 크다. 물론 새마을운동에 대한 부정적 평가도 염두에 두어야 할 것이다. 새마을운동은 서구적 근대화론에 입각해서 한국의 낡은 전통은 버려야한다는 도식을 일방적으로 수용했다는 점과, 새마을운동의 성과에 대한 박정희정부의 의도적인 과대평가, 그리고 권위주의 체제 유지를 위해 주민동원의 정치적 목적에서 출발한 운동이라는 측면에서 비판받고 있다. 이러한 비판에도 불구하고 '동기부여를 통한 자생적 발전 모델, 농촌지역 빈곤퇴치, 상향식 접근과 하향식 접근의 조화' 등의 새마을운동의 원칙은 개발도상국에서도 주목하는 내용이다. 특히 권리에 기반한 접근(RBA)이 새마을 개발협력사업과 접목된다면 한국적 개발모델이 개도국 주민중심의 자기역량강화와 권리확보에 기여할 수 있다고 본다.[10]

NGO의 기본 특성 중의 하나가 주류적 방식에 매몰되기보다는 대안적 활동방식을 찾는 것이라는 점에 동의한다면, 한국의 개발NGO는 서구모델에서 배울 점들을 찾는 노력과 동시에 한국의 독자적 노선을 개척하는 데에도 힘을 기울여야 한다. 한국 고유의 발전 모델을 모색하고자 하는 노력이 이루어지지 않는다면, 한국은 국제사회에서

10) 손혁상 · 장지순(2011), pp. 88-89.

계속 국제개발협력의 후발주자로서 추종자(follower)에 머물고, 발전가능성과 국제사회에서의 입지 역시 협소해질 것이다. 따라서 우리 개발NGO들은 한국만이 갖고 있는 고유한 장점을 바탕으로 국제개발협력에 기여할 수 있는 한국 개발NGO의 발전 모델을 구축하기 위한 논의와 현실에서의 다양한 실험을 적극적으로 모색할 필요가 있다.

| 참고문헌 |

국립국어원. 『표준국어대사전』 서울: 국립국어원, 2000.

그린, 던컨 지음 · 주성수 옮김. 『빈곤에서 권력으로』 서울: 이매진, 2010.

김기경. "책무성의 개념분석." 『간호행정학회지』 제10집 2호, 2004.

김동춘 외. 『NGO란 무엇인가』 서울: 아르케, 2000.

김명진. "Win-Win형 ODA를 위한 KOICA 민관협력 추진현황: 중소기업과의 협력을 중심으로." KOICA-EDCF 주최 「Win-Win형 ODA를 위한 민관합동 포럼」 자료집. 서울: 연세대학교 동문회관, 2013. 11. 11.

김태균. "글로벌 거버넌스와 개발협력의 책무성." 『국제정치논총』 제53집 4호, 2013.

김혁래 외. 『세계화와 한국NGO의 발전방안』 서울: 경제정의실천시민연합, 1997.

김혜경. "OECD 회원국 개발 NGO의 활동유형과 과제." 『동서연구』 제9권 2호, 1997.

라미경. "국제관계에 있어서 개발NGO의 역할에 관한 연구: CARE와 OXFAM 사례를 중심으로." 충남대학교 정치외교학과 박사학위논문, 2001.

리스트, 질베르 저 · 신해경 옮김. 『발전은 영원할 것이라는 환상』 서울: 봄날의책, 2013.

마이클, 맥 저 · 조효제 옮김. 『거대한 역설: 왜 개발할수록 불평등해지는가』 서울: 교양인, 2013.

모요, 담비사 저 · 김진경 옮김. 『죽은 원조: 아프리카 경제학자가 들려주는』 서울: 알마, 2012.

박상필. 『NGO학-자율 · 참여 · 연대의 동학』 서울: 아르케, 2011.

박재영. 『국제관계와 NGO』 서울: 법문사, 2003.

박재창 외. 『시민참여와 거버넌스』 서울: 오름, 2009.

박홍규. 『박홍규 교수가 쓴 작은 나라에서 잘 사는 길』 서울: 휴먼비전, 2008.

삭스, 제프리 저 · 김현구 옮김, 『빈곤의 종말: 2025년, 지상의 모든 가난을 끝낼 밀레니엄 프로젝트』 서울: 21세기북스, 2006.

센, 아마티아 저 · 김원기 옮김. 『자유로서의 발전』 서울: 갈라파고스, 2013.

손혁상. "프레이밍이론으로 본 국제개발협력의 '원조효과성'과 '개발효과성' 담론 경합에 관한 연구." 『국제정치논총』 제53집 1호, 2013a.

_______. 『민관협력사업 성과관리 프레임워크 개발연구: CSO 국제개발 질적 평가 매뉴얼』 성남: KOICA, 2013b.

_______. "기후변화 대응과 민관협력사업(PPP): 미국 USAID의 GDA를 중심으로." 『국제개발협력』 1호, 2012a.

_______. "연구자가 바라본 개발NGO의 투명성과 책무성." (제4회 국제개발NGO포럼 발표문), 2012b.

_______. "부산개발원조총회(HLF4)와 세계시민사회의 대응전략: Better Aid와 Open Forum을 중심으로." 성남: KOICA, 2011.

손혁상 외. "국제개발협력에서 정부-시민사회 협력관계 연구: OECD DAC 회원국의 NGO지원정책 사례분석을 중심으로." 『국가전략』 제17권 4호, 2011a.

_______. 『한국 개발NGO 역량현황 기초조사 및 역량강화 방안 연구』 성남: KOICA, 2011b.

_______. 『개발효과성 제고를 위한 정부-시민사회 협력 방안 연구』 성남: KOICA, 2011c.

_______. 『NGO지원사업 종합평가 보고서』 성남: KOICA, 2010.

손혁상 · 신재은. "한국 개발NGO 역량분석을 위한 프레임워크 구성과 경험적 분석." 2012.

손혁상 · 장지순. "새마을운동의 국제개발협력사업화 현황분석과 대안적 접근 모색: 권리에 기반한 접근(RBA)과의 접목가능성을 중심으로." 『세계지역연구논총』 제29권 3호, 2008.

손혁상 · 한재광. “개발원조에서의 정부-NGO파트너십 제도변화연구: 네덜란드 ‘공동 재원조성(Co-financing)프로그램’ 사례분석을 중심으로.” 『한국정치학회보』 제48집 1호, 2014.

안숙희. “정부와 개발 NGO 간의 파트너십에 관한 연구.” 『미래사회복지연구』 제1권 1호, 2010.

안승국 “결사체민주주의와 정치공동체: 국가-시민사회관계의 대전환 모색.” 『한국정치학회보』 제31권 3호, 1997.

이미현. “새로운 국제시민사회 플랫폼 CPDE 출범에 대한 동북아시아 시민사회의 목소리.” ODA Watch News Letter 제72호, 2012.

이성훈. “GPEDC 멕시코 고위급회의 참가기: 부산글로벌파트너십 어디로 가고 있는가?” ODA Watch News Letter 제89호, 2014.

이숙종 · 양세진. “시민단체의 책무성과 정부의 역할에 대한 연구: 행정자치부의 비영리민간단체 지원사업을 중심으로.” 『한국행정학회 학술발표논문집』 제12집, 2007.

이스터리, 윌리엄 저 · 박수현 옮김, 『성장, 그 새빨간 거짓말: 경제개발 정책을 위한 개발 경제학자들의 모험과 불운』 서울: 모티브북, 2008.

임현진 · 공석기. 『글로벌 NGOs』 서울: 나남, 2011.

조효제 편역. 『NGO의 시대』 서울: 창작과비평사, 2000.

조홍식 외. 『2010년 정부의 비영리민간단체 백서』 서울: 한국NPO공동회의, 2011.

조희연 외. 『NGO 가이드』 서울: 한겨레신문사, 2001.

한국NPO공동회의. 『2010년 정부의 비영리민간단체 지원 백서』 서울: 한국NPO공동회의, 2011.

한재광. “한국시민사회의 개발재원현황.” 『국제개발협력』 2014년 1호, 2014.

_______. “국제 개발NGO 발전의 흐름과 한국 개발NGO에의 시사점.” (국제개발협력학회 정기학술회의 발표문), 2010.

한재광 · 박수정. 『한국 개발NGO의 국제개발협력 인식에 대한 연구』 서울: 초록우산어린이재단, 2013.

한재광 외. “한국 개발NGO의 교육분야 국제개발협력사업 조사.” 『교육과

학기술 ODA현황과 정책과제(Ⅲ)』 서울: 유네스코한국위원회, 2009.

황성수. "스마트 정부 시대에 맞는 참여적 거버넌스 모색: Social Media를 활용한 정책홍보와 시민참여를 중심으로." 『한국지역정보화학회지』 제15권 4호, 2012.

KCOC. 『2013 한국 국제개발협력 CSO 편람』 서울: KCOC, 2014a.

_______. "국제개발협력NGO 행동규범(Code of Conduct)." 서울: KCOC, 2014b.

_______. "국제개발협력NGO 책무성 자가진단서." 서울: KCOC, 2013.

_______. 『2011 한국 국제개발협력 CSO편람』 서울: KCOC, 2012a.

_______. 『시민사회 개발효과성을 위한 씨엠립 국제 프레임워크 & 툴킷』 서울: KCOC, 2012b.

KOICA. 『2013 KOICA 대외무상원조실적 통계』 성남: KOICA, 2014, p. 6.

_______. 『DAK 가이드라인: 기업과 시민사회 중심으로』 성남: KOICA, 2013a.

_______. "시민사회협력프로그램 2014년도 국별민간단체지원사업 안내서." 성남: KOICA, 2013b.

_______. 『국제개발협력 첫걸음』 성남: KOICA, 2012a.

_______. "KOICA 사업의 이해: 사업관리교육과정 1." 성남: KOICA, 2012b.

_______. 『한국국제협력단 2011년 연보』 성남: KOICA, 2011.

OECD 편 · KOICA 옮김. "개발활동의 평가-OECD 개발원조위원회(DAC)의 12가지 교훈." 성남: KOICA, 2013.

Agg, Catherine. "Trends in Government Support for Non-governmental Organizations: Is the 'Golden Age' of the NGO Behind Us?" *Civil Society and Social Movements Programme* 23. Geneva: UNRISD, 2006.

Alistair, Hallam. "Strengthening Organizational Capacities for Evaluation of Humanitarian Action." London: ALNAP, 2010.

Allan, Kaplan. "Capacity Building: Shifting the Paradigms of Practice." *Development in Practice* 3/4 10(10th Anniversary Issue), 2000.
ALNAP. *Review of humanitarian action in 2005*. London: ODI/ALNAP, 2005.
Andrew, Penman and Jones Gary. "Red Cross Has Shares in Arms Firm Exposed: Charity Investment Scandal." *The Daily Mirror*. London, 1997.
Bamberger, M. et al., *Real World Evaluation: Working under Budget, Time, Data, and Political Constraints*. Thousand Oaks: Sage Publications, 2006.
Baser, Heather and Peter Morgan. *Capacity, Change and Performance*. Maastricht: ECDPM, 2008.
Bebbington A. and R. Riddell. "The Direct Funding of Southern NGOs by Donors: New Agendas and Old Problems." *Journal of International Development* 7-6, 1995.
Bebbington, Anthony J. and Samuel Hickey and Diana C. Mitlin. *Can NGOs Make Difference?: The Challenge of Development Alternatives*. New York: Zed Books, 2008.
Bendell, Jem. "Debating NGO Accountability." *Ngls Development Dossier*, UN, 2006.
Berg, E. *Rethinking Technical Cooperation: Reforms for capacity building in Africa*. New York: UNDP, 1993.
Black, Maggie. A. *Cause for our Times: Oxfam the first 50 years*. Oxford: Oxford University Press, 1992.
Boesen, N. and O. Therkildsen. "Capacity Development Evaluation, Step 4, Between Naivety and Cynicism: a pragmatic approach to donor support for public-sector capacity development." Copenhagen: DANIDA, 2004.
BOND. *A BOND Approach to Quality in Non-Governmental Organizations: Putting Beneficiaries First*. London: BOND, 2006.
Borton, J. et al., "The International Response to Conflict and Genocide: Lessons from the Rwanda Experience." *Humanitarian Aid and Effects Report 3*. Copenhagen: Steering Committee of the Joint Evaluation of Emergency Assistance to Rwanda, 1996.
Brown, Lisanne, Anne LaFond and Kate Macintyre. "Measuring

Capacity Building." *MEASURE Evaluation*. 2001.

CDRA. "Capacity Building: Myth or Reality?" *Annual Report 1994/95*. Cape Town: CDRA, 1994.

_______. "Capacity building: In the name of development?: Exploring issues of consultancy and fieldwork." *Annual Report 1993/94*. Cape Town: CDRA, 1994.

Chambers, Robert. *Whose Reality Counts? Putting the First Last*(second edition). Intermediate Technology Publications, 1995.

Clark, John. *Democratizing Development.* Bloomfield: Kumarian Press, 1991.

Coclough, Christopher and James Manor. *States or Markets? Neo-liberalism and the development policy debate*. Oxford: Clarendon Press, 1991.

Cohen, John M. "Building Sustainable Public Managerial, Professional and Technical Capacity: A framework for Analysis and Intervention." *HIID Development Discussion Paper* 473. Harvard Institute for International Development, 1993.

Copestake, James. "NGO-State Collaboration and the new policy agenda: the case of subsidized credit." *Public Administration and Development* 16, 1996.

Cracknell, B. E. *Evaluating Development Aid: Issues, Problems and Solutions.* New Delhi: Sage Publications, 2000.

Davies, Rick. "Criteria for assessing the evaluability of a Theory of Change." 2012; http://mandenews.blogspot.kr/2012/04/criteria-for-assessing-evaluablity-of.html

Davies, R. J. "Donor Information Demands and NGO Institutional Development." *Journal of International Development* 9-4, 1997.

De Vita, Carol J. and Cory Fleming(eds.). *Building Capacity in Nonprofit Organizations*. Washington: Urban Institute Press, 2001.

Eade, Deborah. "Capacity-building: An Approach to People-centred Development." *Development in Practice*, 17(4-5), 2007.

Eckman, Karlyn. "Avoiding UN sustainability in Natural Resources Projects in Developing Countries: The Precautionary Monitoring Approach." Ph.D. dissertation. St. Paul: University of Minnesota College of Natural Resources, 1994.

Eckman, Karlyn. "How to NGOs Monitor Projects for Impacts; Results of Recent Research." Impact Assessment, 1996.

Edwards, Michael and David Hulme(eds.). "Too Close for Comfort? The Impact of Official Aid on Nongovernmental Organizations." *World Development* 24-6, 1996.

_______. *Non-Governmental Organization-Performance and Accountability: Beyond the magic bullet*. United Kingdom: Earthscan Publications Ltd., 1995.

Edwards, Michael. *Civil Society*. Cambridge: Polity Press, 2009.

Eisinger, P. "Organizational Capacity and Organizational Effectiveness Among Street-Level Food Assistance Programs." *Nonprofit and Voluntary Sector Quarterly* 31-1, 2002.

Ellis, Jean. "Monitoring and Evaluation in the Third Sector: Meeting Accountability and Learning Needs Paper." presented at the 15th NCVO/VSSN Researching the Voluntary Sector Conference, 2009.

_______. "Accountability and Learning: Developing Monitoring and Evaluation in the Third Sector," Research Briefing. London: Charities Evaluation Services, 2008.

Erswell, Christopher, C. *UK Aid Policy and Practice 1974-90: An analysis of the poverty-focus, gender-consciousness and environmental sensitivity of British official aid*. USA: Dissertation.com, 2001.

Essig, Michael and Alexander Batran. "Public-private Partnership: Development of long-term relationships in public procurement in Germany." *Journal of Purchasing and Supply Management* 11, 2005.

Ferguson, J. "The Anti-politics Machine: Development." *Depoliticization and Bureaucratic Power in Lesotho*. Cambridge, UK: Cambridge University Press, 1990.

Fowler, Allan. "NGO Futures: Beyond Aid: NGDO Values and the Fourth Position." *Third World Quarterly* 21-4, August 2000.

_______. *Striking A Balance: A Guide To Enhancing The Effectiveness Of Non-Governmental Organizations In International Development.* London: Earthscan Publications Ltd., 1997.

_______. "Distant Obligations: Speculations on NGO funding and the

global market." *Review of African Political Economy* 55, 1992.
Fowler, Allan and Jan Ubels, "The Multi-faceted Nature of Capacity: Two Leading Frameworks," *Capacity development in practice*. London: Earthscan Publications, 2010.
Giffen, Janice. "The Challenges of Monitoring and Evaluating Programmes." Oxford: INTRAC, 2009.
Gordenker, Leon and Thomas G. Weiss. "Pluralising global governance: analytical approaches and dimensions." *Third World quarterly* 16-3, 1995.
Gordon, J. and Chadwick. K. "Impact Assessment of Capacity Building and Training: Assessment Framework and Two Case Studies." *ACIAR Impact Assessment Series Report. Canberra: Australian Centre for International Agricultural Research*. No. 44, 2007.
Goyder, H. R. Davies and W. Williamson. *Participatory Impact Assessment: A Report On A DFID Funded ActionAid Research Project on Methods And Indicators For Measuring The Impact Of Poverty Reduction*. London: ActionAid, 1997.
Gregersen, H. M. and A. L. Lundgren. "Linking Monitoring and Assessment to Sustainable Development." Working Paper 2, *Forestry for Sustainable Development Program*. St. Paul, MN: University of Minnesota, College of Natural Resources, 1989.
Guijt, I. "Participatory monitoring and impact assessment of sustainable agriculture initiatives." *SARL Discussion Paper* 1, July 1998.
Gunnarsson, Christer. "Capacity Building Institutional Crisis and the Issue of Recurrent Costs." *Almkvist & Wiksell International*. Sweden, 2001.
Han, Jae Kwang. "A Study on Protestant Faith-Based Development NGOs(PFBDOs) in Korea: With Special Reference to Attribute and Typology." Dissertation to KyungHee University, 2013.
Hilderbrand, M. and M. Grindle. "Building Sustainable Capacity: Challenges for the Public Sector." *UNDP Report on Project* INT/92/676. New York: UNDP, 1994.
Horton, Douglas et al., *Evaluating Capacity Development Experiences from Research and Development Organizations around the World*. Ottawa: IDRC, 2003.

Hughes, Karl. "Can We Obtain the Required Rigour without Randomisation? Oxfam GB's non-experimental Global Performance Framework." *International Initiative for Impact Evaluation*, Working Paper 13, 2011.

IIRR. "Participatory Monitoring and Evaluation: Experiences and Lessons. Workshop Proceedings." International Institute of Rural Reconstruction. Cavite, 1997.

James, C. "Theory of Change Review," *A report commissioned by Comic Relief*. Comic Relief, 2011.

James, Rick and John Hailey. *Capacity Building for NGOs: Making it work*. Oxford: INTRAC, 2007.

Jennings, Mary. "New Challenges for Northern NGOs." *Trocaire Development Review*. 1995.

Jiggins, J. "Development Impact Assessment: Assessment of Aid Projects in Nonwestern Countries." F. Vanclay and D. A. Bronstein(eds.), *Environmental and Social Impact Assessment*. Chichester: John Wiley and Sons, 1995.

Kadzamira, E. C. and D. Kunje. "The changing roles of non-governmental organizations in Malawi." *Centre for Educational Research and Training*. Malawi: University of Malawi, 2002.

Kaplan, Allan. "Towards a Larger Integrity: Shining a different light on the elusive notion of capacity development." *The Proteus Initiative*. 2010.

_______. "Capacity Building: Shifting the Paradigms of Practice." *Development in Practice* 10(3/4)(10th Anniversary Issue), 2000.

_______. *Development Practitioners: Artists of the Invisible*. Cape Town: CDRA, 1999.

Korten, David. C. *Getting to the 21st Century*. Bloomfield: Kumarian Press, 1990.

_______. "Third Generation NGO Strategies: A Key to People-centered Development." *World Development* 15, 1987.

Lavergne, R. and A. Alba. "Program-based approaches: A new way of doing business." *Development Express*. Ottawa: Canadian International Development Agency, 2003.

Lay, M. and I. Papadopoulos. "An Exploration of Fourth Generation

Evaluation in Practice." *Evaluation* 13-4, 2007.

Laybourn, Christina. "Evaluations of NGO International Development and Humanitarian work." Bond, 2011.

Lewis, David and Babar Sobhan. "Routes of funding, Roots of Trust? Northern NGOs, Southern NGOs, Donors and the Rise of Direct Funding." *Development in Practice* 9(1/2), 1999.

Lewis, David. *The Management of the Non-Governmental Development Organization*. London: Routledge, 2007.

Lewis, David and Nazneen Kanji. *Non-Governmental Organizations and Development*. London: Routledge, 2009.

Liebenthal, A. O. N. Feinstein and. G. K. Ingram. "World Bank Series on Evaluation and Development," *Evaluation and Development: The Partnership Dimension* 6. New Brunswick. New Jersey: Transaction Publishers, 2004.

Light, P. C. *Sustaining Nonprofit Performance.* Washington, D.C.: Brookings Institution, 2004.

Lindenberg, Marc and Coralie Bryant. *Going Global: Transforming Relief and Development NGOs*. Bloomfield: Kumarian Press, 2001.

Lipson Brenda and Martina Hunt. *Capacity Building Framework.* Oxford: INTRAC, 2008.

Lipson, B. and H. Warren. "International Non-Government Organizations' Approaches to Civil Society Capacity Building: Overview Survey." *INTRAC Paper for Capacity Building Conference.* Oxford: INTRAC, 2006.

Lipson, Brenda and Martina Hunt. *Capacity Building Framework: A values-based programming guide.* Oxford: INTRAC, 2008.

Lusthaus, Charles Marie-Hélène Adrien and Mark Perstinger. "Capacity Development: Definitions, Issues and Implications for Planning, Monitoring and Evaluation." *Universalia Occasional Paper* 35, 1999.

Makuriwa, Jonathan J. *Non-Governmental Development Organizations and the Poverty Reduction Agenda: The moral crusaders.* New York: Routledge, 2014.

Mayntz, Renate. "New Challenges to Governance Theory." *Jean Monet Chair Papers* 50, European University Institute, 1998.

Mckinsey and Company. *Effective Capacity Building in Nonprofit Organizations.* Reston: Venture Philanthropy Partners, 2001.

McPhee, P. and J. Bare. Introduction. In C. J. D. Vita & C. Fleming (eds.). *Building Capacity in Nonprofit Organizations*. Washington, D.C.: The Urban Institute, 2001.

Mebrahtu, E. "Perceptions and Practices of Monitoring and Evaluation: International Aid Experiences in Ethiopia." Development in Practice 12(3/4), 2002.

Morgan, Peter. *The Concept of Capacity*. Maastricht: ECDPM, 2006.

_______. "Capacity and Capacity Development: Some Strategies." Ottawa: CIDA, 1998.

_______. "The Design and Use of Capacity Development Indicators." CIDA, 1997.

_______. "Capacity Development—Introduction: Emerging Issues in Capacity Development." *Institute on Governance*. 1994.

_______. "Capacity Building: An Overview." Workshop on Capacity Development at the Institute on Governance. Ottawa, 1993.

Mulwa, F. *Participatory Monitoring and Evaluation of Community Projects.* Nairobi: Paulines Publications Africa, 2008.

Newman, J. et al. "Using Randomized Control Design in Evaluating Social Sector Programs in Developing Countries." *The World Bank Research Observer* 9-2, 1994.

NGO-IDEAs. "NGO-IDEAs Impact Toolbox: Participatory Monitoring of Outcome and Impact." VENRO, 2011.

_______. "Monitoring Self-Effectiveness." VENRO, 2011.

Nigel, Simister, "Monitoring and Evaluating Capacity Building: Is it really that difficult?" *INTRAC Praxis Paper* 23, 2010.

North, W. H. *Capacity Building and Technical Cooperation: Managing the Connection.* New York: UNDP, 1992.

OECD. "Partnering with Civil Society: 12 Lessons from DAC Peer Review." Paris: OECD, 2012.

_______. "How DAC Members Work with Civil Society Organizations: An Overview." Paris: OECD, 2011.

_______."The Paris Declaration on Aid Effectiveness and the Accra Agenda for Action." Paris: OECD, 2008.

OECD DAC. "The Challenge of Capacity Development: Working towards Good Practice." OECD DAC Network on Governance. Paris: OECD, 2006.

One World Trust. "NGO Accountability Discussion Series: How to Evaluate Project Effectiveness." London, 2004.

Oxfam. "Quick Guide to Rights-Based Approaches to Development" Oxford: Oxfam, 2014.

Oxfam Novib. *Policy Paper: Achieving Conflict Transformation.* Hague: Oxfam Novib, 2012.

Picciotto, R. "International Trends and Development Evaluation: The Need for Ideas." *American Journal of Evaluation* 24, 1998.

Qualman, Ann and Peter Morgan. *Applying Result-Based Management to Capacity Development.* Ottawa: CIDA. 1996.

Riddel, Rodger C. and Mark Robinson. *Non-governmental Organizations and Rural Poverty Alleviation.* Oxford: Clarendon Press, 1995.

Riddell, Rodger C. "The Quality of DFIDs Evaluation Reports and Assurance Systems." IACDI, 2009.

Roeger, Katie L. and Amy S. Blackwood and Sarah L. Pettijohn. *The Nonprofit Almanac 2012*. Washington, D.C.: Urban Institute Press, 2012.

Ronfeldt, D. and C. Thorup. *North America in the Era of Citizen Networks: State, Society and Security*. Santa Monica: Rand Corporation, 1993.

Rooy, Alison Van. *The Global Legitimacy Game: Civil Society, Globalization and Protest.* Palgrave Macmillan, London, 2004.

Rossi, P. H. et al. *Evaluation: A Systematic Approach*(Seventh Edition). Thousand Oaks: Sage Publications, 2004.

Sant'Ana, Matthias. "The Evolution of the Concept of Development: from Economic Growth to Human Development." *Democratic Governance and Theory of Collective Action*. 2008.

Schifo, Ross. "OD in Ten Words or Less: Adding Lightness to the Definitions of Organization." *Organization Development Journal*. Fall 2004.

Sen, K. and B. Pratt. "Capacity Building in the Context of New Aid Effectiveness Programmes." *Capacity Building Conference Paper*.

Oxford: INTRAC, 2006.
Sen, Amartya. *Development as Freedom*. Oxford: Oxford University Press, 1999.
Severino, Jean-Michel and Oliver Ray. "Death and Rebirth of a Global Public Policy." *Center for Global Development* 167, 2009.
Shiras, P. "The New Realities of Non-profit Accountability." *Alliance* 8-4, 2003.
Simister, NIgel. "Monitoring and Evaluating Capacity Building: Is it really that difficult?" *INTRAC Praxis Paper* 23, 2010.
Smillie, Ian and Henny Helmich. *Stakeholders: Government-NGO Partnership for International Development*. London: Earthscan Publications Ltd., 1999.
Swindle, Jeffrey. "The Tough Realities Small NGOs Face When Evaluating Their Efforts: Observations from Guatemala and Mexico." *Consilience: The Journal of Sustainable Development* 6-1, 2011.
Team Technologies Inc., *Teams and Project Design*. Team UP Workbook, 1994.
Tomlinson, Brian. "Determinants of Civil Society Aid Effectiveness: a CCIC Discussion Paper." Ottawa: CCIC, 2006.
Ulleberg, Inger. *The Role and Impact of NGOs in Capacity Development*. Paris: UNESCO, 2009.
UNCED. *Agenda21 Earth Summit*. New York: UN, 1992.
UNDP. "Capacity Development: A UNDP Primer." 2009.
______. *Capacity Development Practice Note*. New York: UNDP, 2008.
______. 'Global conference calls on countries to invest in strong institutions'(2007. 3. 17. 뉴스 브리핑).
______. *Capacity Development: A UNDP Capacity Development Resource.* New York: UNDP, 2006.
______. *Capacity Assessment and Development.* New York: UNDP. 1998.
UNFPA. "UNFPA' Support to National Capacity Development: Achievements and Challenges." *Evaluation Report.* No. 20. New York: UNFPA, 2003.
UNICEF. *Sustainability of Achievement: Lessons Learned from Universal Child Immunizatio*. New York: UNICEF, 1996.

UN ECOSC. "List of non-governmental organizations in consultative status with the Economic and Social Council as of 1 September 2013." E/2013/INF/6, 4(October 2013).

_______. "List of non-governmental organizations in consultative status with the Economic and Social Council as of 1 September 2011." E/2011/INF/4, 15(November 2011).

Valadez J. and M. Bamberger. *Monitoring and evaluating social programs in developing countries: A handbook for policy makers, managers and researchers.* Washington, D. C.: The World Bank Economic Development Institute, 1994.

Veerman J. W. and T. A. van Yperen. "Degrees of freedom and degrees of certainty: A developmental model for the establishment of evidence-based youth care." *Evaluation and Program Planning* 30-2, 2007.

Vogel, I. *Review of the use of 'theory of change' in international development.* London: DFID, 2012.

Wallace, T. S. Crowther and A. Shepherd. *Standardising Development - Influences On UK Ngos' Policies And Procedures*. Oxford: World View Publishing, 1997.

Weiss, C. H. *Evaluation*(Second Edition). Upper Saddle River: Prentice Hall, 1998.

Wenar, Lief. "Accountability in International Development Aid." *Ethics & International Affairs* 20-1, 2006.

Werker, Eric D. and Faisal Z. Ahmed. "What Do Non-Governmental Organizations Do?" *Journal of Economic Perspectives*. May 2007.

White, H. "A Contribution to Current Debates in Impact Evaluation." *Evaluation* 16-2, 2010.

World Bank. "Capacity Building in Africa: an OECD evaluation of World Bank Support." World Bank, 2005.

_______. "The Bank Relations with NGOs: Issues and Directions." *The NGO Unit Social Development* 28. August 1998.

http://angelshaven.or.kr/sub/01_01_01.asp

http://angelshaven.or.kr/sub/01_12_02.asp

http://dak.koica.go.kr/kr/index.do

http://kdab.or.kr/

http://sbook.allabout.co.kr/autoalbum/view.html
http://stats.oecd.org/qwids/#?x=4&y=6&f=2:1,3:51,5:3,7:1,1:2&q=2:1+3:51+5:3+7:1+1:2+4:1,31,32,137,5+6:2007,2008,2009,2010,2011,2012
http://wngo.kr/sub_read.html?uid=45595
http://www.acfid.asn.au
http://www.ausaid.gov.au
http://www.ausaid.gov.au/ngos/ancp.cfm
http://www.ausaid.gov.au/ngos/pdfs/draft-accreditation-man-jun 2011.pdf
http://www.BOND.org.uk
http://www.ccc-cambodia.org
http://www.ccc-cambodia.org
http://www.charitynavigator.org
http://www.charitynavigator.org
http://www.civicus.org/
http://www.copion.or.kr/
http://www.dfid.gov.uk
http://www.goodneighbors.kr/intro/good/good_his_1995_1991.asp
http://www.hapinternational.org
http://www.ingoaccountabilitycharter.org/
http://www.intrac.org
http://www.jica.go.jp
http://www.kahp.or.kr/cms/doc.php?tkind=6&lkind=30&mkind=59
http://www.koica.go.kr
http://www.kvo.or.kr/pages/sub01_05_03.php
http://www.lci.or.kr/default_a.asp?code=a05
http://www.mande.co.uk
http://www.ngokcoc.or.kr/
http://www.oecd.org
http://www.oneworldtrust.org/
http://www.plankorea.or.kr/plan/committee
http://www.ppfk.or.kr/
http://www.qualityfoundation.org/openecbcheck/index.php
http://www.sareflect.org/index.php?option=com_content&view=category&id=38&layout=blog&Itemid=55

http://www.sc.or.kr/
http://www.simin.org/greenasia/history
http://www.uia.be/history
http://www.unicef.or.kr/intro/history_korea.asp
http://www.urban.org
http://www.usaid.gov
http://www.usaid.gov/who-we-are/organization/independent-offices/office-innovation-and-development-alliances
http://www.worldvision.or.kr/
http://www.worldvision.or.kr/
http://www.worldvision.or.kr/business/worldvision/kor_worldvision/ko_history_1950.asp
http://www.ymcakorea.org/YMCA_story
https://www.gcs.or.kr:50010/load.asp?subPage=111_1998

〈부록〉 역량개발 프레임워크와 교육기관

국제개발협력 사업의 효과성과 효율성을 증진하려면 무엇보다도 개발 사업을 수행하는 개발NGO의 역량개발이 필수적이다. 역량개발을 위한 다양한 시도와 시행 중인 프로그램을 소개한다.

1. 역량개발 프레임워크

대부분의 역량개발 프레임워크는 역량개발을 통해 어떤 영향과 결과를 가져오는지를 보여주며, 동시에 역량개발을 위한 '투입'에 어떤 요소들이 필요한지 가늠해볼 수 있는 지표라고 할 수 있다. 역량개발 프레임워크를 살펴보기에 앞서 〈표 부록-1〉에서 UNDP가 제시한 역량개발을 위한 열 가지 원칙을 살펴보자.

호주 국제농업연구센터(The Australian Centre for International Agricultural Research)는 인도와 베트남 사례 조사를 통해 개인 역량개발이 조직과 사회에 어떤 편익(benefit)을 주게 되는지 연구하여 편익 경로 프레임워크를 발표하였다. 〈그림 부록-1〉을 보면 하위단계에서 상위단계로 갈수록 어떤 편익이 있을지 직접적으로 볼 수 있기 때문에 평가 및 분석이 상대적으로 쉽다. 첫 번째 단계는 훈련이나 교육으로 개인역량을 향상시키는 '투입 단계'이다. 이 단계를 통해 개인은 지식과 기술을 익히고, 이들의 네트워크를 통해 역량은 합산된다. 차례로 훈련받은 개인은 다른 직원들에게 긍정적 영향을 미치게 되고, 이는 결과적으로 조직의 가치를 높이는 '편익'이 된다. 이러한 변화는 좀 더 새로운 기술을 익히는 기초가 되어 환경을 변화시킨다.

2002년 덴마크의 원조기관인 DANIDA(Danish International Development

〈표 부록-1〉 UNDP의 역량개발 열 가지 원칙

1. 서두르지 말 것. 역량개발은 단기간에 이루어지는 것이 아니다.
2. 가치를 존중하고 자신감을 가질 것. 역량개발은 존중이 바탕이 되어야 한다.
3. 지역과 세계를 배우고 배운 것을 지역에 환원할 것. 역량개발은 배움의 다른 이름이며, 배움은 자발적으로 헌신과 흥미가 있어야 가능하다. 지식의 전이는 양상(modality)이 아닌 습득되는 것이다.
4. 사고방식과 권력에 도전할 것. 역량개발은 권력의 중립화를 의미하는 것이 아니다. 열린 대화를 통해 닫힌 문화에서 투명한 문화를 만들어가는 과정이 필수적이며, 이는 권위의 문제를 극복할 수 있는 긍정적인 동학(dynamic)이 된다.
5. 지속적인 결과를 위해 생각하고 행동할 것. 역량은 성장의 핵심이다. 책임 있는 리더는 조직과 조직이 속한 사회의 역량개발에 지속적으로 영감을 불어넣어 주어야 한다.
6. 긍정적인 인센티브 제도를 만들 것. 역량개발에 가장 큰 방해 요소 중 하나가 직원을 고용하는 방식과 관련이 있다. 가장 좋은 인센티브는 거버넌스 시스템을 만드는 것이다.
7. 외부에서 유입되는 자원을 내부의 우선순위, 절차, 시스템에 통합시킬 것. 외부자원을 효과적으로 내부의 필요와 가능성에 부합시키도록 노력해야 하며 내부구조의 우선적인 개혁이 필요하다.
8. 새로운 역량을 만들기보다 기존의 역량에 주목할 것. 조직의 인력, 제도, 자원을 최대한 활용하는 것이 필요하다.
9. 어려운 환경에 몰입할 것. 역량이 약할수록 더 많은 것이 필요하다. 역량이 약하다고 하여 포기를 위한 논쟁 혹은 외부의 어젠다에 따르는 것을 선택해서는 안 된다. 무책임한 거버넌스로 인해 희생되어서는 안 된다.
10. 책임을 가질 것. 이를 위해서는 열린 토론과 논의가 필요하다.

출처: UNDP, "Capacity Development: A UNDP Capacity Development Resource Conference Paper," *Working Draft* 1(UNDP, 2006).

Agency)는 조직의 지속적인 역량개발에 관한 보고서를 발표하였다. 이 보고서에 따르면, 조직의 역량 변화는 제도, 구조, 직원 등 다양한 요소에 의해서 발생하며, 역량개발을 위해서는 강한 내적 요구, 리더십, 참여, 통합 능력, 직원의 수, 혁신, 헌신성, 시간과 자원의 투자 등이 필요하다고 하였다. 동시에 조직의 역량개발을 위해서는 '결과 지향적 접근법(results-oriented approach)'이 필요하며, 여기에서 역량은 적절한 결과를 생산하는 능력을 의미한다. 조직역량이 더 나은 결과를 만들기 위해서는 조직의 내부 요소만을 고려해서는 안 되며, 조직의 '열린 시스템(open systems)'에 대한 인식이

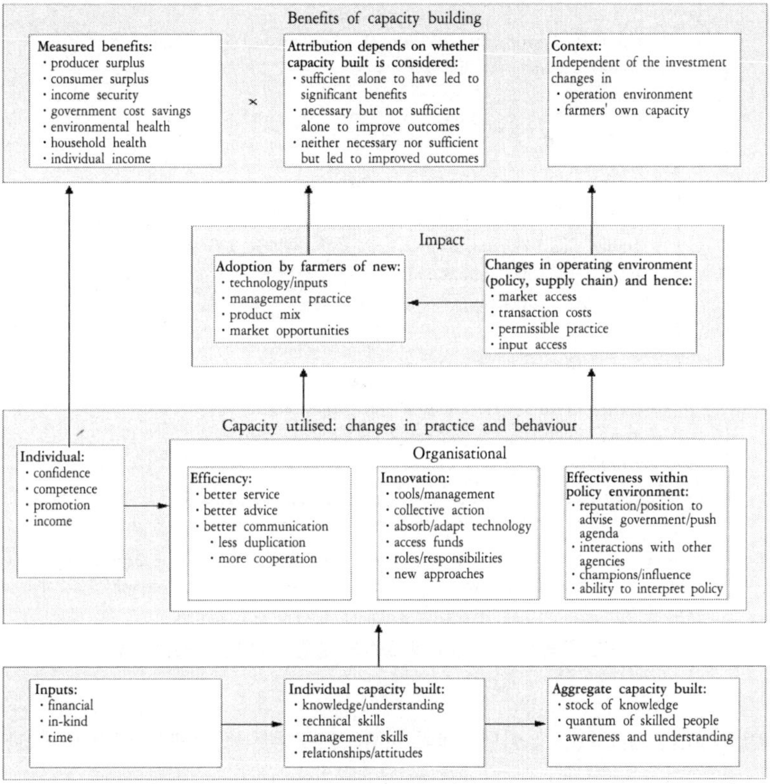

출처: J. Gordon and K. Chadwick, "Impact Assessment of Capacity Building and Training: Assessment Framework and Two Case Studies," *ACIAR Impact Assessment Series Report* 44(Canberra: Australian Centre for International Agricultural Research(2007), p. 44.

〈그림 부록-1〉 호주 국제농업연구센터 분석 프레임워크: 편익 경로 및 프로젝트 귀인

필요하다. 즉, 조직을 중심에 놓고 '투입-조직역량-생산-결과-공유'에 대한 총체적인 이해가 필요하며, 이를 위해 역량을 구성하는 개별 요소에 주목하기보다는 '조직-환경적 맥락'의 관계를 잘 이해할 필요가 있다. 〈그림 부록-2〉는 DANIDA가 제시한 조직의 열린 시스템 프레임워크이다.

UNDP는 앞서 언급했던 역량개발을 위한 열 가지 원칙을 바탕으로 역량개발 과정을 설명하는 역량개발 프레임워크를 발표하였다. 특히 역량개발은

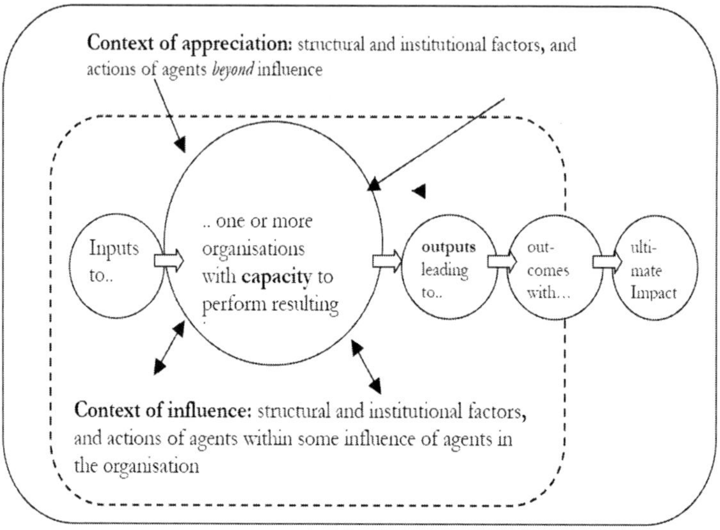

출처: N. Boesen and O. Therkildsen, "Capacity Development Evaluation, Step 4, Between Naivety and Cynicism: a pragmatic approach to donor support for public-sector capacity development" (Copenhagen: DANIDA, 2004), p. 11.

〈그림 부록-2〉 DANIDA의 조직의 열린 시스템 프레임워크

일회적(one-off)인 것이 아닌 '계획-적용-배움-적응'의 단계를 지속 반복하는 과정으로서 각 단계별로 긴밀하게 연관되어 있음을 강조하였다.

1단계는 역량개발 참여자, 즉 이해관계자를 선별하는 단계로, 역량개발을 위해서 무엇을, 어떻게, 누구와 함께 할지를 논의한다. 2단계는 역량개발 열 가지 원칙을 바탕으로 자산과 수요를 조사하는 단계로, 목표를 설정한다. 3단계에서는 전략을 세우고 이를 추진하기 위해 필요한 것이 무엇인지 분석한다. 이를 위해서는 역량개발 전략에 대한 명확한 이해가 필요하다. 4단계에서는 전략을 바탕으로 실행 프로그램을 시행한다. 5단계에서는 모니터와 평가를 거친다.(〈그림 부록-3〉 참고)

2003년 유엔인구기금(United Nations Population Fund, 이하 UNFPA)은 UNFPA가 지원한 사업이 역량개발에 어떤 영향을 주었는지 검토하였다.

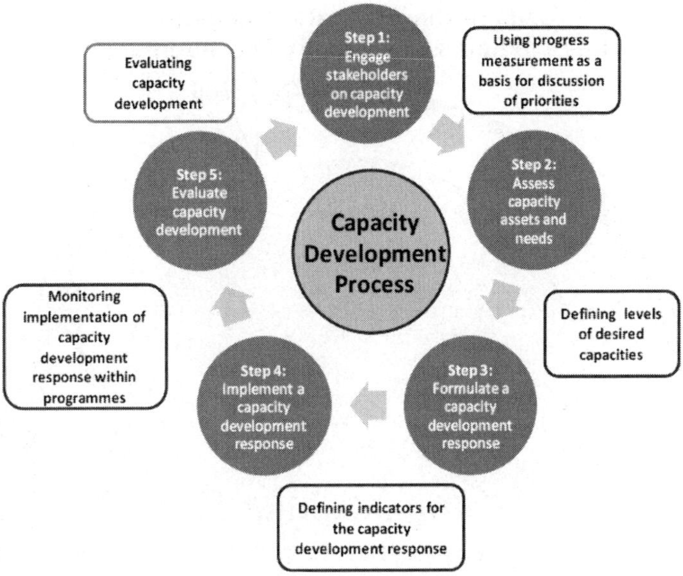

출처: UNDP(2008).

〈그림 부록-3〉 UNDP의 역량개발 프레임워크 및 지표

동시에 사업에 함께 참여했던 정부와 NGO의 역량 평가를 통하여 역량개발 요소 및 프레임워크를 제시하였다.(〈그림 부록-4〉 참고)

〈그림 부록-4〉의 프레임워크를 보면 '투입'이 각 단계별로 긍정적인 영향을 미침을 확인할 수 있으며, 각 단계별로 무엇이 필요한지 알 수 있다. 또한 역량개발은 순환적이며, 변화를 위한 배움과 적용이 장기간의 과정을 통해 이루어짐을 알 수 있다. 역량개발은 '과정 참여'를 통해 이루어진다. 즉, 역량개발은 '수요자 중심'으로 그들에게 무엇이 필요한지를 알아야 하며, 자원의 쓰임은 역량개발의 변화를 지지해야 한다. 끝으로 역량개발은 전체 시스템을 통해서 이루어진다. 역량은 개인, 조직, 사회가 분리되지 않고 전체 속에서 하나의 구성원으로 참여할 때 개발될 수 있다. 역량을 제약하는 것은 하나의 원인이 아닌(예: 무능력한 직원) 시스템 전체의 양식이나 내부 구

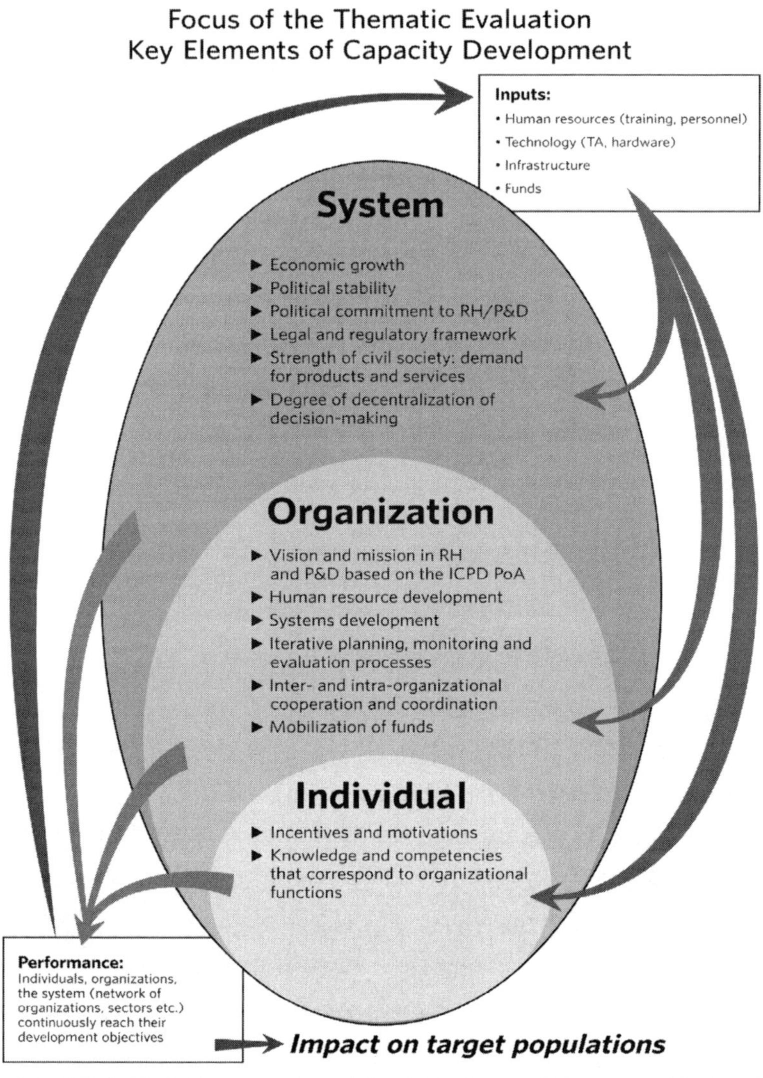

출처: UNFPA, "UNFPA' Support to National Capacity Development: Achievements and Challenges," *Evaluation Report* 20-5(New York: UNFPA, 2003).

〈그림 부록-4〉 UNFPA의 역량개발 요소 프레임워크

조이기 때문이다.[1)]

세계은행은 1995년부터 2004년까지 지원한 아프리카 6개국의 역량을 평가하여 역량을 제약하는 요소 및 역량개발을 위한 지원 범위를 분석하였다. 이를 통해 공공영역의 역량개발을 위한 기초와 결과체인(result chain) 프레임워크를 발표하였다.

〈그림 부록-5〉는 역량개발 투입(교육, 훈련, 장비, 재정 지원 등)과 결과(새로운 제도나 조직 구조, 개인의 기술 향상 등)가 서로 연결되어 있으며, 장기적으로 어떤 개발 결과가 나오는지를 설명하고 있다. 하지만 이러한 투입이 역량개발에 직접 영향을 주고 있음을 밝히기 어렵기 때문에 최종결과보다는 중간결과(intermediate)라는 용어를 사용하고 있다.

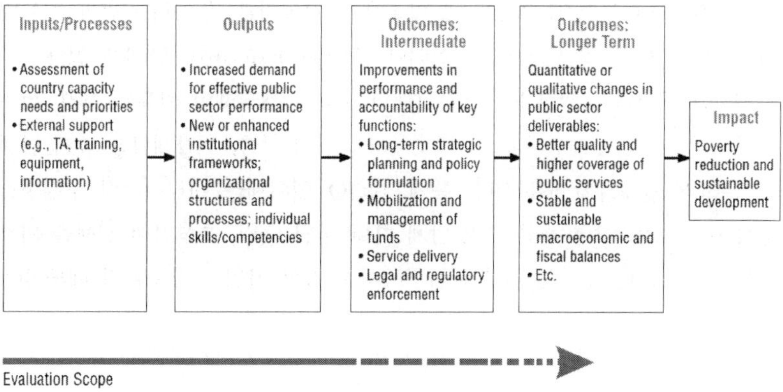

출처: World Bank, "Capacity Building in Africa: an OECD evaluation of World Bank Support"(2005), p. 10.

〈그림 부록-5〉 세계은행의 역량개발 결과체인 프레임워크

---

1) Peter Morgan, "The Design and Use of Capacity Development Indicators" (Ottawa: CIDA, 1997).

2. OECD DAC 국가의 개발NGO 역량개발 수행주체[2)]

OECD DAC의 보고서에 따르면 23개 회원 국가 중 모든 국가가 역량개발 프로그램을 진행 중이며, 이 중 정규 프로그램을 수행하는 국가는 15개국, 일시적・한시적 프로그램을 수행하는 국가는 8개국이다.[3)]

1) 역량개발 수행주체

역량개발 수행주체란 역량개발 프로그램을 직접 수행하고 평가까지 진행하는 조직으로서 크게 국가기관, NGO, 컨소시엄, 교육기관 및 연구기관, 컨설팅기관 이렇게 다섯 가지로 나뉘며, 이 중 NGO는 협의체와 개발NGO로 다시 구분된다. NGO와 개발협력 담당 정부기관이 가장 주요한 역량개발 수행주체라고 할 수 있고, 그 다음으로 교육기관 및 연구기관과 컨설팅회사, 아주 드문 경우로 컨소시엄이나 플랫폼(platform)[4)] 단체가 있다.

NGO 협의체가 역량개발 프로그램의 주요 수행주체인 이유는 첫째, 협의체의 설립 목적이 회원단체 간 정보 공유, 협력 구축, 역량개발을 통해 단체의 목적과 일치하기 때문이다. 둘째, NGO 협의체는 네트워크의 구심점으로서 NGO 및 기타 개발 관련 단체 간의 의견 수렴, 프로그램 진행을 위한 강사 섭외, 홍보 등 역량개발과 관련하여 다양한 자원을 갖추었기 때문이다.

---

2) 손혁상(2011b), pp. 90-112.

3) OECD(2011), p. 29.

4) 플랫폼(platform) 단체는 일종의 네트워크 단체로, 네트워크 안에 있는 기관들의 협력을 증진시키는 코디네이터 역할을 한다. 예를 들어 핀란드의 Kehys는 핀란드 개발NGO와 EU 간의 협력 증진을 위해 설립된 플랫폼 단체이다.

2) OECD DAC 회원국의 역량개발 국가기관 현황

〈표 부록-2〉 OECD DAC 회원국의 역량개발 국가기관 현황

국가/ 기관명	기관 소개
일본 JICA	2002년 설립된 일본 원조공여기관으로, 개발 지역의 경제, 사회개발, 부흥, 경제안정에의 기여를 통해 국제협력 촉진 및 자국과 경제 사회의 건전한 발전에 이바지함을 목적으로 함. 개도국에의 기술협력, 유상자금 협력, 긴급구호뿐 아니라 국민의 협력활동 촉진 및 개발협력 분야 조사 및 연구를 수행
스웨덴 SPF	스웨덴의 원조기관인 Sida가 설립하여 운영하는 국제개발협력 학습 및 정보 공유 역할을 담당하는 기관임. 국제개발협력 경험을 공유하고, 아이디어를 개발하며, 협력을 통해 상승효과를 창출함. 조직 개발, 프로젝트 사업 수행, 애드보커시 및 현지 교육 프로그램 진행
캐나다 CIDA	캐나다 개발 원조를 위한 공여기관으로 CIDA의 NGO 지원 프로그램인 Voluntary Sector Fund/Program의 일환으로 NGO 파트너를 위한 프로젝트 계획 및 수행역량 강화를 위한 워크숍 개최 · 조직 개발, 프로젝트 사업 수행
독일 GIZ	독일 원조공여기관으로, DED(German Development Service), GTZ, InWend (Capacity Building International, Germany) 등 3개 기관의 통합체임. 인터넷 교육프로그램 운영이 특징
독일 BENGO	독일 BMZ를 대표하며, NGO의 개발협력 기금에 대한 접근성을 높이기 위한 기관임. NGO가 연방 및 지방정부의 재정 지원을 받도록 관련 절차를 안내하고, 개발협력사업 이행 및 결산 과정에서도 적절한 자문과 지원을 제공. 프로젝트 사업 수행 및 정부/국제기구 사업 신청 관리
스위스 SDC	스위스의 개발원조 공여기관으로 역량개발 프로그램을 제공하고 있음. 이 프로그램에는 개인부터 NGO, SDC 관련자 모두가 참여할 수 있음. 조직 개발 및 프로젝트 사업 수행
미국 USAID	미국의 원조공여기관으로 미국 개발NGO뿐만 아니라 해외 개발NGO도 USAID 지원금을 받기 위해서는 등록 절차를 거쳐야 함. 등록된 NGO에 대한 정보를 국가별 · 사업별로 나누어 인터넷을 통해 제공
영국 DFID	영국 정부가 이전까지 집중해오던 경제 개발원조 정책에서 전 세계 빈곤해결을 우선 목표로 전환하여 1997년 설립한 원조기관
호주 AUSAID	호주 원조 공여기관으로 호주 개발NGO를 대상으로 인증제도를 운영하고 있으며, NGO는 AUSAID 인증을 받아야만 해외사업 지원금을 받을 수 있음

출처: 손혁상(2011b), pp. 93-94.

3) OECD DAC 회원국의 역량개발 관련 NGO 및 NGO협의체 현황

〈표 부록-3〉 OECD DAC 회원국의 역량개발 관련 NGO 및 NGO협의체 현황

국가/단체명	단체 소개
영국 BOND	1993년 61개의 영국 개발NGO들이 주도하여 설립한 개발NGO 협의체로, 2011년 현재 358개의 회원단체가 있으며, 연대, 정보 교류 및 역량개발을 위한 다양한 활동을 전개하고 있음
핀란드 KEPA	핀란드 개발NGO 협의체로 약 300개의 회원단체가 있음. 1985년 개발도상국에 전문 자원봉사자를 파견하는 핀란드 자원봉사 프로그램 수행을 위하여 설립되었는데, 현재는 빈곤을 야기하는 사회·경제적 구조 변화를 통한 핀란드 및 개발도상국의 시민사회개발을 주요 목적으로 함. 주요 활동내용은 역량개발 교육, 컨설팅, 개발 정책임
룩셈부르크 Cercle de Cooperation des ONG	1979년 룩셈부르크 NGO와 EU 위원회 및 외교부와의 관계를 논의하기 위하여 설립되었음. 주요 활동은 1) 공공기관에 NGO를 대표하고, 2) NGO 간의 시너지 창출, 경험 공유, 교육 제공 등을 통한 협력 증진, 3) 대중과 정책입안자들에게 개발협력 교육 시행
프랑스 Cooerdination SUD	30개의 프랑스 개발NGO들과 6개의 개발NGO 네트워크 연합으로 구성된 협의체
프랑스 F3E	프랑스 정부와 NGO들 사이에서 자문 및 상담을 위한 포럼을 제공하고 대화를 촉진시키기 위한 목적으로 1994년에 설립된 단체
캐나다 BCCIC	캐나다 British Columbia주의 국제개발을 위한 자원 조직들과 지역 Branch들의 연합조직으로, 평화롭고 건강한 환경, 사회 정의 및 인간 존중을 위한 지속가능한 개발 성취를 목적으로 하며, 회원 기관들에게 네트워킹 기회를 제공하고 개발 이슈와 서비스에 대한 정보를 교환하는 데 도움을 줌
스웨덴 ForumSyd	1995년 설립되었으며 15개의 Framework Organization 중 하나로, 스웨덴 NGO들에 대한 역량개발 프로그램 지원, 프로젝트 자금 지원 등의 활동을 하고 있음
호주 ACFID	호주 개발NGO 협의체로 70여 개의 회원단체로 구성. 회원단체를 대상으로 교육, 포럼, 컨설팅 등의 서비스를 제공
덴마크 PATC	250개 이상의 중소형 덴마크 NGO들이 소속된 협의체로, 회원단체들에게 컨설팅과 훈련 프로그램 제공
일본 JANIC	일본의 개발NGO 협의체로, 1987년 기아, 빈곤, 인권 침해에서 해방된 지구시민사회 실현을 목표로 설립되었음. 일본 ODA에 대한 정책 제언, NGO 간의 연계, NGO의 역량개발과 사회적 책임 향상을 위한 활동을 주로 진행
일본 HPC	평화구축 관련 프로젝트, 연구조사, 정책 제언 등을 수행하는 일본 NGO인 Peace Builder와 히로시마대학이 공동으로 운영하는 일본의 평화구축 전문기관
미국 Inside NGO	국제 개발NGO의 조직 역량개발과 직원들의 전문 기술 향상을 지원하는 역량개발 전문 NGO로, 개발NGO뿐만 아니라 개발협력과 관련하여 대학교, 산업체 등 200개의 회원단체로 구성됨
미국 PACT	조직 개발, 리더십 강화, 네트워크 구축 등을 통한 개발NGO와 현지 커뮤니티의 역량개발을 주요 활동으로 하는 NGO
이탈리아 COSPE	사회 정의와 빈곤 문제를 해결하기 위해 1983년에 세워졌으며, 아프리카와 남아메리카 등 30여 개 국가에서 100여 개의 프로젝트를 수행하고 있음
아일랜드 DTALK	IrishAid에서 지정한 아일랜드 개발사업 분야의 역량개발을 위해 설립된 기관으로 Kimmage Development Studies Centre(아일랜드), MDF(네덜란드), INTRAC(영국) 등 세 개의 협회로 구성됨

출처: 손혁상(2011b), pp. 94-96.

4) OECD DAC 회원국의 역량개발 컨소시엄 및 교육 관련 연구기관 현황

〈표 부록-4〉 OECD DAC 회원국의 역량개발 컨소시엄 및 교육 관련 연구기관 현황

국가/ 기관명	기관 소개
아일랜드 KODE	국제개발협력 사업 종사자들에게 개발협력 전문지식과 기술을 제공하기 위해 IrishAid의 지원으로 2009년 설립됨. 아일랜드 역량개발 전문기관인 Kimmage Development Studies Centre의 역량개발 프로그램을 인터넷으로 교육함
캐나다 IPDET	Carleton University와 세계은행의 IEG가 함께 제공하는 훈련프로그램으로 현지, 국내, 글로벌 수준의 개발정책 프로그램 및 프로젝트를 평가하는 데 요구되는 툴을 제공함. 지난 10년 동안 캐나다 CIDA를 포함하여 덴마크의 DANIDA, 영국의 DFID, 스웨덴 Sida와 국제연합기구인 UNFPA 및 기타 연구기관 등으로부터 지원을 받아 운영해 오고 있음
일본 FASID	1990년 경제단체연합회의 협력 아래 외무성 및 문부과학성이 공동 관리하는 재단법인으로 설립되었으며, 개발원조 인재 육성을 목적으로 함
영국 INTRAC	NGO 관련 훈련과 연구를 수행하는 영국의 전문기관. 영국 및 타 공여국과 개발도상국에서 온 관계자들을 대상으로 다양한 훈련 프로그램을 제공하고 컨설팅 프로그램을 실행하고 있음
이탈리아 Progetto Sud	시민사회 행위자들과 개발도상국의 지역 연구소, 무역 단체들과 협력하여 이탈리아 정부, 유럽연합 및 국제기구들의 외교정책 프레임워크 안에서 개발협력 프로젝트를 수행하며 다양한 개발 의제와 지구적 현안을 해결하는 데 목적을 두고 있음
네덜란드 CIDIN	불평등, 개발, 빈곤 관련 전문 연구기관. 다양한 연구 활동 외에 인류학과 개발학 학사 및 석사과정을 운영하고 있음
영국 Triple Line	1999년 설립된 개발협력 관련 민간 컨설팅 회사로, DFID와 같은 정부원조기관 및 다자간 국제개발기구, NGO, 국제금융기구 및 민간기업에 개발협력 서비스를 제공하고 있음. NGO와 관련해서는 DFID의 CSCF, GPAF에 참여하는 NGO의 현장 실무자를 대상으로 교육프로그램 운영
호주 IDSS	호주 국제개발 관련 전문 컨설팅 기관으로, 국제개발협력 관련 컨설팅 외에도 역량개발 교육프로그램을 지원하고 있음
핀란드 Kehys	특정 이데올로기, 정치, 종교와는 분리된 핀란드 개발NGO를 위한 협력 및 서비스 기관임. EU의 개발정책과 개발협력에 관하여 핀란드 NGO들에게 정보를 제공하고, 펀딩 기회와 개발프로젝트 관리능력을 향상시키는 것을 목적으로 함

출처: 손혁상(2011b), pp. 96-97.

3. 기타 역량개발 단체

1) ACBF(African Capacity Building Foundation)

ACBF는 1991년 짐바브웨에서 설립되어, African Development Bank, 세계은행, UNDP, 아프리카 정부 등과 협력하는 민간 역량개발 단체이다. IMF와 32개의 아프리카 및 비아프리카 국가들이 회원으로 가입하였다. 이 단체는 공적 영역뿐만 아니라 민간단체, 시민단체의 역량개발을 목적으로 설립되었으며, 아프리카의 경제성장, 빈곤 퇴치, 거버넌스, 참여 등을 위한 교육 및 연구 프로그램을 운영 중이다. 이 기관에서 운영 중인 홈페이지(http://www.acbf-pact.org)에서 다양한 펀딩 및 리서치 정보를 제공하고 있다.

2) ACORD(Agency for Cooperation and Research in Development)

ACORD는 1976년에 설립된 단체로, 사하라사막 이남 지역의 가뭄으로 발생한 빈곤 문제 해결을 위한 역량개발 컨소시엄 기관이다. 현재 아프리카의 단체들의 비전, 인지도, 전략을 새로 짜는 데 중점을 두고 있으며, 빈곤으로 가려진 권리 및 사회 정의를 회복시키는 데 노력하고 있다. 빈곤 관련 교육프로그램 운영 및 애드보커시 활동을 하고 있으며, 5개의 크로스커팅 프로그램을 운영 중이다. 또한 영국의 조직 운영 노하우를 아프리카에 전수하고 있다.

3) CIFOR(Center for International Forestry Research)

CIFOR은 인도네시아에 설립된 산림 연구기관으로, 지역 주민생활에 필수적인 산림에 관한 다양한 연구를 진행 중이다. 이 단체는 산림과 관련하여 균형 있는 개발을 위한 연구와 조언, 개발 전략 및 애드보커시를 위한 연구 프로그램을 추진하고 있으며, 약 40개국 정부 및 NGO와 공동연구를 수행하고 있다. 특히 개발도상국에 연구 기법 및 연구 장비, 기금을 제공하여 그들의 연구 기술을 향상시키고 있으며, 강의, 프로젝트, 세미나 등을 수시로 제공하고 있다.

4) CODESRIA(Council for the Development of Social Science Research in Africa)

CODESRIA는 1973년 세네갈에 설립되어 사회과학 관련 주제들을 중점 연구하는 기관이다. 주로 연구, 출판 활동을 중심으로 교육 및 정보 교류 활동을 하고 있다. 연구 주제는 3년에 한 번씩 열리는 정기회의를 통해서 결정되며, 아프리카의 학문적 성장과 발전을 위해 아프리카 연구자 네트워크 결성, 교육, 기금 제공, 학문의 자유와 인권을 위한 아카데미 운영 등을 진행 중이다. 유엔을 비롯한 다양한 국제기구들과 협력하여 연구를 진행하기도 한다.

5) ENRECA(Enhancement of Research Capacity in Developing Countries)

덴마크 DANIDA의 지원으로 설립된 연구기관으로, 개발도상국의 학자 및 대학원생을 지원하는 프로그램을 운영하고 있다. 양질의 교육 프로그램 제공을 위하여 출판 및 리서치 스킬 교육프로그램을 운영하고 있으며, 주로 건강, 농업, 기술, 사회과학 등의 영역을 다루고 있다.

6) IDRC(International Development Research Centre)

IDRC는 1970년에 캐나다 정부가 설립한 공립회사로, '지식을 통한 임파워먼트(empowerment)'라는 미션 아래 개발도상국의 연구를 지원하는 기관이다. 이 기관은 주로 개발 문제와 관련하여 장기적이고 지속가능하며 실용적인 대안을 찾기 위한 연구를 진행하고 있으며, 특히 개발도상국 학자들의 연구가 국제적으로 인정받을 수 있도록 그들을 교육하고 있다. 기금 지원, 기술 지원, 창의적 연구 활동 지원, 지식 공유 등 개발도상국의 연구 역량을 개발하기 위해 노력 중이며, 반드시 지원한 연구단체와 함께 연구를 진행해야 한다는 원칙이 있다.

저자 소개

손혁상(孫赫相) 서울대학교 정치학과 졸업
펜실베니아대학교(Upenn) 정치학 박사 수료
경희대학교 대학원 정치학과 졸업(정치학 박사)
현재 경희대학교 공공대학원 교수
현재 한국국제개발협력학회 학회장
현재 경희대학교 국제개발협력연구센터 센터장
현재 외교부 · 한국국제협력단(KOICA) 정책자문위원
현재 국무조정실 국제개발협력실무위원회 민간위원
(전) 참여연대 국제연대위원장
(전) 한국국제개발협력시민사회포럼 운영위원

아산재단 연구총서 제384집

시민사회와 국제개발협력:
한국 개발NGO의 현황과 과제 값 14,000원

2015년 7월 10일 1판 1쇄

저 자	손 혁 상
발 행 인	임 동 규
발 행 처	**집 문 당**
등 록	1971. 3. 23. 제300-2012-69호
영 업 부	413-120 경기도 파주시 광인사길 85
	(02)743-3192~3 팩스(02)742-4657
전자우편	sale@jipmoon.co.kr
편 집 부	110-360 서울특별시 종로구 돈화문로 82
	(02)743-3096~7 팩스(02)743-0227
전자우편	edit@jipmoon.co.kr
홈페이지	www.jipmoon.co.kr

ISBN 978-89-303-1684-2
978-89-303-1500-5(세트)

이 도서의 국립중앙도서관 출판예정도서목록(CIP)은 서지정보유통지원시스템 홈페이지(http://seoji.nl.go.kr)와 국가자료공동목록시스템(http://www.nl.go.kr/kolisnet)에서 이용하실 수 있습니다.(CIP제어번호: CIP2015015989)

아 | 산 | 재 | 단 | 연 | 구 | 총 | 서

1 전환기의 중국경제
김윤환 외 | 단국대 경제학과

2 폴란드 경제의 변천 개혁과 그 전망
김광수 | 숭실대 경제학과

3 재소한인
이광규 외 | 서울대 인류학과

4 소련산림과 임업
홍성천 외 | 경북대 임학과

5 아세안의 정치경제
김국진 외 | 외교안보연구원

6 태국의 사회변동과 경제발전
최석만 외 | 전남대 사회학과

7 중국의 사회경제 통계분석
신한풍 외 | 고려대 통계학과

8 중국의 정치와 경제
박두복 외 | 외교안보연구원

9 동유럽의 개혁과 시장경제의 도입
허만 외 | 부산대 사범대학

10 동유럽의 개혁운동
박영신 | 연세대 사회학과

11 현대 러시아 연구
기연수 외 | 한국외대 노어과

12 전략적 선택과 기업의 국제경쟁력
이장호 | 서강대 경영대학

13 협동사회의 정착과 정부의 역할
이종범 외 | 고려대 행정학과

14 한국 제조기업 생산성의 동적 분석
노부호 외 | 중앙대 경영대학

15 분배의 정의
변형윤 외 | 서울대 경제학과

16 도덕적 행동의 강화
이훈구 외 | 연세대 심리학과

17 관료부패와 통제
김해동 외 | 서울대 행정대학원

18 한국경제의 내실 있는 성장
정창영 외 | 연세대 경제학과

19 한국국민정신운동의 역사와 발전방향
박수명 외 | 부산대 사범대학

20 한국대학생의 가치성향과 상담효과
이영희 외 | 숙명여대 교육학과

21 가출청소년과 학교관리체제
안창규 외 | 부산대 교육학과

22 동북아 정세변화와 한 · 일관계
한승조 외 | 고려대 정치외교학과

23 언론과 부정부패
정대철 외 | 한양대 신문방송학과

24 한국의 고등학교 교육
이원호 외 | 부산대 교육학과

25 가족과 방송
김학수 외 | 서강대 신문방송학과

26 재정개혁의 전망과 재산세제의 개편 과제
오연천 | 서울대 행정대학원

27 청소년을 위한 전자게임 프로그램의 규제 및 평가체계 개발
박혜원 외 | 울산대 가정관리학과

28 정신장애자 가족의 사회심리적 특성
이근후 외 | 이화여대 의과대학

29 가족의 관계역동성과 문제인식
이광규 외 | 서울대 인류학과

30 현대인과 한국전통음식
승정자 | 숙명여대 식품영양학과

31 기업의 초고속정보통신망활용
안중호 | 서울대 경영학과

32 지역발전을 위한 교육자치제의 개선방안
김남순 | 조선대 사범대학

33 전환기의 공무원 가치관
조경호 | 울산대 행정학과

34 지방자치와 사회복지의 과제
김영모 | 중앙대 사회복지학과

35 WTO체제하의 지방중소기업 지원정책
최명주 외 | 계명대 통상학부

36 현대한국의 시민운동
이효선 | 중앙대 사회학과

37 기업 세계화의 단계 및 정도의 측정
허영도 외 | 울산대 경영학과

38 가족복지를 위한 가족주치의 시범사업의 효과
이혜리 외 | 연세대 가정의학교실

39 한국대학생의 삶의 만족도
김재은 외 | 이화여대 교육심리학과

40 지역경제와 지역산업구조의 개편방향
정기화 외 | 전남대 경제학부

41 중국기업의 소유형태별 경영특성
노철화 외 | 부산대 무역학과

42 남북한의 인성 · 사상교육
한승조 외 | 고려대 정치외교학과

43 연계적 뇌기능 조언을 위한 의료용 멀티미디어 시스템의 설계
유선국 | 연세대 의용공학교실

44 다민족국가의 민족문제와 한인사회
최협 외 | 전남대 인류학과

45 저소득층지역 청소년 여가문화와 소집단 활성화
박문수 외 | 서강대 사회학과

46 삶의 질의 국제비교와 지역간 비교분석
이재기 외 | 울산대 경제학과

47 21세기 지역주민의 삶의 질
양종회 외 | 성균관대 사회학과

48 삶의 질에 대한 국가간 비교
조명한 외 | 서울대 심리학과

49 외국인 노동자의 노사관계와 사회적 적응
석현호 외 | 성균관대 사회학과

50 한국의 사법제도와 발전 모델
정종섭 | 건국대 법학과

51 고령화사회와 중상층 노인의 사회활동
조성남 외 | 이화여대 사회학과

52 한국의 서비스 시장 개방정책
한홍렬 | 한양대 경제학부

53 한국과 AFTA간의 교역증진 및 경제 협력방안
손일태 외 | 경희대 경제통상학부

54 물류비 절감을 위한 무역업체의 정보화전략
이영수 외 | 경북대 경제통상학부

55 사회주의 체제전환과 사회정책
오정수 외 | 충남대 사회복지학과

56 남북통일 이후 농업생산체계 개편
홍성규 외 | 건국대 농업경제학과

57 국제화와 세계화
하영선 외 | 서울대 외교학과

58 IMF 개혁정책의 평가와 한국경제의 신(新) 패러다임
조동근 | 명지대 경제학과

59 구조개혁과 실업대책
박동운 | 단국대 경제무역학부

60 21세기 신노사관계
심윤종 외 | 성균관대 사회학과

61 학교에서의 집단 따돌림
이춘재 외 | 가톨릭대 심리학과

62 한국노인의 정신건강실태와 건강증진
조맹제 외 | 서울대 의과대학

63 혁명과 개혁 속의 중국 농민
김광억 | 서울대 인류학과

64 중국의 경제환경과 한국기업의 진출 전략
지용희 외 | 서강대 경영학과

65 김대중 대통령의 시스템 사고
김동환 | 중앙대 공공정책학부

66 실업과 가족해체
최일섭 외 | 서울대 사회복지학과

67 합리적 부채비율 조정방안
오상근 | 동아대 경제학과

68 한국 중산층의 생활문화
문숙재 외 | 이화여대 소비자・인간발달학과

69 계층간 갈등상태에서 최적소득세
김진욱 | 건국대 경상학부

70 글로벌 경쟁력 제고를 위한 기업전략과 조직구축
이만우 외 | 고려대 경영학과

71 의료보험과 국민연금의 관리효율화를 위한 통합방안
사공진 외 | 한양대 경제학부

72 정부개혁의 과제와 전략
박우서 외 | 연세대 행정학과

73 책임운영기관 제도에 관한 비교분석
김근세 | 가톨릭대 행정학과

74 새로운 패러다임하에서의 한국기업의 바람직한 지배구조
최운열 외 | 서강대 경영학과

75 현대 한국사회의 계층구조
양춘 외 | 고려대 사회학과

76 한국의 산업정책과 산업구조조정
강인수 | 숙명여대 경제학부

77 기업구조조정
김석진 | 경북대 경영학부

78 지식경영을 위한 인적자원 개발 및 관리체계
장영철 | 경희대 경영학부

79 뉴 비즈니스 모델
전성현 | 국민대 정보관리학부

80 중산층의 정체성과 소비문화
함인희 외 | 이화여대 사회학과

81 외국관광객 유치를 위한 마케팅 전략
박상규 | 강원대 경영학과

82 한국인의 세대별 문학의식
이동순 | 영남대 국문과

83 공공부문의 효율성 평가와 측정
김재홍 외 | 울산대 사회과학부

84 한국 청소년의 정치의식과 형성요인
김광웅 외 | 숙명여대 아동복지학과

85 한국 대학생의 정치의식
배한동 | 경북대 윤리교육과

86 산업의 정보화와 산업발전
이기동 | 계명대 통상학부

87 한국 제조업의 고용조정 분석
이종원 외 | 성균관대 경제학부

88 지식자산에 대한 경영전략적 평가모형 개발
배재학 외 | 울산대 컴퓨터 · 정보통신공학부

89 관광사업을 위한 한국적 이미지의 휴식복 개발
채금석 | 숙명여대 의류학과

90 한국 정치제도의 개혁
신정현 | 경희대 사회과학부

91 e비즈니스와 아웃소싱 전략
정승화 외 | 연세대 경영학과

92 집단 따돌림의 진단 및 치료방안
홍준표 | 중앙대 인간생활환경학과

93 16대 총선과 낙선운동
조기숙 | 이화여대 국제대학원

94 부동층 유권자 행태 분석
진영재 | 연세대 정치외교학과

95 사이버 공동체의 성공요인
이재관 | 숭실대 경영학부

96 온라인 소비자 행동의 이론과 실증
윤성준 | 경기대 경영학부

97 글로벌 시대 정약용 세계관의 가능성과 한계
차성환 | 한일장신대 역사사회학과

98 러시아의 체제전환 과정에서 나타난 국가의 역할과 그 전망
이상민 외 | 부산대 정치외교학과

99 남북한의 경제발전 수준과 산업구조 비교, 그리고 경제교류 협력방향
주성환 | 건국대 경제학과

100 집단따돌림과 교육해체
한준상 | 연세대 교육학과

101 공적연금제도의 효율성과 개선방안
유금록 | 군산대 행정복지학부

102 벤처기업-대기업의 성공적인 협력 모델
나중덕 | 경산대 경영학과

103 북한의 재외동포정책
조정남 외 | 고려대 정치외교학과

104 사이버 공동체 형성의 역동적 모형
장용호 | 서강대 신문방송학과

105 기업이론과 기업의 소유지배구조
김일태 외 | 전남대 경제학부

106 가축분뇨 자원화를 위한 공동이용조직에 대한 농가선호도 분석
유덕기 | 동국대 생명자원경제학과

107 개혁정책과 전문가 집단
이경원 외 | 제주대 행정학과

108 현대 한국사회의 이중가치체계
신수진 외 | 이화여대 가정관리학과

109 한국의 산업구조 변화와 기업집단 다각화 전략
김용학 외 | 연세대 사회학과

110 지식정보사회의 경제적 모형 설정 및 사례 연구
김범환 | 배제대 경영정보학부

111 변호사징계제도
오종근 | 한림대 법학부

112 인터넷 특허법
김순석 | 광주대 법학과

113 e-비즈니스 시대의 금융 및 재정정책의 새로운 패러다임
이종욱 | 서울여대 경제학과

114 청소년의 하위문화와 정체성
조성남 | 이화여대 사회학과

115 디지털금융시대의 금융구조변화와 정부규제 및 정책
이충열 | 고려대 경제학부

116 지식경영을 위한 기업의 조직설계방안
김경수 외 | 전남대 경영학과

117 전자금융의 발달과 경제정책의 새로운 패러다임
이명훈 | 명지대 경제학과

118 동아시아의 안보와 유엔체제
강성학 편저 | 고려대 정치외교학과

119 유료 치매노인 그룹홈의 개발과 관련 정책
최정신 외 | 가톨릭대 소비자 · 주거학과

120 소비자 지향적 문화산업 정책
홍영준 | 호남대 광고홍보학과

121 국제 · 국가 · 지방 환경규제의 연계
정준금 외 | 울산대 행정학과

122 현행 회사 합병 · 분할제도의 평가와 개선방안
옥무석 외 | 이화여대 법학과

123 배려지향적 도덕성과 정의지향적 도덕성
정옥분 외 | 고려대 사범대학

124 기업구조조정에 대한 채권금융기관 및 금융감독기관의 역할과 책임
이중기 | 한림대 법학과

125 실업대책으로서 한국의 법정기준근로시간 단축
박영범 | 한성대 경제학과

126 프랑스어의 비분리성 소유개념 표현
노윤채 | 연세대 언어정보연구원

127 지방채의 효율적 관리방안
강태구 | 호원대 법행정학부

128 21세기 산업구조 변화와 과학기술정책
임채성 외 | 그리스도신학대 경영정보학부

129 인터넷 쇼핑몰 이용자의 불평행동
예종석 | 한양대 경영학부

130 한국기업의 성과급제도 현황, 효과 및 개선방안
김성수 | 서울대 경영학과

131 전자상거래와 소비자보호
서민교 외 | 경일대 인터넷국제통상학과

132 평생학습 사회에서의 인적자원개발을 위한 사회적 파트너십 구축
김영화 | 홍익대 교육학과

133 한국 공교육의 새로운 구상과 전략
권대봉 외 | 고려대 교육학과

134 한국의 정부개혁
김태룡 | 상지대 행정학과

135 지방정부 생산성 측정의 이론과 실제
이은국 외 | 연세대 행정학과

136 불가 시문학론
배규범 | 경희대 학술연구 교수

137 남북경제교류의 법적 문제
제성호 | 중앙대 법학과

138 경제위기와 청소년 발달
구인회 | 서울대 사회복지학과

139 생명과학기술의 응용과 기본권보호적 한계
정상기 외 | 한남대 법학과

140 경제발전과 정치환경의 한・일 비교분석
정갑영 외 | 연세대 동서문제연구원

141 한국 공교육의 진단
윤정일 외 | 서울대 교육학과

142 우리나라 지방자치 발전을 위한 자치단체장의 역할
정성호 외 | 경기대 사회과학부

143 의료보험제도의 개혁방안
권순원 | 덕성여대 경제학과

144 중등 도덕교육의 현실과 문제
손동현 외 | 성균관대 철학과

145 사이버공동체 발전론
이명식 | 상명대 경영학과

146 남북경협 확대에 대비한 북한 담보제도의 정비방안
박훤일 | 경희대 법과대학

147 한국 공무원 인사제도 개혁
김판석 | 연세대 행정학과

148 교사화법 교육
임칠성 외 | 전남대 국어교육과

149 세계화의 문화정치학
임혁백 외 | 고려대 정치외교학과

150 효과적인 e-SCM을 위한 의사결정 조정 시스템 모형
이원준 | 성균관대 경영학부

151 환경거버넌스
김종순 외 | 건국대 행정학과

152 자동차산업의 인적자원관리
이덕로 | 서원대 경영학부

153 한국과 영국 간 지식기반산업 비교
이명호 | 한국외대 경영학과

154 한국 벤처기업의 기술네트워킹 및 기술마케팅 전략
장영일 | 인제대 경영학부

155 회사변호사의 윤리
오승종 | 성균관대 법과대학

156 미디어교육론
이정춘 | 중앙대 신문방송학과

157 조선시대 서원과 양반
윤희면 | 전남대 역사교육과

158 환경문제와 철학
박찬국 | 서울대 철학과

159 노인보건복지 이론과 실제
김명 외 | 이화여대 보건교육학과

160 북한의 법체계
권재열 외 | 숭실대 법학과

161 생명공학기술의 안전성 확보에 관한 법적 고찰
이재협 | 경희대 법학부

162 청소년복지학
김성이 외 | 이화여대 사회복지학과

163 변화하는 세계, 변화하는 복지국가
조영훈 | 동의대 사회복지학과

164 의리의 윤리와 한국의 유교문화
김낙진 | 진주교대 도덕교육과

165 미국의 통상정책과 통상법
윤충원 | 전북대 무역학과

166 사회복지 프로그램 평가
김학주 | 경상대 사회복지학과

167 환경주의와 지속가능한 발전
정대연 | 제주대 사회학과

168 무역과 환경
김기흥 외 | 경기대 경제학부

169 산업계 유해폐기물의 위험과 관리
김금수 | 호서대 경상학부

170 백범 김구의 지적 계발과정 탐색
문용린 | 서울대 교육학과

171 태평양전쟁 발발 이후 일제의 인적 지배와 그리스도교계의 대응
윤선자 | 전남대 사학과

172 거버넌스 상황에서 갈등관리를 위한 대체적 분쟁해결제도
서순복 | 광주대 법정학부

173 시장경제의 유형과 민주주의
최배근 | 건국대 경상학부

174 일본고전소설 총론
김현정 | 국립한국전통문화학교

175 국어 교육을 위한 국어 문법론
이관규 | 홍익대 국어교육과

176 율곡의 군주론
전세영 | 부산교대 윤리교육과

177 동북아시아 환경협력
정서용 | 명지대 법학과

178 기후변화협약과 기후정책
신의순 외 | 연세대 경제학과

179 인터넷과 국제 학술정보 네트워크-하이퍼링크 분석
박한우 | 영남대 언론정보학과

180 국내 기업복지의 활성화 방안
최수찬 | 연세대 사회복지대학원

181 세계화와 인간안보
김우상 외 | 연세대 정치외교학과

182 세계문화유산 종묘 이야기
지두환 | 국민대 국사학과

183 한국 평생교육의 사회철학적 과제
곽삼근 | 이화여대 교육학과

184 강점모델
정순둘 | 이화여대 사회복지학과

185 글로벌시대의 계약법
박영복 | 한국외대 법과대학

186 배심제와 시민의 사법참여
안경환 | 서울대 법학과

187 동북아공동체
김재한 | 한림대 정치외교학과

188 정치 참여와 탈물질주의
김욱 | 배재대 정치외교학과

189 퍼지전문가회로망을 이용한 금융기관의 사이버 기업여신결정 지원시스템의 개발
권혁대 | 목원대 경영학과

190 환경정책과 환경법
송인성 | 전남대 지역개발학과

191 포스트모던 시대의 평생교육학
한숭희 | 서울대 교육학과

192 현대 한국인의 세대경험과 문화
박길성 외 | 고려대 사회학과

193 서구의 근로연계복지
김종일 | 건국대 사회복지학과

194 사회복지운동론
현외성 | 경남대 사회복지학과

195 외국의 역모기지 사례
유선종 | 건국대 부동산학과

196 옛이야기와 어린이문학
이지호 | 진주교대 국어교육학과

197 노인사회복지관광의 정책과제와 방안
김창수 | 경기대 관광학부

198 복지서비스의 민간위탁 시스템 분석
김순양 | 영남대 행정학부

199 새로운 빈곤층의 대두와 정부의 정책과제
김진욱 | 건국대 경제학과

200 문화행정론
김정수 | 한양대 행정학과

201 스칸디나비아 노인용 코하우징의 계획과 적용
최정신 외 | 가톨릭대 생활과학부

202 북한의 자연생태계
공우석 | 경희대 지리학과

203 통계로 이해하는 러시아
전홍찬 | 부산대 정치외교학과

204 사회복지법인의 경영과 회계
이동규 | 충남대 회계학과

205 의약분업 정책과정
차흥봉 | 한림대 사회복지학과

206 지역공동체와 평생교육
오혁진 | 동의대 평생교육학부

207 아동보호서비스의 실제
한미현 | 백석대 사회복지학부

208 그린마케팅
박재기 | 충남대 경영학부

209 아동권리와 아동복지
이혜원 | 성공회대 사회복지학과

210 국제 이주와 인도인 디아스포라
김경학 | 전남대 인류학과

211 질병과 의료의 사회학
조병희 | 서울대 보건대학원

212 북한이탈주민의 사회통합을 위한 지역복지실천의 모색
이기영 | 부산대 사회복지학과

213 치매노인케어론
조유향 | 초당대 간호학과

214 노인상담입문
서혜경 외 | 한림대 대학원 사회복지학과

215 '통일 이후 통일과정'으로서의 독일 통일영화
이준서 | 이화여대 독어독문학과

216 중국의 사회보장
오정수 | 충남대 사회복지학과

217 환경자원의 경제적 가치와 환경오염의 사회적 비용
김재홍 | 울산대 사회과학부

218 사회복지프로그램의 경제적 평가방법
박창제 외 | 상주대 사회복지학과

219 자유의지와 결정론
안건훈 | 강원대 철학과

220 심리학자들이 쓴 행복한 결혼의 심리학
채규만 외 | 성신여대 심리학과

221 현대 해석학 강의
양해림 | 충남대 철학과

222 한국인의 주거 빈곤과 공공주택
하성규 | 중앙대 도시 및 지역계획학과

223 IMF 경제위기와 한국 출산력의 변화
김두섭 | 한양대 사회학과

224 동아시아의 영토분쟁과 국제법
이석우 | 인하대 법학부

225 독일 복지국가와 사회복지서비스
정재훈 | 서울여대 사회사업학과

226 사회복지사를 위한 실용 비모수통계
엄명용 | 성균관대 사회복지학과

227 피해자학 연구
이윤호 | 동국대 경찰행정학과

228 광고언어창작론
박영준 외 | 부경대 국어국문학과

229 환경규제 패러다임의 전환
한철 | 한남대 법학과

230 고령사회의 노동환경변화와 고용 시스템의 문제점 및 법적 대응
고준기 | 국립군산대 법학과

231 세계화와 소득불평등
이성균 외 | 울산대 사회과학부

232 유비쿼터스 사회의 이해
안중호 외 | 서울대 경영학과

233 국제환경책임법론
박병도 | 건국대 법학과

234 한국의 선거와 민주주의
윤종빈 | 명지대 정치외교학과

235 한국 시민운동의 구조와 동학
조대엽 외 | 고려대 사회학과

236 또래관계
송영혜 | 대구대 재활심리학과

237 해외 한국기업과 현지인 노동자
석현호 외 | 에스콰이아학술문화재단

238 독일 국가복지에서 민간복지단체의 역할과 의미
차성환 외 | 한일장신대 사회복지학부

239 청정공학
조정호 | 동양대 생명화학공학과

240 한국전통연희론
심상교 | 부산교육대 국어교육학과

241 정신장애와 가족
서미경 | 경상대 사회복지학부

242 빈곤통계의 작성과 활용
김주환 | 동국대 정보통계학과

243 인터넷과 한국정치
강원택 | 숭실대 정치외교학과

244 북한의 시장경제이행
정영화 외 | 서경대 법학과

245 시스템사고로 본 지속가능한 도시
문태훈 | 중앙대 도시및지역계획학과

246 실버산업과 유비쿼터스 컴퓨팅
고일상 | 전남대 경영학부

247 재활상담과 사례관리
나운환 | 대구대 직업재활학과

248 영유아교육기관에서의 장애 이해 교육
유수옥 | 우석대 유아특수교육과

249 장애의 사회적 의미와 사회통합
박수경 | 대진대 사회복지학과

250 경제분석의 수리적 기초
조인성 | 공주대 경제통상학부

251 비영리부문의 비교연구
김승현 | 서울산업대 행정학과

252 고등교육경제학
반상진 | 전북대 교육학과

253 과학윤리교육의 이론과 방법
조희형 | 강원대 과학교육학부

254 결혼이민자가족의 이해
김오남 | 대불대 사회복지학과

255 동아시아 국가의 공공부조
신동면 | 경희대 사회과학부

256 특수아동 진단 및 평가
이나미 | 대불대 특수교육과

257 계약형 사회복지와 권리옹호시스템
이명현 | 경북대 상주캠퍼스 사회복지학과

258 실내공기질 및 위해성 관리
양원호 | 대구가톨릭대 산업보건학과

259 충남 방언 문법
한영목 | 충남대 국어국문학과

260 교육권론
노기호 | 군산대 법학과

261 도시경관계획론
임승빈 | 서울대 조경 · 지역시스템공학부

262 교통의 새로운 패러다임
김형철 | 경원대 도시계획 · 조경학부

263 노인의 삶의 질 향상을 위한 주거환경 디자인
천진희 | 상명대 디자인대학 실내디자인전공

264 사회복지와 문화
박병현 | 부산대 사회복지학과

265 장애인복지의 이론과 실제
이선우 | 인제대 사회복지학과

266 창의성 개발을 위한 디자인교육 콘텐츠
김선영 | 인천가톨릭대 조형예술대학 환경디자인학과

267 구성주의 사회복지 실천 기술론
고미영 | 서울신학대 사회복지학과

268 장애아교육학
김기흥 | 부산교육대 유아교육과

269 지역사회복지와 자원부문
한상진 외 | 울산대 사회학과

270 환경관리회계
육근효 | 부산외국어대 회계학부

271 인권 관점에서 보는 장애인복지
유동철 | 동의대 사회복지학과

272 정신증상
송지영 | 경희대 의과대학병원 신경정신과

273 사이버공간의 사회심리학
이성식 외 | 숭실대 정보사회학과

274 노인에 대한 사회적 돌봄과 돌봄 서비스의 질 보장
최희경 | 신라대 가족노인복지학과

275 아동 심리치료의 실제
신현균 | 전남대 심리학과

276 사회복지와 위험관리
노충래 | 이화여대 사회복지전문대학원

277 국제 탄소시장의 이해
양승룡 | 고려대 식품자원경제학과

278 타자의 초상
신문수 | 서울대 영어교육과

279 한국정치와 환경정치
나정원 | 강원대 정치외교학과

280 북한이주민
윤인진 | 고려대 사회학과

281 음주의 사회경제적 비용
정우진 외 | 연세대 보건대학원

282 지방정치와 동북아 도시거버넌스
박재욱 | 신라대 행정학과

283 노숙인 복지론
남기철 | 동덕여대 사회복지학과

284 유럽통합과정과 지역협력
이규영 | 서강대 국제대학원

285 사회복지재정 연구
지은구 | 계명대 사회과학대학 사회복지학과

286 지역사회 교육개혁을 위한 시민사회 조직의 참여
김영화 | 홍익대 교육학과

287 복지사회를 대비한 국민연금의 구조개혁
박영석 외 | 서강대 경영학부

288 한미 FTA 지재권 협상에 따른 의약품 분야 사회후생 변화
오근엽 | 충남대 무역학과

289 산업입지, 환경 그리고 지역경제
이기동 외 | 계명대 국제통상학과

290 감성지능 개발을 통한 삶의 질 향상
김경수 외 | 전남대 경영학부

291 교육복지론
이용교 외 | 광주대 사회복지학부

292 인간과 행복에 대한 철학적 성찰
박찬국 | 서울대 철학과

293 유럽연합의 사회통합 사례와 교훈
이무성 | 명지대 정치외교학과

294 민영화와 사회후생
이상호 | 전남대 경제학부

295 북한의 교육학 체계 연구
최영표 외 | 동신대 교육대학원

296 한국 지속가능발전의 구조와 변동
정대연 | 제주대 사회학과

297 우리나라의 공익 연계 마케팅에 관한 연구
임승희 | 전주대 경영학부

298 시각장애인복지론
김영일 | 조선대 특수교육과

299 그린에너지와 환경촉매
정석진 | 경희대 화학공학과

300 취약학교 초등학생을 위한 온라인 보건교육 프로그램
박경옥 | 이화여대 보건관리학과

301 신탁제도를 통한 고령자의 보호와 지원
최수정 | 서강대 법학전문대학원

302 사회적 약자계층에 대한 실태분석 및 정책방안
이은우 외 | 울산대 경제학과

303 한류 문화와 동북아 공동체
최혜실 | 경희대 국어국문학과

304 노동유연화와 해고보호법
권혁 | 부산대 법학전문대학원

305 사회복지 위험관리의 이해
박미은 | 한남대 사회복지학과

306 의료기관의 회계와 세무
노준화 | 충남대 경영학부

307 여성인적자원의 전문성 확보를 위한 경력개발
백지연 | 이화여대 국제사무학과

308 정신병리
강선경 | 서강대 신학대학원

309 바다의 반란 적조
윤양호 | 전남대 해양기술학부

310 한국 장애인 복지 발달사
이성규 | 서울시립대 사회복지학과

311 서양예술 속의 동양 탐색
진상범 | 전북대 독어독문학과

312 한국인의 도덕성 발달 진단
문용린 | 서울대 교육학과

313 영국정치와 국가복지
고세훈 | 고려대 공공행정학부

314 인간학적 사유를 여는 중도 · 중복장애 교육학
이숙정 | 단국대 특수교육과

315 개별화 교육과정
이소현 | 이화여대 특수교육과

316 인간의 긍정적 성품
권석만 | 서울대 심리학과

317 지방자치와 지역여성의 전망
이혜숙 | 경상대 사회학과

318 한국 현대 노년소설 연구
전흥남 | 한려대 교양학부

319 정보격차 해소를 위한 창의적 정보교육 프로그램
이영준 외 | 한국교원대 컴퓨터교육과

320 한국 가족과 젠더
손승영 | 동덕여대 교양학부

321 한국의 복지혼합
김진욱 | 서강대 신학대학원

322 사회자본과 자원봉사
김태룡 외 | 상지대 행정학과

323 농촌교육복지연구
박삼철 | 단국대 교양학부

324 사회정체성 평가 차원에 대한 국제 비교조사
이명진 | 고려대 사회학과

325 캐나다 복지국가 연구
조영훈 | 동의대 사회복지학과

326 한국의 소수자운동과 인권정책
전영평 외 | 서울대 행정대학원

327 한국과 미국의 보육서비스 전달체계와 품질 비교분석
김근세 외 | 성균관대 국정관리대학원

328 한국사회의 소득불평등과 국민 의료이용
이용재 | 호서대 사회복지학과

329 정보시대의 인간안보
조화순 | 연세대 정치외교학과

330 가족의 사회경제적 특성과 아동발달
김광혁 | 전주대 사회복지학과

331 초 · 중 · 고등학생의 학업소진 진행과정 및 경로분석
이상민 | 고려대 교육학과

332 다문화사회의 사법통역
이지은 | 이화여대 통역번역대학원

333 동아시아 지역주의
유현석 | 경희대 정치외교학과

334 환경친화적 공공시설관리와 지역공동체의 삶의 질
이소영 | 중앙대 실내디자인 · 주거환경학과

335 의료보험의 법정책
김나경 | 성신여대 법과대학

336 양극화 시대 가족해체와 청소년의 적응에 관한 한국과 미국의 비교 연구
오승환 외 | 울산대 사회복지학과

337 기업의 사회적 책임과 지역경제사회발전 연구
허영도 외 | 울산대 경영학부

338 노인의 삶의 질 향상을 위한 온라인 소셜 네트워크 구축 방안
김진우 | 연세대 경영학과

339 청소년 생활역량
윤명희 외 | 동의대 평생교육학과

340 외국인 배우자의 다양성과 국제결혼의 안정성
김두섭 | 한양대 사회학과

341 정보인권의 규범구체화
이민영 | 가톨릭대 법학과

342 한국 사회복지실천의 고유성
최성재 외 | 서울대 사회복지학과

343 스웨덴의 환경책임 실천모형
최희경 | 경북대 행정학부

344 자율운동과 주거공동체
윤수종 | 전남대 사회학과

345 한국인의 공공봉사동기
김상묵 | 서울과학기술대 행정학과

346 한국 이혼가정 아동의 성장
김혜숙 | 경인교육대 교육학과

347 동양 사상과 노인 복지
홍승표 외 | 계명대 사회학과

348 노동과 사회보장의 연계
오문완 | 울산대 법학과

349 학습장애 위험군 아동의 조기선별을 위한 읽기검사 표준화 연구
김애화 외 | 단국대 특수교육학과

350 신·재생에너지에 기초한 녹색성장과 사회통합
김인호 | 이화여대 법학전문대학원

351 문화교류역량과 다문화 경영이 기업 경영성과에 미치는 영향
임병학 외 | 부산외대 경영학부

352 빈곤영유아의 발달과 적응
정익중 외 | 이화여대 사회복지학과

353 민사법질서와 인권
양천수 | 영남대 법학전문대학원

354 성년후견제도와 사회복지제도의 연계
신권철 | 서울시립대 법학전문대학원

355 한국 다문화사회의 이방인
김순양 | 영남대 행정학과

356 현대 시민사회와 소비자계약법
이병준 | 한국외대 법학전문대학원

357 개인의 사회적 정보보호를 위한 공공 정보서비스 개선 연구
장황배 | 상명대 경영학과

358 여성교육투자에 대한 교육경제학적 탐색
백일우 외 | 연세대 교육학부

359 사회적 기업과 지속가능한 지역발전
임업 외 | 연세대 도시공학과

360 다문화가정 구성원에 대한 투트랙 한국어 교육방안 연구
박시균 | 군산대 국어국문학과

361 아시아의 빈곤과 한국기업의 역할
한인수 | 충남대 경영학부

362 유치원·초등학교 연계 환경교육
박희숙 | 공주대 유아교육학과

363 비정규 고용과 사회정책
구인회 외 | 서울대학교 사회복지학과

364 사생활의 자유에 관한 비교법적 연구
이창현 | 서강대 법학전문대학원

365 다중융합 환경 기반의 미디어스킨을 활용한 문화콘텐츠 디자인 적용방안에 관한 연구
오문석 외 | 광운대 미디어영상학부

366 북한이탈주민 여성의 성인식 관련 기초조사
한인영 외 | 이화여대 사회복지학과

367 노인주택 파노라마
유선종 | 건국대 부동산학과

368 시설보호 청년의 적응
정선욱 | 덕성여대 사회복지학과

369 다수 집단과 소수 집단의 심리
김혜숙 | 아주대 심리학과

370 바이오 휴머니티
권택영 | 경희대 영어학부

371 프랑스 다문화교육의 이해
이경수 | 상명대 불어교육과

372 한·중 서비스산업의 비교분석과 교역 확대 방안
김상호 | 리츠메이칸 아시아태평양대 국제경영학부

373 현대의학에 있어서 생명의 시간과 인간의 존엄
김학태 | 한국외대 법학전문대학원

374 0~3세 영유아의 영상물 과몰입 실태조사 및 정신건강증진 프로그램 개발과 적용
이경숙 | 한신대 재활학과

375 복지국가의 조세와 정치
양재진 외 | 연세대 행정학과

376 청소년기 자살행위 실태와 관련 요인
박선희 | 경희대 간호과학대학

377 기술혁신에 따른 지역 간 정보격차
최정혜 외 | 연세대 경영대학

378 한국 사회의 이중구조와 생애주기적 불평등
안상훈 편 | 서울대 사회복지학과

379 소비자의 친환경행동에 영향을 미치는 사회적·경제적 가치에 대한 고찰
송재기 | 텍사스테크대 경영학과

380 어머니 양육행동 관련 변인들과 유아 사회정서행동 간의 구조모형 분석
심숙영 | 숙명여대 원격대학원

381 조선족 여성, 동남아시아 여성 그리고 새터민의 적응 유형 분석 및 삶의 질 향상 방안 모색
정태연 | 중앙대 심리학과

382 세계의 연금, 한국의 연금
허만형 | 중앙대 공공인재학부

383 노인요양원과 문화 변화
최재성 | 연세대 사회복지학과

384 시민사회와 국제개발협력
손혁상 | 경희대 공공대학원

아|산|재|단|연|구|보|고|서

1 한국인의 도덕성 연구
배해수 | 고려대 국문학과

2 산업화와 청소년 진로
이원호 | 울산대 교육학과

3 공동체의식과 시민운동
김영섭 | 한양대 행정학과

4 한국청년의 삶의 의미 충족도와 만족적 태도
안정수 | 경희대 철학과

5 중국조선족의 사회발전과 한・중관계의 위상
손장권 | 고려대 사회학과

6 해송림 "솔껍질깍지벌레"의 천적 및 주요 종의 생태
김규진 | 전남대 농생물학과

7 사회정의와 실천윤리
박종대 | 서강대 철학과

8 동구개혁의 영향
김달중 | 연세대 정치외교학과

9 한국청소년의 의식세계
김문조 | 고려대 사회학과

10 고강도 철근 콘크리트 구조의 실용화
정헌수 | 중앙대 건축학과

11 신기술의 연관형태 및 출현예측의 구조모형
권철신 | 성균관대 산업공학과

12 민간기업의 연구개발을 위한 조세정책
권영훈 | 한양대 경제학부

13 기술개발 활성화방안
송승구 | 울산대 화학공학부

14 부패의 현상과 진단
이문조 | 영남대 정치외교학부

15 연구투자의 지역적 편중화와 부산지역의 기초과학연구 활성화방안
윤웅찬 | 부산대 화학과

16 GATT의 신구 덤핑방지협정과 그 대응방안
전창원 | 동국대 무역학과

17 한국사회의 도덕성 제고를 위한 진단과 처방
황경식 | 서울대 철학과

18 새로운 노사관계 방향
이진규 외 | 고려대 경영학과

19 21세기 동북아 정세예측과 한국의 전략적 대응방안
최평길 외 | 연세대 행정학과

20 소련의 한국에 대한 정책목표분석
신승권 | 한양대 정치외교학과

21 메모리 커패시터용 $Pb(Zr_xTi_{1-x})O_3$ 강유전체 박막의 제작과 특성
장지근 외 | 단국대 전자공학과

22 러시아 국제법학의 전통
김용구 | 서울대 외교학과

23 유럽연합의 현황과 전망
김동현 외 | 성균관대 행정학과

24 중국의 정치동원
송영우 외 | 건국대 정치외교학과

25 산업적 활용을 위한 이동로보트 시스템의 개발
박민용 외 | 연세대 전자공학과

26 중국조선족의 정치사회화과정과 동화적 국민통합의 방향
전인영 외 | 이화여대 사회생활학과

27 공적부조의 이론과 실제
최일섭 외 | 서울대 사회복지학과

28 대외통상환경의 변화와 법제개편
서헌제 | 중앙대 법학과

29 기업금융의 국제화
최생림 | 한양대 경영학부

30 자동차부품공업의 노사관계
김호진 외 | 고려대 행정학과

31 산업화 과정에서의 한국가족의 실태와 전망
정창수 외 | 성균관대 사회학과

32 공무원 가치관 실태와 정립방안
배병룡 외 | 경상대 행정학과

33 해외귀국청소년의 국내적응연구
이장영 | 국민대 사회학과

34 초고속정보통신망에서 LAN서비스 제공방안
이재용 | 연세대 전자공학과

35 WTO체제의 정책적 대응
김병진 외 | 경희대 행정학과

36 유럽의 통합정치
최수경 외 | 충남대 정치외교학과

37 유기질폐기물을 이용한 고단백사료원인 조류의 생산공정
최정우 외 | 서강대 화학공학과

38 초고속정보통신망의 수용성과 정책방향
박영상 외 | 한양대 신문방송학과

39 중국의 강남사회와 한중교섭
조영록 외 | 동국대 사학과

40 세계화시대의 사회 · 문화의식
신행철 외 | 제주대 사회학과

41 국내 외국인 노동자의 문제와 대책
성규탁 외 | 연세대 사회복지학과

42 노인인력 활용정책과 프로그램
김정후 외 | 강원대 법과대학

43 한일간 학술교류 현황과 활성화방안
정홍익 외 | 서울대 행정대학원

44 계량모형에 의한 한일 경제관계의 이해
김명직 외 | 한양대 경제학부

45 직장인의 음주행태와 삶의 질
진기남 외 | 연세대 보건행정학과

46 유통정보 시스템의 구조와 설계
정용길 | 충남대 경영학과

47 남북통일 이후 사회통합을 위한 교육의 역할
안기성 외 | 고려대 교육학과

48 대중음악에 심취한 청소년들의 심리적 특성
김인경 외 | 연세대 인간행동연구소

49 멀티미디어 시스템을 활용한 교육환경의 개선방안
김한일 | 제주대 컴퓨터교육학과

50 탈냉전기 한일관계의 쟁점
최상룡 | 고려대 정치외교학과

51 자치시대 새로운 '삶의 질' 지표의 모색
김형기 외 | 경북대 경제통상학부

52 유럽통합의 역내외 협력과 갈등
이호재 외 | 고려대 정치외교학과

53 21세기를 대비한 신노사관계
김재원 | 한양대 경제학부

54 대학의 시간제학생 등록제
안규철 외 | 전남대 교육학과

55 21세기에 대비한 방송통신정책
한진만 외 | 강원대 신문방송학과

56 주민참여를 통한 혐오시설 관리운영방안
박균성 외 | 경희대 법학부

57 여성의 정치적 권리인식과 정치참여
전경옥 외 | 숙명여대 정치외교학과

58 한국인 위장질환과 식생활 · 환경요인 및 *H. pylori* 감염과의 관계
이양자 외 | 연세대 식품영양학과

59 학생과 시민의 자원봉사활동
윤정일 외 | 서울대 교육학과

60 동북아 환경문제와 지역환경협력의 모색
신연재 외 | 울산대 정치외교학과

61 노인 자원봉사활동을 통한 사회통합 프로그램 개발
김동배 | 연세대 사회복지학과

62 물류정보 시스템
김태현 | 연세대 경영학과

63 전자식 문서교환을 이용한 항공화물 운송체계
민재형 | 서강대 경영학과

64 청소년과 성
이근후 | 이화여대 의과대학

65 민족통합과 무궁화호 위성의 남북한 공동활용방안
방정배 | 성균관대 신문방송학과

66 채식주의가 20대 여성의 영양상태와 에스트로겐 대사에 미치는 영향
성미경 | 숙명여대 식품영양학과

67 가상정보공간을 통한 지역개발 활성화 전략
유재천 외 | 한림대 언론정보학부

68 조산아 관리현황 및 정책수립 방안
박상기 외 | 조선대 의과대학

69 남북한관의 의식조사와 통일교육 개선방안
김동규 외 | 고려대 북한학과

70 동양 전통 자연사상 탐구
장동순 | 충남대 환경공학과

71 초고속정보망의 시뮬레이터 구현
한기준 | 경북대 컴퓨터공학과

72 유통원가 시스템의 유효성
정다미 | 명지대 경영학과

73 국악과 문화관광의 만남
정익준 외 | 동아대 국제관광통상학부

74 기업의 지식경영 활용사례
김창은 | 명지대 산업공학과

75 선진국과 한국의 직업교육 · 훈련제도의 특성과 한계
정주연 | 고려대 경제학과

76 제주지역 성인 여성의 자원봉사활동
이상철 외 | 제주대 사회학과

77 M&A와 문화충돌 관리
박원우 | 서울대 경영학과

78 폐금속광산 인근 주민들의 중금속 오염실태
정종학 외 | 영남대 의학과

79 북한 농촌 · 농업실태와 인력자원개발 시스템을 통한 북한 농민의 구호방안
박성열 | 건국대 교육공학과

80 중소 소매점의 경쟁력과 소매성과
채명수 외 | 한국외대 무역학과